MIGUEL SETAS

PREFÁCIO DE **LUIZA HELENA TRAJANO**

GIGANTE PELA PRÓPRIA NATUREZA

LIDERANÇA ALÉM DO ESG NA MAIOR POTÊNCIA ECOLÓGICA DO MUNDO

Diretora
Rosely Boschini

Gerente Editorial
Rosângela de Araujo Pinheiro Barbosa

Editora
Juliana Rodrigues de Queiroz

Assistente Editorial
Mariá Moritz Tomazoni

Produção Gráfica
Fábio Esteves

Edição de conteúdo
Joyce Moisés e Onildo Cantalice

Capa, diagramação e projeto gráfico
Maurício Nisi Gonçalves | Nine Design

Revisão
Marcio Coelho

Impressão
Bartira

CARO(A) LEITOR(A),
Após a leitura, siga-nos
no **linkedin.com/company/editora-gente**,
no **TikTok @EditoraGente** e
no **instagram @editoragente** e
visite-nos no site **www.editoragente.com.br**.

Copyright © 2023 by Miguel Setas

Todos os direitos desta edição
são reservados à Editora Gente.
Rua Natingui, 379 – Vila Madalena
São Paulo, SP – CEP 05443-000
Telefone: (11) 3670-2500
Site: www.editoragente.com.br
E-mail: gente@editoragente.com.br

Dados Internacionais de Catalogação na Publicação (CIP)
Angélica Ilacqua CRB-8/7057

Setas, Miguel
   Gigante pela própria natureza : liderança além do ESG na maior potência
ecológica do mundo / Miguel Setas. - São Paulo : Editora Gente, 2023.
   288 p.

ISBN 978-65-5544-397-4

1. Negócios 2. Administração 3. Meio ambiente I. Título

23-4706
CDD 658.9

Índices para catálogo sistemático:
1. Negócios

Nota da Publisher

Miguel Setas, português apaixonado pelo Brasil, come[...] sua jornada em nosso país como CEO de uma gra[...] empresa de energia. Sua trajetória profissional e pes[...] teve um profundo impacto na formação de seu caráter com[...] der e como ser humano.

Por meio de seus modelos de gestão e de liderança, ele [...] inspirar e orientar outros líderes a revolucionarem suas emp[...] alcançando, assim, a verdadeira sustentabilidade nos negó[...]

Mais do que falar de ESG (*Environmental, Social and* [...] *nance*), tema em alta e que baliza a maioria das empresas [...] mente, Miguel Setas fala de humanização nos negócios, de[...] a transformar as empresas em locais realmente significa[...] com propósitos claros. É indiscutível que o Brasil é uma lid[...] global no movimento ESG, e Miguel nos mostra como p[...] assumir de maneira definitiva esse papel tão relevante.

Nesta obra tão especial, Miguel nos apresenta um Br[...] jante, repleto de oportunidades para todos os interessa[...] alavancar seus negócios de maneira única e duradoura. [...] larga experiência como CEO, ele apresenta o melhor [...] país, com o conhecimento e a vontade de quem está co[...] tido com a promoção de uma verdadeira revolução no m[...] negócios, sempre pautado na valorização integral e nas[...] dimensões da existência humana.

Boa leitura!

Rosely
CEO e Publisher da Ed[...]

Aos meus pais, Alfredo e Zanga.

Agradecimentos

Não é fácil citar todas as pessoas que contribuíram, ao longo de quinze anos, para o livro que você tem nas mãos. Quer seja por meio da experiência que me proporcionaram no Brasil, quer seja pela participação direta ou indireta na elaboração do próprio projeto editorial.

Começo naturalmente pela minha família. À Greta, minha esposa, à D. Cacilda, minha Mãe, mais conhecida pelo seu apelido Zanga, e aos meus três filhos, Francisco, Miguel e Sofia, devo o amor que me alenta o coração e me dá a base segura para empreender como executivo e como cidadão. Abraço a todos com carinho imenso. À Greta, em particular, agradeço especialmente a ajuda que me concedeu no debate de ideias, na leitura dos textos e nas sugestões de melhoria, sempre pertinentes.

Em todos os anos que trabalhei na EDP, tive a sorte de me beneficiar do trabalho profissional de assistentes executivas muito competentes, que passaram a fazer parte da minha família. Agradeço com emoção à Cristina Oliveira e à Salete Carneiro. Nunca conseguirei retribuir o que fizeram por mim e pelos meus. Estendo esse sentimento de gratidão aos meus chefes de gabinete: no Brasil, Luis Gouveia; em Portugal, Pedro Faria Gomes.

Depois devo agradecer às mais de três mil pessoas que constituem a EDP Brasil e que embarcaram comigo numa jornada aventurosa de transformação empresarial. A elas devo a grande realização que senti no exercício da minha liderança e as muitas demonstrações de afeto e carinho que sempre me ofereceram.

Se pude liderar a empresa, devo isso às pessoas que confiaram a mim essa missão. Primeiro, a António Mexia, CEO Global da EDP à época, e que me desafiou, no fim de 2007, a trabalhar no Brasil. Já no Brasil, antes de assumir como CEO, trabalhei diretamente com António Pita de Abreu e depois com Ana Maria Fernandes. Com ambos, que me antecederam na presidência da empresa, aprendi e me preparei para assumir uma responsabilidade maior.

A Miguel Stilwell d'Andrade, que sucedeu António Mexia na Presidência da EDP, e que representa toda a equipe do Conselho de Administração Executiva da EDP, agradeço a confiança e por ter me indicado, em 2021, para a Presidência do Conselho de Administração da EDP Brasil. Estendo este agradecimento a todos os Membros do Conselho de Administração da EDP Brasil que nos proporcionaram todas as condições para operar uma transformação profunda na empresa. Ao Governador Paulo Hartung, ao Ministro Pedro Malan, ao Professor Modesto Carvalhosa, a José Luiz Alquéres, a Francisco Pitella, a Juliana Rozenbaum e Francisco Gros (falecido) – a todos agradeço o tanto que aprendi com cada um e a confiança depositada em mim, primeiro como Diretor Vice-Presidente e depois como CEO da EDP Brasil.

A jornada de transformação foi possível porque a equipe diretiva tinha muita coesão e competência para trabalhar de maneira profissional. Agradeço à Diretoria que liderei da qual participaram, em diferentes momentos, Miguel Amaro, Luiz Otavio, Henrique Freire, Carlos Andrade, Michel Itkes, João Brito Martins. E agradeço também à Diretoria liderada pelo meu sucessor, João Marques da Cruz, que deu sequência ao trabalho que realizamos ao longo de treze anos, após regressar a Portugal e assumir a Presidência do Conselho da EDP Brasil, e o fez evoluir.

Este agradecimento aos membros dos órgãos de governo da EDP e EDP Brasil não estaria completo sem mencionar o Conselho Consultivo do Instituto EDP, que permitiu desenvolver tantos projetos culturais e sociais ao longo dos seus mais de dez anos de atividade. Agradeço novamente a José Luiz Alquéres e Pedro Malan, Vice-Presidentes do Conselho Consultivo, e aos meus amigos Emanoel Araujo (falecido), Ricardo Ohtake, Gil Jardim, Isa Ferraz e Tereza Rodrigues. No Instituto EDP, foi notável o trabalho de Luis Gouveia e de Dominic Schmal. Agradeço a ambos e a toda a equipe do Instituto EDP, as múltiplas oportunidades de contribuir ativamente para o "bem maior".

Muitos foram os profissionais que me ajudaram a desenvolver minhas competências de liderança, determinantes para meu crescimento pessoal e como executivo. Deixo um agradecimento especial a Odilon Wagner, Karin Parodi, Denys Monteiro, Alexandre Di Miceli e Oscar Motomura, representando toda a equipe da Amana-Key. Adicionalmente, muitos foram os consultores e assessores estratégicos que nos auxiliaram a traçar nossa trajetória. Destaco Vicente Assis, Cláudio Gonçalves, Jorge Pereira da Costa, António Farinha e Paulo Bornhausen.

A vivência no Brasil foi marcada por múltiplos encontros e por um sem-número de relacionamentos que me permitiram aprender sobre o país, sobre o setor elétrico e sobre a cultura brasileira. Deixo aqui registrado o meu agradecimento aos Ministros de Minas e Energia, com destaque para o Almirante Bento Albuquerque e para o Deputado Fernando Bezerra Coelho Filho; e aos Diretores-gerais da Agência Nacional de Energia Elétrica (Aneel), com destaque para Jerson Kelman, Romeu Rufino, André Pepitone e Sandoval Feitosa. Com todos aprendi e me beneficiei de um tratamento de muito respeito.

No setor elétrico, beneficiei-me também de uma cooperação ativa com os presidentes das principais empresas concorrentes da EDP. Não é possível mencionar todos, mas agradeço a Wilson Ferreira Pinto, Britaldo Soares, Mario Santos, Ricardo Botelho, Eduardo Sattamini, Mauricio Bähr, André Dorf, Gustavo Estrella, Nicola Cotugno, Márcio Fernandes, Mario Ruiz-Tagle, Solange Ribeiro, Reynaldo Passanezi, Daniel Slaviero, Cristopher Vlavianos, e tantos outros que me desafiaram como concorrentes e me integraram tão bem no setor elétrico brasileiro.

Tive o privilégio de trabalhar com especialistas renomados no setor elétrico brasileiro, como Mario Veiga, Luiz Barroso, Claudio Salles, Eduardo Monteiro, Nivalde de Castro, Roberto Brandão e muitos outros que me ajudaram a entender a complexidade e sofisticação do respectivo funcionamento. A todos agradeço a paciência e a disponibilidade sem limites.

No Brasil, cooperei com muitos empresários em projetos de impacto. Destaco o Movimento Brasil Digital para impulsionar a maturidade digital no país. Agradeço a parceria dos cofundadores deste Movimento: Adelson de Souza, Luiz Sergio Vieira, Jorge Maluf, Sergio Averbach e Gustavo Gennari.

Como administrador de concessões públicas, tive de me relacionar com os governos estaduais de muitas regiões do Brasil. Destaco apenas os dois estados onde a EDP opera empresas de distribuição, por simplificação. Agradeço a cooperação institucional do vice-presidente Geraldo Alckmin, àquela altura governador de São Paulo, ao governador João Doria, de São Paulo, ao governador Paulo Hartung, do Espírito Santo e ao governador Renato Casagrande, do Espírito Santo, o tanto que aprendi e, igualmente, o tratamento respeitoso que sempre me dispensaram.

Pelo lado de Portugal, devo um agradecimento à representação diplomática, em Brasília e em São Paulo. Aos Embaixadores Francisco Ribeiro Telles, Jorge Cabral, Luís Faro Ramos, Paulo Lourenço e Paulo Nascimento, agradeço o modo elevado como sempre trataram os assuntos relativos à EDP e aos nossos projetos comuns. Aqui é imprescindível uma menção de agradecimento ao Ministro Augusto Santos Silva, das mãos de quem recebi a homenagem de Grande Oficial de Mérito Empresarial da República Portuguesa.

Uma parte importante das minhas vivências institucionais, empresariais e culturais estiveram ligadas à Câmara Portuguesa, em São Paulo. Agradeço por tudo o que vivenciei aos amigos António Pargana, Ricardo Espírito Santo, Manuel Tavares de Almeida, Ricardo Lima e Domingos Pereira Coutinho, que representam todos os membros do Conselho que presidi e todas as Comunidades Portuguesas em São Paulo.

Uma palavra também para registrar com apreço a colaboração saudável que sempre estabeleci com os líderes sindicais no setor elétrico. Destaco Edson Wilson (Edinho) e Eduardo Annunciato (Chicão). Tive um grande mestre e amigo nessa jornada de relacionamento com os representantes dos trabalhadores.

O Dr. Nircles Breda sempre me ajudou a encontrar as melhores soluções de equilíbrio para defender os interesses dos trabalhadores da EDP e a sustentabilidade da empresa. Agradeço-lhe com respeito, admiração e apreço.

Em nome dos muitos amigos que nos acolheram no Brasil, e que passaram a ser nossa família, deixo aqui um abraço afetuoso a Tomas Alvim, a Marisa Moreira Salles, aos casais Miguel Gomes e Joana Freitas, Miguel Maratá e Lua Nitsche e a todos os casais de Conselheiros do Instituto EDP.

A realização deste livro não teria sido possível sem a inestimável colaboração do casal Joyce Moysés e Onildo Cantalice, que, ao longo de dois anos, ajudaram-me a pôr de pé, a rever, a melhorar e a simplificar o texto que compõe este livro. Foram muitas conversas, muitos conselhos e sugestões, muitas revisões, que permitiram a redação deste texto. Não tenho dúvida de que nunca teria conseguido chegar a bom porto sem a colaboração profissional e rigorosa de ambos.

Aos brilhantes e criativos Carlos Coelho e Paulo Rocha, fundadores da empresa de design Ivity, agradeço o talento e a inspiração para os grafismos do livro. Ao amigo Carlos Coelho, em especial, agradeço o estímulo para uma jornada espiritual reveladora e a provocação para ir sempre mais longe, desafiando os limites autoimpostos.

Faço um agradecimento especial a Rosely Boschini, Rosângela Barbosa, Juliana Queiroz e toda a equipe da Editora Gente pelo valioso suporte e estímulo para a publicação desta obra.

Registro ainda um agradecimento à grande família do Grupo CCR, que me acolheu no meu regresso ao Brasil, depois de ter passado dois anos em Portugal, e me permitiu iniciar um novo ciclo de liderança executiva em um setor estratégico para o desenvolvimento do país. Faço-o na pessoa de Ana Penido, Presidente do Conselho de Administração, e de todos os membros que integram aquele Conselho.

Finalmente, não poderia terminar esta lista de agradecimentos sem mencionar, com admiração, respeito e gratidão, a minha amiga Luiza Helena Trajano, que dispensa apresentações, e que me concedeu a honra e o privilégio de assinar o belo prefácio deste livro. Luiza Helena é daquelas pessoas que nos marca para sempre e que me inspirou na minha caminhada de transformação no Brasil.

A todos, meu sincero agradecimento.

* * *

Muitas pessoas a quem devo este livro faltaram nos agradecimentos. Deixo aqui minha gratidão ao país que passou a ser a minha casa e a estar no meu coração: obrigado, Brasil!

Prefácio

Quem me conhece sabe que sou uma brasileira apaixonada, defensora e entusiasta de nosso país. E sempre encontro muitas pessoas com o mesmo sentimento. Quando conheci o Miguel Setas, logo percebi que se tratava de um português com um amor pelo nosso país e uma vontade de contribuir evidentes.

O encontro de um intelectual, um pensador, com a nossa cultura possibilitou que Miguel pudesse refletir e, por meio deste livro, contribuir com uma análise de sua carreira como alto executivo no Brasil, bem como sua transformação pessoal ao conviver com um povo tão diverso como o nosso.

Referenciado pelo ESG, que sempre foi preocupação da sua prática diária, ele nos ensina sobre quatro dimensões de inteligência: cognitiva, socioemocional, cultural e espiritual. E também sobre a importância de o líder buscar o equilíbrio de todas elas no processo de amadurecimento. É muito interessante o paralelo que ele estabelece entre esse processo de crescimento pessoal e a transformação da empresa em uma organização sustentável e inovadora.

Descobrimos todo o processo e todos os elementos para os quais precisamos estar atentos para podermos realizar uma jornada de transformação, que inclui cultura, estratégia e os pilares do ESG, criando líderes humanistas. E o Brasil tem todas as características para ser o berço mundial desses líderes.

Miguel desafia-nos também a refletir sobre a insustentabilidade do chamado "desenvolvimento sustentável". Traz uma provocação com seu modelo de "Evolução Integral", que incorpora uma visão além do tradicional ESG, mais holística e adaptada à complexa realidade do nosso país.

A leitura desta obra nos deixa com esperança e, ao mesmo tempo, desafia as lideranças do Brasil a se conscientizarem da oportunidade de ouro para que ocupemos nosso espaço no mundo, na condição de "superpotência da sustentabilidade".

Coincidentemente com o lançamento deste livro, Miguel pôde regressar para ocupar novamente uma alta posição em uma grande empresa brasileira. Nós que ganhamos com isso, pois podemos aprender ainda mais com sua visão humanista, com seus grandes ensinamentos em busca de uma sociedade melhor.

Luiza Helena Trajano
Presidente do Conselho do Magazine Luiza
e do Grupo Mulheres do Brasil.

"Neste livro, Setas mostra como, na prática, age um verdadeiro líder-estadista que também se vê como um cidadão do mundo. O mais impressionante é seu exemplo à frente de empresas, quando suas ideias e ações caberiam a líderes mundiais focados nos grandes desafios da atualidade. Sua contribuição neste livro é também um extraordinário legado para as futuras gerações. Não só na formação de líderes, mas no desenvolvimento de seres humanos em níveis de consciência mais elevados. Decididamente é o que o mundo mais precisa hoje. Ou sempre precisou e precisará...?"

Oscar Motomura
Fundador e principal executivo do Grupo Amana-Key

"O autor nos brinda com um olhar crítico, porém reflexivo, sobre a pertinência de uma agenda pós-ESG, pois o contexto das crises atuais - do clima, da biodiversidade e da desigualdade social – requer muito mais comprometimento e ação para assegurarmos um futuro realmente sustentável. E foi integrando as diversas dimensões humanas que Miguel, um líder empresarial incontestes, mostrou, na prática, na liderança de uma grande empresa, resultados concretos. O fato de ser executivo estrangeiro atuando no Brasil confere o distanciamento necessário para que faça uma análise do real papel estratégico que o país pode ocupar na emergente economia de baixo carbono. Uma leitura obrigatória e inspiradora, de um verdadeiro líder que traz um novo olhar para os principais desafios do nosso século."

Marina Grossi
*Presidente do Conselho Empresarial Brasileiro para o
Desenvolvimento Sustentável*

"As mais importantes lições que se aprendem na vida vêm da reflexão sobre as nossas experiências. É isso que Miguel Setas generosamente compartilha para todos que almejam serem líderes neste complexo Século XXI que temos pela frente. Leitura indispensável."

José Luiz Alqueres
Ex-Presidente da Associação Comercial do Rio de Janeiro

"Miguel Setas é um exemplo de liderança humanista com olhar sistêmico que tanto necessitamos atualmente. Nesta obra, ele nos brinda com uma visão inspiradora e de vanguarda sobre liderança, cultura e sustentabilidade que transcende o acrônimo ESG. Com sua vasta experiência como CEO de grandes empresas, Miguel aplicou na prática – e com muito sucesso – as recomendações deste guia essencial para lideranças comprometidas com um futuro melhor para a nossa e as próximas gerações. Profundo conhecedor do Brasil, Miguel é sobretudo um apaixonado por nosso país com a convicção de que temos uma oportunidade histórica de nos tornarmos a referência global em sustentabilidade ecológica e realização humana. Uma leitura simplesmente obrigatória para todos que desejam liderar com impacto e deixar um legado positivo em tempos de emergência climática e social."

Alexandre Di Miceli da Silveira
Autor de "Ética Empresarial na Prática" e
"Governança Corporativa: O Essencial para Líderes",
fundador da Virtuous Company e criador do Programa Lideranças Virtuosas.

Sumário

18 INTRODUÇÃO

25 PARTE I | UM BRASIL QUE TRANSFORMA
Capítulo 1 – País de características únicas · 28
Capítulo 2 – Adaptabilidade e crenças equivocadas · 49
Capítulo 3 – A consciência de uma missão inesperada · 69

87 PARTE II | UM LÍDER DIFERENTE
Capítulo 4 – Brasilidade na gestão · 90
Capítulo 5 – Múltiplos papéis · 107

131 PARTE III | A EMPRESA FAZENDO A DIFERENÇA
Capítulo 6 – Uma transformação de impacto · 135
Capítulo 7 – Cultura e gestão, os verdadeiros diferenciais · 148
Capítulo 8 – Transformar, transformando-me · 165

179 PARTE IV | OLHAR PARA UM FUTURO PÓS-ESG
Capítulo 9 – Evolução integral e uma nova ética da vida na Terra · 184
Capítulo 10 – Brasil: o epicentro do novo humanismo ecológico · 209
Capítulo 11 – Um novo perfil de liderança · 239
Capítulo 12 – Do ESG para os 7 Es – Um manifesto · 274

279 CONCLUSÃO E REINÍCIO

Introdução

Minha primeira vez na Amazônia parecia cena de filme. O objetivo era visitar uma usina hidrelétrica em construção. Três horas e meia de voo entre São Paulo e Belém, no Pará, o mesmo tempo dessa capital até Monte Dourado, distrito bem ao norte do estado, seguindo viagem pelo Rio Jari durante uma hora e meia aproximadamente. Para esse trecho fluvial, estranhei que a comitiva tivesse reservado dois barcos, sendo que um bastaria.

Pessoas que nos recepcionavam sorriram em resposta à minha surpresa, e uma delas me explicou:

– Estamos no "fim do mundo" e não há como nos comunicarmos com agilidade. Se algo no barco quebrar, vamos passar a noite em pleno rio, sem ninguém para nos socorrer. Além disso, a região está cheia de piratas; então, o segundo barco nos acompanhará com seguranças armados para proteger o nosso grupo.

O que os tais "piratas do rio", como são chamados, jamais me tirariam: a oportunidade que o meu trabalho no setor de energia me permitiria de estar tão próximo daquela natureza magnânima, respeitando-a ainda mais. Essa história é só uma das nuances das minhas incursões pelo Brasil profundo, o que me permite trazer à tona hoje um relato incomum a um alto executivo, especialmente estrangeiro.

O Brasil é tão rico que eu poderia introduzir nosso diálogo literário comentando várias das minhas experiências por uma perspectiva apenas geográfica, já que estamos falando de um país de dimensão continental. E não me faltam histórias vividas pelos quatro cantos dessa terra abençoada! Eu vi – ninguém me contou – quantos "Brasis" há dentro do Brasil.

São Paulo, Tocantins, Ceará, Espírito Santo, Mato Grosso do Sul, Rio Grande do Sul, Rio de Janeiro... circulei por todos esses estados e muitos outros durante os treze anos em que morei no Brasil, país em que desempenhei funções, nos primeiros seis anos, como diretor vice-presidente e, nos últimos sete, como CEO da maior empresa portuguesa em solo brasileiro – a EDP Brasil, um dos maiores operadores privados do setor elétrico brasileiro.

A vivência que tive e continuo tendo no Brasil foi transformadora na minha vida e permitiu que eu imprimisse uma transformação significativa na empresa que liderei e no meu papel perante a sociedade e a natureza. Enquanto fui CEO da EDP Brasil, a empresa mais que dobrou de valor acionista, enquanto fazia ESG de verdade, antes de virar um termo da moda e até algo gasto.

Nesse período, o Grupo EDP construiu três usinas hidrelétricas, entre elas, Santo Antônio do Jari – que visitei no meio dos tais "piratas do rio" – entrou nos negócios da transmissão e da energia renovável (solar e eólica) e participou como patrocinador principal nas campanhas de restauração dos emblemáticos museus do Ipiranga e da Língua Portuguesa, entre muitos outros projetos de impacto socioambiental.

Pela grandiosidade do país e de seus recursos naturais e sociais, defenderei neste livro que, ainda que enfrente turbulências no presente, o Brasil pode se tornar uma superpotência internacional da sustentabilidade e virar o epicentro de um novo humanismo ecológico, ao qual está associada uma oportunidade de investimento sem precedentes.

> **O que aprendi ao longo dos treze anos no Brasil leva-me a propor um novo modelo de desenvolvimento e liderança além do ESG. Numa reflexão provocadora, proponho ressignificar as noções de sustentabilidade e desenvolvimento sustentável.**

Nestas páginas, trago uma reflexão prospectiva do que significa liderar com impacto no contexto atual de emergência climática e social, baseada na minha experiência muito concreta no mercado brasileiro. Tento elevar este tema a outro patamar, mostrando a importância de lideranças integradoras e profundas, empenhadas em promover uma evolução da existência humana em harmonia com a Natureza.

Defendo a noção de uma evolução integral para substituir a visão ultrapassada de desenvolvimento sustentável, que, no meu entender, é insustentável, como detalharei mais à frente. Considero que os atuais modelos de sustentabilidade, incluindo os próprios objetivos de desenvolvimento sustentável das Nações Unidas, carecem de uma visão mais holística para capturar dimensões da existência humana, como a cultura, o progresso moral, a espiritualidade, fundamentais à refundação da vida na Terra.

Todos sabemos que o modelo de crescimento ilimitado da era pós-industrial está levando o planeta à exaustão. Para darmos essa virada de modelo mental, as lideranças têm o papel crucial de conduzir o ecossistema organizacional para níveis de maturidade voltados a um "bem maior".

Ao longo dos capítulos, apresento modelos de gestão, como a "Roda da felicidade no trabalho", "Metas com propósito" e outros que criamos na caminhada para posicionar a EDP Brasil – primeiro como CEO, depois como Presidente do Conselho – como a mais sustentável do Brasil no ranking geral do ISE B3 (Índice de Sustentabilidade Empresarial). Presente pelo 16º ano consecutivo, a EDP registrou o melhor desempenho de sua história na carteira desse índice, corroborando o compromisso de manter uma agenda ESG no centro da estratégia global.

É nesse contexto que o livro está dividido em quatro partes.

Na **Parte I – Um Brasil que transforma**, darei uma visão construtiva dos múltiplos desafios vividos desde a minha chegada ao Brasil, em 2008, como vice-presidente, com os aprendizados de minhas incursões pelo Brasil profundo. Partilharei experiências inusitadas e desafiadoras que me fizeram compreender o país onde estava e que me marcaram para a vida. Aproveitei minhas vivências para me transformar em um líder mais humano e espiritualizado. Pude contribuir para a valorização do patrimônio histórico e cultural luso-brasileiro, na qualidade de presidente executivo do maior investidor português no Brasil, revelando uma missão inesperada na ressignificação dos laços entre os dois países.

Um dos presentes que o Brasil me deu foi um sentido mais humano à minha vida e à maneira de liderar, que foi, para minha surpresa, muito além de prospectar e fazer negócios. Na **Parte II – Um líder diferente** explicarei como foi este aprendizado. Aqui, apresento meu "Modelo de estágios de maturidade", que identifica quatro patamares de amadurecimento associados a distintas inteligências, estilos de liderança e focos de gestão, pelos quais passei ao longo da minha jornada na presidência da empresa. Nessa parte, explicarei como apreendi a brasilidade na gestão e os múltiplos papéis que a função de CEO me exigiu, acelerando meu crescimento como líder.

Apresentarei como promovi a refundação do modelo de gestão da EDP, baseado na fusão de cultura e estratégia, levando-a a prosperar com sinergia, êxito e responsabilidade, principalmente por causa do engajamento dos mais de três mil colaboradores diretos. Aprendi, no Brasil, que a cultura constitui a principal alavanca de transformação organizacional, e que a espiritualidade é a chave para uma elevação do nível de consciência das lideranças.

Sem um movimento global de conscientização das lideranças, as empresas não conseguirão atuar como agentes de mudança da sociedade. Esse é o foco da **Parte III – A empresa fazendo a diferença**, que faz um aprofundamento do "Modelo de liderança de impacto", para tornar concreta a conexão profunda de significado entre liderança transformadora e empresa sustentável, que tem a cultura ESG na veia.

Essa comunhão é a vertente da liderança holística, abrangente, profunda: com a essência da pessoa que está orientando a transformação conectada à essência da sua organização. Esse conceito me ajudou a conceber a projeção da nova cultura que queríamos atingir na EDP, gerando uma energia indescritível em palavras, mas que harmoniza e sintoniza as pessoas com o seu ambiente.

Em suma, sou um entusiasta da tese de que o líder produzirá uma transformação na empresa quando estabelecer, como ponto central para um trabalho conjunto significativo, uma conexão profunda da sua essência, traduzida por sua filosofia de vida e seus valores, com a da empresa, expressa pelo propósito e pela cultura. Isso significa que líder e empresa crescem ao mesmo tempo, fundindo-se em um único movimento, formando um processo de evolução ímpar, com aprendizados de valor para ambos os lados. Nessa parte, faço também um sobrevoo sobre a jornada de crescimento e expansão da EDP Brasil, com uma história que acumula mais de duas décadas de investimento no setor de energia.

Por fim, a **Parte IV – Olhar para um futuro pós-ESG** é uma reflexão sobre novos modelos de desenvolvimento sustentável no contexto das crises atuais. O modelo malthusiano do "capitalismo fóssil" coloca um sobrepeso insustentável nos recursos e no equilíbrio do planeta. Todos os sinais que estamos recebendo da natureza e da sociedade nos levam a refletir que muito ainda precisa ser feito para vislumbrarmos um futuro sustentável.

Temos claramente que evoluir do humanismo antropocêntrico, que começou a ganhar forma no Renascimento para outro, que coloca o ecológico no centro e reconhece a interdependência humana com todos os seres viventes. Esse movimento de alargamento de foco da nossa cultura e moral implica construirmos uma nova ética da vida na Terra e nos afastarmos do uso de conceitos relacionados à sustentabilidade e ESG como meras retóricas para "esverdear" a atuação das empresas.

O Brasil, analisando indicadores que o qualificam como a superpotência natural do mundo, é um país estratégico para revertermos os efeitos da crise climática e ambiental que vivenciamos globalmente. De acordo com a consultoria Boston Consulting Group (BSG), o Brasil pode ser *hub* climático, com uma oportunidade de investimento de 2 a 3 trilhões de dólares até 2050, notadamente no mercado do carbono, na produção de energia limpa, na agricultura sustentável e na indústria verde.

É nesse contexto que defendo a necessidade de lideranças com novo perfil, com doze traços específicos organizados em quatro dimensões principais: qualidade da sua vida interior, relação com o tempo, relação com o outro e relação com o mundo. Eu os desenvolvi com a experiência de gestão brasileira e, de alguma maneira, esses traços foram crescendo em mim com minha evolução como ser humano.

Como fechamento do livro, apresento um manifesto para esse novo humanismo ecológico, que deveria ter seu início no Brasil, composto por 7 Es – *ética, ecologia, economia, equidade, estética, espiritualidade, evolução* –, concretizando uma visão mais abrangente do que o ESG, compatível com o modelo de evolução integral.

Nossa energia move e muda o mundo

Foi com essa mensagem que iniciei um dos constantes encontros com os colaboradores da EDP Brasil. E emendei: "É por isso que estou em cima deste patinete elétrico". A energia move o mundo no sentido literal e também simbólico, pois nossos pensamentos, sentimentos e atitudes são capazes de mover e mudar tudo à nossa volta. Minha vivência no Brasil me deu a certeza disso.

Em 2021, após mudanças na governança da matriz da multinacional portuguesa, decidi voltar a Lisboa para assumir funções globais. Não imaginava que, passados dois anos desse regresso à minha terra natal, período em que escrevi o livro que você tem nas mãos, receberia o convite para assumir a presidência executiva do Grupo CCR, uma grande empresa brasileira do setor da infraestrutura de mobilidade.

Acolhido de volta ao meu país do coração, realizei o fechamento de um ciclo com a abertura de um novo ciclo, a partir de abril de 2023. Essa nova vivência no Brasil, porém, será matéria para outro livro. Neste, desejo registrar que a oportunidade de viver e trabalhar nesse solo verde-amarelo entre dezembro de 2007 e fevereiro de 2021 teve enorme valor não apenas para mim, pessoalmente, como para o mercado global. Tanto que me levou para o mundo.

Sou a prova viva de que o Brasil nos transforma realmente, é um país que dá mais valências, mais competências. É mais mérito do país do que meu próprio. E a organização dos capítulos refletirá isso, pois escrevi a partir da transformação humana para a da liderança, que, por sua vez, transformou a companhia e seu entorno.

Que essa leitura inspire mais pessoas a aceitarem desafios transformadores para a vida pessoal e profissional. E que o Brasil, mobilizado pela força do seu povo e da sua natureza, assuma a sua centralidade na salvação do mundo. É o propósito deste livro. Como diz a música de Gonzaguinha "Nunca Pare de Sonhar".

Fé na vida, fé no homem, fé no que virá.
Nós podemos tudo, nós podemos mais.
Vamos lá fazer o que será.

Boa leitura!

Parte I

Um Brasil que transforma

Um dos grandes presentes que o Brasil me deu foi um sentido mais humano à minha vida. Por isso, fiz questão de que a narrativa desta obra partisse da minha transformação pessoal para tudo o mais que realizei ao liderar a maior companhia portuguesa em solo verde-amarelo, que mais do que dobrou de valor em apenas cinco anos (de 2016 para 2020) e se tornou a empresa número 1 em sustentabilidade nesse país tão rico em vários sentidos.

Estou convencido de que havia subestimado o poder transformador do Brasil antes de ser destacado pela matriz portuguesa da multinacional EDP para integrar a Diretoria Executiva da operação no país. Quando desembarquei no maior aeroporto da América do Sul, em São Paulo, em dezembro de 2007, estava longe de imaginar o impacto que este país de características únicas teria em mim.

Estava recém-promovido a vice-presidente da EDP no Brasil, e era minha primeira vez na metrópole mais rica e populosa da América do Sul. Naquele momento, iniciaria uma viagem profissional e pessoal que me transformaria numa pessoa diferente e me ajudaria a transformar a empresa que liderei por sete anos como CEO. Todo esse percurso devo ao Brasil e às pessoas que me acolheram e me ensinaram uma nova maneira de ver a vida e o mundo e de fazer negócio.

Tudo o que aprendi nessa experiência internacional, como gestor e como ser humano, é imenso. Se eu tivesse ficado apenas alguns anos no Brasil, tudo isso ter-me-ia passado à margem, ao largo. E eu teria voltado a Portugal com um entendimento superficial e cheio de ideias feitas, nenhuma delas verdadeira. Foi muito importante ter estado por um período longo, e não de três anos, como estava inicialmente planejado.

Os treze anos que vivi no Brasil me deram um entendimento mais fino e menos superficial do que é característico numa experiência de expatriação delimitada no tempo. Ter vivido no Brasil por este largo período, coincidindo com uma fase fundamental da minha formação como ser humano e profissional, foi um enorme privilégio. Houve uma grande viagem profissional, mas acima de tudo uma jornada de vida como ser humano, como homem.

Não imaginava quão intensa é essa nação nos aspectos empresariais, culturais, artísticos, naturais, sociais e políticos; e quão transformadora seria minha vivência do outro lado do Atlântico. Foi uma verdadeira escola de vida, enriquecedora como nenhuma outra.

Descobri o Brasil e me descobri no Brasil. Um país especial pelo povo, pela dimensão e pelas características únicas, que abordarei no capítulo a seguir.

1 PAÍS DE CARACTERÍSTICAS ÚNICAS

Costumo desafiar meus amigos brasileiros perguntando por estatísticas sobre as características do Brasil. A escala e o gigantismo do país sempre me fascinaram. Afinal de contas, estamos falando de uma das dez maiores economias do mundo, com a sétima maior população e o quinto maior território.

Mas não são apenas as dimensões econômica, social e geográfica que me impressionam. O Brasil é um país abençoado pela natureza, como é invocado no próprio hino e no título deste livro:

"Gigante pela própria natureza,
És belo, és forte, impávido colosso,
E o teu futuro espelha essa grandeza".

O país é favorecido pelos recursos naturais e sociodiversidade imensa: possui a maior floresta tropical do mundo, a maior biodiversidade do mundo, a maior reserva de água doce, mais de 300 etnias indígenas, 175 línguas distintas além do português, e tantas outras características que o posicionam em um lugar cimeiro da sustentabilidade. A verdadeira superpotência ecológica do planeta.

Um continente do Oiapoque ao Chuí

Viajei de norte a sul, de leste a oeste no território brasileiro. Foram inúmeras viagens de negócios, de lazer e de exploração do país.

Percorri milhares de quilômetros de avião (para reuniões, inaugurações, visitas de negócios), de carro (para rodar os estados em que gerenciamos atividades de distribuição, como é o caso de São Paulo e do Espírito Santo) e de barco (para visitar as obras de usinas em construção no meio da região amazônica). Tudo isso me levou a conhecer relativamente bem os contrastes de uma nação imensa como essa.

Oiapoque é a cidade mais ao norte, situada no estado do Amapá; e Chuí, no extremo sul, pertence ao estado do Rio Grande do Sul. Esses foram apenas dois dos dezoito estados (incluindo o Distrito Federal) pelos quais percorri nos treze anos em que vivi no Brasil. Portanto, ir do Oiapoque ao Chuí, como se costuma ilustrar a ideia de norte a sul do país, não é mera força de expressão no meu caso. Eu realmente fui de um lado ao outro, e não apenas às capitais dos estados. Conheci o interior e o litoral de vários deles. Assim como extrapolei dos centros urbanos para zonas rurais e rincões distantes.

A dimensão continental do Brasil é das características mais marcantes para um estrangeiro, em especial quando ele vem de um país relativamente pequeno como Portugal. A continentalidade tem várias implicações práticas, a primeira aparece nos deslocamentos internos. Para as regiões mais remotas, não é incomum levar mais de um dia de viagem. A segunda é a diversidade incontável da geografia e das pessoas. Por isso, efetivamente, não existe apenas um Brasil no sentido lato, mas sim vários países dentro do mesmo espaço geográfico.

Não um, mas vários "Brasis" a desvendar

Quando cheguei ao Brasil, em janeiro de 2008, a EDP Brasil estava atuando em São Paulo, Espírito Santo, Mato Grosso do Sul e Tocantins. Passados treze anos, quando regressei a Portugal, havíamos expandido nossa presença física desses quatro para onze estados, mas tínhamos clientes nos 26 estados da União.

Como fruto dessa expansão, pude conhecer os quatro cantos do país e seu grande centro político no Distrito Federal. E assim fui escapando de uma armadilha comum entre executivos estrangeiros, que se concentram nos grandes centros econômicos e não olham para as complexidades e, por vezes, contradições que cercam culturas tão diversas como as que existem no Brasil.

Como eu disse, trata-se de um país intenso e absurdamente grande e complexo, cuja extensão chega perto da ocupada pelo continente europeu, excluindo a Rússia. A Bahia, por exemplo, tem a dimensão aproximada da França. Pernambuco é ligeiramente maior do que Portugal. Portanto, para conhecer o Brasil, temos de desvendar os vários "Brasis" que o compõem.

É impressionante a singularidade de cada região, e "suas gentes", desde as que se dedicam à agricultura e à pecuária nos frios pampas gaúchos, às que tiram seu sustento do extrativismo na úmida floresta amazônica. Além das pessoas que vivem da pesca e do turismo nos municípios litorâneos, com praias de águas cristalinas e areias douradas, às que sofrem com a grande estiagem no extenso sertão.

Em treze anos, seria impossível conhecer tudo. Seguramente, ainda tenho muito a apreender sobre a diversidade brasileira. No entanto, me expus, sem me poupar, ao entendimento das múltiplas facetas do Brasil, com o intuito de liderar e tomar as melhores decisões para a EDP. E digo isso porque fazer negócio nas diversas regiões do país comporta riscos distintos; e o modo de relacionamento local depende das características de cada estado – às vezes, de cada cidade.

Sempre que explorávamos oportunidades de norte a sul, sentia que era como conhecer um novo Brasil. Novos hábitos, novos costumes, novos rituais culturais, novas referências históricas, novas formas de dialogar. Sendo assim, essa exploração de como fazer negócio em cada região foi um dos desafios mais estimulantes da minha experiência brasileira.

Confesso que meu maior contato foi com os paulistanos, pelo fato de a EDP Brasil, naquela época, ter sua sede na cidade de São Paulo, em um prédio comercial em um bairro vizinho ao da Avenida Brigadeiro Faria Lima (conhecida por Faria Lima). Poderia dizer que é o equivalente ao Financial District, de Nova York, ou à City londrina, salvaguardando as devidas diferenças. Nela, trabalha uma comunidade de destacados executivos do mercado financeiro, conhecidos como *farialimers*, em uma clara alusão ao seu estilo de vida e ao comportamento que mimetiza os prodigiosos financeiros de Wall Street ou de Canory Wharf.

No entanto, a grande diferença entre os exemplos internacionais e esse centro financeiro é que, a poucos quarteirões dali, existem comunidades carentes que vivem em condições precárias, muitas delas abaixo do limiar de pobreza. O Brasil é assim. Um país de enormes contrastes.

No mesmo dia em que eu tinha reuniões com os "magos" da Faria Lima, poderia prestigiar a inauguração de um projeto social em uma comunidade carente. É uma experiência que nenhum executivo vivencia nas chamadas "economias maduras", mas que, no Brasil, faz parte do dia a dia de um CEO. E eu não me limitei à visita protocolar aos locais em que tínhamos projetos sociais. Quis entender como viviam nesses aglomerados populacionais que ocupam uma parte importante do território urbanizado do Brasil (é um dos países com maior taxa de urbanização, cerca de 85%[1], mas 13,5 milhões de pessoas[2] vivem em comunidades).

No Rio de Janeiro, conhecer a realidade das favelas fazia parte do meu aprendizado do Brasil. Com um bom amigo português, decidimos ir a um baile funk "raiz" em um morro do bairro de Vila Isabel. Era 2012, um momento de instalação de Unidades

---

[1] População rural e urbana. **IBGE Educa**. Disponível em: https://educa.ibge.gov.br/jovens/conheca-o-brasil/populacao/18313-populacao-rural-e-urbana.html. Acesso em: 4 jun. 2023.

[2] Pesquisa "Economia das Favelas – Renda e Consumo nas Favelas Brasileiras", desenvolvida pelos institutos Data Favela e Locomotiva. BOEHM, C. Moradores de favelas movimentam R$ 119,8 bilhões por ano. **Agência Brasil**, 27 jan. 2020. Disponível em: https://agenciabrasil.ebc.com.br/geral/noticia/2020-01/moradores-de-favelas-movimentam-r-1198-bilhoes-por-ano. Acesso em: 4 jun. 2023.

de Polícia Pacificadora (UPP). Havia policiamento para todo lado. Subindo o morro, passamos por uma festa mais turística, mas não entramos. Caminhamos aproximadamente duzentos metros adiante para a festa dos moradores da favela.

Em um espaço reduzido, cheio de pessoas, com música ensurdecedora, havia vigilantes armados em cima das lajes, bebidas, drogas. Tivemos esse choque de realidade. Alguns sustos, mas tudo acabou bem na Cidade Maravilhosa.

Foram muitas viagens, principalmente entre 2010 e 2013, quando presidia as empresas de distribuição da EDP Brasil. E eu gostava de sair das "torres de marfim" dos bairros nobres paulistanos para percorrer comunidades periféricas. Mais do que testemunhar as dificuldades de tantos cidadãos para terem suas necessidades básicas atendidas (como moradia decente, luz, água, educação), compreender essas dores também me transformou em um ser humano mais consciente do meu papel social.

Descobri uma miríade de realidades contrastantes dentro de um mesmo país.

Uma mesma língua que nos afasta

Tão grande quanto a diversidade geográfica e social são os contrastes da língua portuguesa falada no Brasil. Quando cheguei, não tinha noção de quão diferentes eram os vários sotaques do português falado no Brasil, muito menos o quanto o português de Portugal era mal compreendido pelo cidadão médio brasileiro.

Havia quinze dias que morava em São Paulo quanto tive meu primeiro choque linguístico. Foi na primeira ida ao supermercado para comprar queijo. A funcionária mal entendeu o meu pedido e fui confundido com um chileno ou um argentino.

Foi como um murro no estômago. Sou português, falo a mesma língua que os mais de 200 milhões de brasileiros. E, de repente, entendi que ela sofreu séculos de derivações e tornou-se uma língua com sonoridade, vocábulos, entonação, grafia e até palavras diferentes ou, então, idênticas para significados distintos. Foi uma das descobertas mais impactantes para mim. De certa maneira, até das mais frustrantes em um primeiro momento.

Muito interessante foi o aprendizado dos meus três filhos, Francisco, Miguel e Sofia, que chegaram ao Brasil em tenra idade, 9, 4 e 3 anos, respectivamente. Os dois mais novos ainda foram alfabetizados com professoras locais e na companhia de colegas brasileiros. Era impressionante a facilidade com que os três falavam com sotaque português de Portugal e, em segundos, mudavam para o sotaque brasileiro. Descobri mais tarde ser o sotaque paulistano o que eles apreenderam.

Ao longo dos anos, fui me familiarizando com as infinitas variações do sotaque brasileiro de cada região, cada estado, cada cidade. Às vezes, dentro da mesma cidade, há diferenças.

Descobri muito da exuberância das variantes do português na riquíssima literatura brasileira, lendo Drummond[3] e Jorge Amado; na cativante música popular brasileira, ouvindo os irmãos Bethânia e Caetano[4]; ou simplesmente conversando com amigos. Esse caminho me fez desenvolver uma paixão inusitada pela nossa língua, que mais tarde esteve na origem de importantes projetos culturais que propus que a EDP apoiasse.

Quanto mais eu me conscientizava das diferenças, mais me preocupava em respeitá-las, em não feri-las no trato pessoal e profissional, ficando atento às nuances de cada grupo e lugar. A descoberta de que há muitas regiões dentro de cada uma, muitas culturas dentro da cultura brasileira, fui fazendo conforme

---

[3] Carlos Drummond de Andrade, poeta, contista e cronista brasileiro, considerado um dos maiores escritores do país.

[4] Maria Bethânia e Caetano Veloso, ambos cantores, compositores e poetas baianos que figuram entre os mais importantes do Brasil.

ia convivendo, trabalhando, observando, lendo, praticando uma escuta ativa – e me arriscando cada dia um pouco mais.

Compreender as mensagens por trás da fala e dos comportamentos de gaúchos, paulistas, pernambucanos, cariocas... ajudava-me a perceber com quem eu estava falando. Sabendo, por exemplo, quais interlocutores se mostrariam mais reservados e quais se mostrariam mais afetivos, fazendo logo amizades, tendo, assim, mais condições de me relacionar na medida ideal.

Entendi que havia pessoas com alguns preconceitos, outras mais regionalistas, outras com mais influência política... Identifiquei quão forte é o preconceito interno existente no Brasil. Por exemplo, do paulistano em relação ao carioca, do restante do país em relação ao nordestino e ao gaúcho. Há rivalidades entre baianos e pernambucanos, entre cariocas e paulistas. E tantas outras tensões regionais.

Para mim, era um colorido enorme que não poderia ser visto de maneira rasa ou julgadora. Aquele que estiver à frente de uma empresa multinacional no Brasil, e quiser expandir seus negócios em distintas localidades brasileiras, tem que apreender as nuances das culturas locais. Eu chamaria essa capacidade de "inteligência cultural", por paralelismo com o conhecido conceito de "inteligência emocional". Foi uma capacidade que tive de desenvolver no Brasil. Falarei disso mais à frente.

Riqueza dos povos da floresta

No Brasil, as relações têm máxima importância no meio profissional e pessoal, e essa foi uma novidade para mim. Por meio delas melhorei meu entendimento das especificidades culturais, ouvi o que brasileiros de diferentes regiões têm a transmitir e adquiri um mundo de conhecimentos e experiências que este país tem a oferecer.

Destaco minha aproximação com lideranças indígenas do Alto Xingu, que ocorreu de maneira inesperada. Fui apresentado ao povo Mehinako, no início de 2018, por um bom amigo paulistano de origem portuguesa, o primeiro a nos receber no Brasil. Tomas Alvim é um dos sócios da editora BEÏ ("um pouco mais", em tupi) e tem uma coleção significativa de arte indígena, além de ser um grande apoiador dessa cultura.

Ao Tomas devo um acolhimento fraterno, que muito facilitou minha integração na vida social e cultural paulistana. Ao Tomas devo também a edição do meu primeiro livro – *Duas lentes* –, publicado no fim de 2013 pela sua editora, em coautoria com Cristiano Mascaro, grande mestre da fotografia brasileira.

Foi minha primeira aventura na edição de um livro. Semanas depois do seu lançamento, fui nomeado CEO da EDP Brasil, em janeiro de 2014. De certa forma, permitiu-me fazer o fechamento de um ciclo.

Voltando aos amigos indígenas. Por intermédio de Tomas Alvim, fiquei amigo de vários líderes, e ainda hoje há troca de mensagens pelo WhatsApp comigo e com minha esposa, com quem estabeleceram uma relação ainda mais próxima. Eles vivem perto do rio Xingu, no estado do Mato Grosso, e tive convite para visitá-los, mas ainda não houve a oportunidade. Seria especial poder acompanhar o ritual Kuarup, cerimônia sociorreligiosa, intertribal, que faz uma celebração anual dos ancestrais.

Tive a felicidade de homenagear essa cultura milenar em 2020, como executivo apoiador da exposição *Heranças de um Brasil Profundo*. Ela fechava brilhantemente uma trilogia iniciada com *Africa Africans*, em 2015, seguida por *Portugal, Portugueses – Arte Contemporânea*, em 2016. As três tiveram a curadoria do artista plástico Emanoel Araujo, diretor do Museu Afro Brasil, em São Paulo, e amigo especial, de grande sensibilidade e talento, falecido em 2022.

Escrevi um texto para a abertura dessa exposição, porque entendo que iluminar heranças culturais de povos que deram origem ao Brasil é fundamental para a compreensão e valorização da sua história. Essa arte lindíssima, patrimônio indígena, que abrange todo o conhecimento que está nos povos da floresta, encontra-se subestimada, subaproveitada.

Conversei com indígenas de várias etnias, e pude perceber quão vulneráveis se sentem quanto à sua integridade física e moral. Precisam ter mais suporte da sociedade, e o caminho é valorizar sua cultura, no lugar de tornar suas vidas ainda mais difíceis. Eu sinto muito, pois criei uma conexão afetiva com o universo indígena. Este universo mágico é vastíssimo no Brasil. De acordo com o Museu da Língua Portuguesa, existem mais de 300 etnias distintas no Brasil, algumas das quais nunca contataram com a chamada civilização. Difícil de imaginar, não é?

Tal como respeito as culturas orientais e africanas, tenho o mesmo sentimento pelo conhecimento que os indígenas acumularam por séculos. Vem muito antes do ocidental, inclusive.

Algo que me impressionou muito no livro *História da riqueza no Brasil – cinco séculos de pessoas, costumes e governos*, do jornalista e historiador Jorge Caldeira[5], foi a noção de que os indígenas tinham um conhecimento avançado sobre as espécies vegetais. Trabalhavam com cerca de 3 mil espécies, enquanto os médicos europeus manipulavam algo como uma centena e meia delas no século XVI. Além disso, três quartos de todas as drogas medicinais de origem vegetal empregadas atualmente no mundo derivam desse conhecimento nativo.

Essa riqueza de conhecimento indígena é alicerçada na sua ancestralidade e na sua admirável comunhão com a natureza. Isso é maravilhoso, considerando que a população mundial está cada vez mais fincada no asfalto das cidades, conhecendo cada vez menos as espécies vegetais e tendo até receio dos animais.

---

[5] CALDEIRA, Jorge. **História da riqueza no Brasil** – cinco séculos de pessoas, costumes e governos. Rio de Janeiro: Estação Brasil, 2017.

A força da natureza também está intimamente ligada à religiosidade, mas de maneira plural, pois cada povo indígena tem sua forma particular de reverenciar o transcendente. Há rituais que contam ou recriam os mitos daquela tribo, promovendo a interação entre divindades, homens, animais e plantas.

Figuras mitológicas povoam o imaginário indígena, baseadas em suas crenças e na transposição delas para explicar acontecimentos do mundo físico e fenômenos naturais. A garra e a força da onça pintada, por exemplo, são tão reverenciadas, que costumes como adornar o próprio corpo com seus traços são transmitidos de pai para filho, de avô para neto... Animais como deuses criadores, terra como espaço sagrado e muito mais fazem parte desse universo fascinante.

Sincretismo religioso e místico

Foi útil que minha aproximação com a religiosidade tivesse ocorrido com a indígena e também com as afro-brasileiras e orientais – marcadas por diferentes convicções, crenças, expressões da fé – que exacerbaram meu respeito pelo desconhecido. Eu vinha de uma formação educacional Católica Apostólica Romana e, portanto, tive de aceitar que os dogmas católicos são relevantes, mas há outros.

Ter um olhar mais acolhedor, mais inclusivo para novas formas de explicar o sentido da vida e da morte foi importante para eu reavaliar minha relação com a fé. Confesso que não era um fervoroso praticante em Portugal, havia me afastado um pouco dos rituais da igreja. Mesmo assim, a vivência religiosa que eu tinha na Europa me fazia pensar que minhas crenças eram as corretas, e tudo mais que divergisse delas... estava errado.

Quando cheguei ao Brasil, vi religiões diversas das que já conhecia na Europa coexistindo e até sendo fundidas e passei a ser muito mais sensível ao sincretismo. O país me deu a oportunidade de relativizar esses dogmas, entendendo que a mesma história pode ser contada de formas distintas ou parecidas. Cada grupo de devotos adotou uma maneira específica de explicar a transcendência, sendo que a minha religião, partilhada por cerca de 50% dos brasileiros[6], é uma delas. A espiritualidade e a fé estão visivelmente presentes na sociedade; e para uma parcela significativa da população, de maneira fervorosa.

Na EDP, em 2020, realizamos um censo interno para caracterizar as distintas dimensões da diversidade em nosso quadro de cerca de 3 mil colaboradores. Uma delas foi a religião. Os resultados foram surpreendentes para mim. Não estranhei que aproximadamente 50% fossem católicos. Mas fiquei impressionado com a diversidade religiosa dos restantes 50%. Afinal, encontramos mais de 20 religiões ou afinidades religiosas diferentes dentro de um mesmo país e de uma mesma empresa.

Um destaque para os 20% de evangélicos, para os cerca de 5% de espíritas e para os 2% de protestantes. Depois, em menor porcentagem, descobri uma grande variedade de credos, desde o budismo ao judaísmo, passando pelos mórmons ou por alguns dos quais eu nunca tinha ouvido falar antes de chegar ao Brasil. Por exemplo, Wicca, religião neopagã que cultua as bruxas, e Seicho-No-Ie, filosofia de origem japonesa. Foi um dos momentos mais importantes para a minha compreensão da diversidade do Brasil.

Essa característica também contribuiu para eu abrir meu coração outra vez para o tema religiosidade, respeitando e admirando as diferenças, por estar conhecendo e tendo contato com elas. No início, ainda me fechava como um estrangeiro típico no Brasil e respeitava de longe. Até que transpassei a muralha das minhas crenças e fui além, estudando-as principalmente por meio da leitura e de cursos.

---

[6] 50% dos brasileiros são católicos, 31%, evangélicos e 10% não têm religião, segundo o Datafolha. Disponível em: https://g1.globo.com/politica/noticia/2020/01/13/50percent-dos-brasileiros-sao-catolicos-31percent-evangelicos-e-10percent-nao-tem-religiao-diz-datafolha.ghtml. Acesso em: 4 jun. 2023.

Tenho vários livros sobre o assunto para ler com calma, como uma forma de oração. São principalmente sobre budismo e taoismo, religiões das quais me aproximei desde 2015 e que me levaram a uma prática enriquecedora, a meditação.

Aprender essa técnica fez parte de um conjunto de experiências brasileiras interessantes a que tive acesso e me trouxeram mais saúde, vitalidade, concentração, também paz de espírito e conexão com a natureza. Uma delas foi quando descobri na Serra da Mantiqueira, em São Paulo, um espaço voltado a terapias e vivências holísticas, alimentação para o equilíbrio e bem-estar e atividades culturais.

Foi a partir de um fim de semana nesse espaço, denominado Ponto de Luz, que minha esposa e eu começamos a fazer meditação, excelente para acalmar a mente, estimular a concentração, respirar profundamente, oxigenar o corpo todo.

E fazer um mapa astral? O Miguel meio cético que vos escreve, que vinha procurando entender as religiões como um exercício filosófico, resistiu em princípio a essa consulta. Saber qual a posição de cada planeta no momento que nasci e a influência disso na minha vida? A astrologia traz *insights* que, conforme me foi explicado, apoiam o autoconhecimento e mostram desafios e ferramentas possíveis para harmonizar a natureza pessoal e sua essência, com o caminho de vida que está sendo traçado.

O terapeuta Roberto Otsu analisou meu mapa astral daquele ano de 2017. Dentro do conjunto de análises, identificou aspectos da minha personalidade, como eu ser uma pessoa comunicativa, e fatos que se confirmavam na minha vida, como me casar com uma pessoa de nacionalidade diferente.

Fazer mapa astral representou um teste ao meu ceticismo. Depois, experimentei consultar o I Ching, oráculo composto de símbolos que trazem mais *insights* sobre a nossa vida interior e a exterior. O mesmo terapeuta holístico me orientava a fazer perguntas, enquanto movia à mesa umas pedrinhas, que iam formando padrões – com base neles, o terapeuta consultava as respostas em um livro de interpretação.

Por dar atenção especial à dimensão espiritual, fui conhecendo também uma profusão de outras maneiras místicas com as quais muitos brasileiros se "nutrem" das energias da natureza. Com óleos vegetais, argila, determinadas plantas dentro de casa, cristais, águas benzidas etc., acreditam se fortalecerem contra as mazelas da vida.

Mesmo não adotando a maioria delas no meu cotidiano, eu respeito, considero válidas. Entendi que nem tudo pode ser explicado pelas leis da física, que podemos nos conectar com o que muda nossa energia para melhor e traz uma sensação de proteção divina. E hoje, sou capaz de reagir à moda brasileira pensando "mal não faz...".

Vim de uma matriz ortodoxa e, mesmo me mantendo católico, expandi meus horizontes pelo prazer de pensar e aprender sobre esse sincretismo religioso e místico. Muitas filosofias de vida me deram um pouco mais de conhecimento e contribuíram para compor a base da minha espiritualidade. Cada pessoa é parte de um todo, e o Brasil me ajudou a entender essa interdependência de todas as partes do Universo.

Tal consciência holística também me fez acreditar que existe um equilíbrio global nesse emaranhado de relações de interdependência entre as diversas formas de vida, a natureza, o planeta, o cosmos. Algumas religiões, como é o caso do budismo, nominaram de *carma* o efeito que nossas ações geram em nosso futuro. Cada um de nós é responsável pelo seu *carma*. Cada um de nós interage com o todo do Universo e possui um balanço de contribuições positivas e negativas.

No fim do dia, o que cada de um nós recebe do Universo tem a medida direta do que lhe entrega. Gosto de pensar dessa maneira para equacionar o equilíbrio nas relações profissionais e da vida pessoal.

Um caldeirão de diferenças e desigualdades

É muito curioso perceber que, no Brasil, você nunca verá as coisas por um único prisma. Podem ser dois, três, mais de dez prismas étnicos dentro de um mesmo país. Aceitei fazer esse treino e aprendi que há diferenças entre o prisma dos indígenas, o dos afrodescendentes, assim como os dos imigrantes dos países árabes, caso dos libaneses (a maior colônia no mundo está no Brasil), e o dos imigrantes orientais e europeus – principalmente italianos, portugueses e espanhóis.

Eu estava habituado a uma sociedade muito mais homogênea e, de repente, me vi em um caldeirão com "ingredientes" diversos. Em um mesmo círculo de amigos, havia pessoas com descendência africana, indígena, judia, japonesa, europeia. Existe essa inclusão na sociedade brasileira, uma convivência e interação nos negócios, nos casamentos, nas trocas culturais. Ao mesmo tempo, cada grupo se empenha para que as características de sua origem se sobressaiam. É bonito de ver, em um mesmo lugar, diferentes etnias, culturas, histórias de família, sotaques.

O que não é bonito de ver: a grande desigualdade socioeconômica em todo o território nacional. É um dos países democráticos do mundo com pior coeficiente de Gini, um dos indicadores usados para medir distribuição de renda e desigualdade social. Na base da pirâmide estão mais de 30 milhões de pessoas com fome e mais de 125 milhões de pessoas com incerteza alimentar. Uma realidade social dramática, que exige uma atuação urgente e estruturante.

Instabilidades no caminho

Compreendi que o Brasil tem capacidade para ser um país menos desigual e mais justo, reduzindo os abismos de renda, educação e capital social e seus reflexos nos patamares de violência.

É um país em desenvolvimento, que se encontra em processo claro de amadurecimento político e econômico, enfrentando instabilidades no caminho.

Um grande compositor brasileiro, Tom Jobim, que já gravou com Frank Sinatra, cunhou a frase que ficou célebre "o Brasil não é para principiantes". Realmente é um país instável, que testa a todos, os brasileiros e os estrangeiros, gerindo negócios neste país com alguma volatilidade política e econômica. Mas também surpreende com os resultados robustos que pode proporcionar, como ocorreu com a EDP Brasil e muitas outras multinacionais.

Eu me acostumei com as oscilações na economia brasileira. E aprendi muito sobre a importância de fazer uma dissociação entre as turbulências políticas com a agenda de medidas econômicas, daquilo que está efetivamente ocorrendo com o mercado. Para mim, tornou-se um exercício diário, desafiador e essencial para vislumbrar as necessárias (e existentes) perspectivas de crescimento.

É inegável que há um histórico de importantes conquistas e superações pelas quais o Brasil já passou, desde a sua redemocratização na década de 1980. Tanto quanto acontecimentos dramáticos, como atestam dois *impeachments* entre os seis presidentes eleitos pelo voto popular nesse período.

Eu presenciei todo o processo do impeachment da Presidenta Dilma Rousseff, e foi um momento de abalo institucional e da confiança no mercado. Recordo-me de realizar muitas reuniões com investidores internacionais, principalmente americanos e europeus, e de ter que fazer conjecturas sobre o futuro político do Brasil. Para esses investidores, habituados a macro cenários mais estabilizados, essa circunstância era quase incompreensível.

Acontece que não estamos falando da maioria dos países, mas de um especial, que seguiu tratando das suas feridas, protegendo suas instituições dos desgastes e fazendo avanços. Essa dimensão de volatilidade constante, associada a um povo muito criativo e com perfil relacional, possibilita lidar com as instabilidades de maneiras que fogem das cartilhas.

Para os brasileiros, cientes de que a realidade muda velozmente, há sempre uma maneira de lidar com os problemas que nem sempre é a que está estampada, e aprendi a considerar isso de maneira positiva.

Profissionais que aspiram a migrar para o Brasil, mas habituados a cumprir regras tão mais rígidas, ficariam desnorteados ao constatar que os brasileiros trabalham com regras mais fluidas, são mais flexíveis para ouvir as partes envolvidas, são capazes de chegar a acordos, alterar, derrubar e, principalmente, adequar-se às situações adversas enfrentadas pela sociedade.

Eu tive essa experiência no setor elétrico, de poder participar junto com as outras empresas, fazendo propostas para melhorias do quadro regulatório. Isso, na Europa, seria muito difícil de ocorrer. No Brasil, a interferência política pode ser maior, mas esses reguladores nos dão lições de equilíbrio entre acolher os anseios políticos e as demandas legítimas do setor e da sociedade, buscando soluções que até podem não constar nas regras vigentes, mas também não as violam.

Acredito que, pelo fato de as instituições não estarem totalmente cristalizadas, de os modelos regulatórios não estarem empedernidos e de não haver um histórico consolidado de práticas por várias décadas, há espaço para se construírem as políticas e diretrizes que atendem ao interesse público e aos agentes econômicos. No entanto, essa flexibilidade de interpretações leva, inevitavelmente, a uma maior judicialização.

Eu mesmo recorri a tribunais para proteger a empresa, sempre dentro da legalidade, conforme detalharei em páginas à frente. Adianto ter ganho uma experiência para a vida com tantos debates, discussões, análises de questões de ordem empresarial, econômica, política, social que me mostravam coexistir múltiplos pontos de vista para o mesmo problema. Acontece que, no Brasil, os assuntos caminham correlacionados, com uma intensidade espantosa e, ao mesmo tempo, fascinante.

Capítulo 1 – País de características únicas • 43

Um povo resiliente

Muitas coisas não ficam estáticas no Brasil, que traz no seu DNA a capacidade de regeneração, reconstrução, revitalização. É um país resiliente. Conheci milhares de brasileiros. Muitas pessoas me impressionaram pelas mais variadas razões. No que tange à resiliência, não tenho dúvidas de que foi o meu Chefe de Gabinete, Luis Gouveia, quem me marcou mais: um ser humano incomum com quem tive a honra de trabalhar, peça-chave em um time fabuloso de colaboradores.

Brasileiro de origem humilde, engenheiro de grande coração, que até mesmo passou por um transplante de coração, ele simplesmente nunca, mas nunca mesmo, desanimava. Os longos meses do processo de substituição do órgão vital foram uma lição de vida para todos nós que estávamos à sua volta.

Luis me ajudou muito a fazer o processo de transformação cultural, que aprofundarei em um capítulo específico. Escreveu doze letras de músicas, uma para cada princípio da empresa, e ia tocar pelos andares com seu violão. Gravou um disco para contribuir com essa conscientização sobre segurança, diversidade e conhecimento compartilhado, por exemplo.

Alcançamos, da maneira como fizemos, um engajamento somente possível porque eu o encontrei pelo caminho e porque ele também gostava de desempenhar esse papel. Caso contrário, seria muito mais difícil. Eu não teria essa capacidade artística, que ele ainda juntou com a dimensão emocional. Para mim, foi um momento muito importante e o início de uma amizade genuína, com apoio mútuo.

Luis Gouveia tocou minha alma, é um símbolo desse Brasil que me transformou. Começou sua jornada profissional com garra, partindo de uma posição de analista e tendo galgado todos os níveis hierárquicos, até se converter em um importante diretor da EDP Brasil. E, de repente, foi confrontado com uma doença grave que afetou seu coração.

Com muito otimismo, muita vivacidade, ele encarou a fila e a espera pela doação de um coração – sabendo que depois ainda passaria por um segundo procedimento na medula, necessário para a sua cura. Contou com uma torcida enorme pelo restabelecimento de sua saúde. Um colaborador muito querido pelo time, e me incluo, com uma humanidade admirável nas palavras, nos gestos, nas atitudes e nas criações musicais.

Foi com Luis Gouveia que cantei a música "Nunca Pare de Sonhar", mencionada na introdução deste livro. Entoou-a com seu violão no palco de um de nossos eventos corporativos e me encorajou a cantá-la humildemente pela primeira vez. Desde então, o compositor e cantor Gonzaguinha entrou na minha *playlist*, na qual a música brasileira reina absoluta.

Quem canta seus males espanta

Não é exagero dizer que a música brasileira mudou meu dia a dia para melhor, muito melhor. Tornou-se companhia inseparável, marcante, que fez fruir uma experiência de vida. Ainda hoje me desperta um interesse que vai além das letras e melodias. Gosto de saber em qual contexto elas foram compostas e o que querem transmitir.

Muitos cantores e compositores demonstram aliviar o grito preso na garganta criando obras de arte que expressam o que gostariam de falar aos governos, ao mundo e aos outros brasileiros. Gonzaguinha escreveu letras poéticas, um grito de alerta (como na música "Sangrando") e ao mesmo tempo de esperança, ora expressando sentimentos universais, ora denunciando opressões.

São exemplos notórios as músicas de intervenção criadas no período da ditadura militar, com um jeito único brasileiro de dizer coisas sérias com humor e leveza. Considero especificamente os clássicos da MPB magníficos em termos de significado. Têm o poder de informar, protestar, fazer refletir, encantar com sua maneira poética e criativa de retratar a realidade tanto quanto os ideais.

Mesmo outros gêneros, do axé ao forró, carregam um conjunto de influências dos povos africanos e europeus, recebendo os sons indígenas e outros... E os resultados dessa fusão são tão ricos! Na Bahia, então, essa musicalidade está muito mais presente. Basta estar caminhando pela rua que já se ouve alguma manifestação musical, como um batuque.

O Brasil tem uma cultura tão mais diversa que a maioria dos países. É louvável. Em minutos, eu sou capaz de lembrar de três ou quatro cantores portugueses importantes, mas lembro de uns vinte ou trinta brasileiros. Assim como tem uma escala gigantesca nos aspectos econômicos, o mesmo digo em termos culturais. Talvez o brasileiro médio ainda não tenha essa dimensão – mas quem está fora e conhece, fica apaixonado.

Atualmente, eu acordo querendo desfrutar uma seleção de canções brasileiras e, quando posso, sigo com elas de manhã até a noite. Ouvindo Marisa Monte, Maria Bethânia, Adriana Calcanhoto, Vanessa da Mata, Caetano Veloso e outros talentos da música brasileira, faço uma viagem ao Brasil. Não importa onde eu esteja, me injeta uma energia boa, que me prepara para um dia árduo de trabalho ou para uma noite de sono tranquila. A música brasileira espanta os meus males, não há dúvida.

No fim, tudo dá certo

O Brasil e o povo brasileiro têm características únicas, que não deixam ninguém indiferente. Não há dúvida de que mais de uma década de vivência no Brasil me transformaria em uma pessoa diferente. Quão diferente? Começo essa resposta enaltecendo a criatividade do brasileiro. É um instrumento, uma ferramenta viva para driblar as dificuldades de toda ordem. Sem dúvida, ela está na raiz do seu instinto de sobrevivência.

Se o brasileiro tem que ser estudado pela Nasa, como brincam na internet, eu não sei. A ideia é exagerada, mas tem um quê de verdade. Do que gosto muito nesse estado de espírito? O mundo pode estar desabando do lado de fora, a política pode estar complicada, a comida pode estar contada para hoje e amanhã... Ainda assim, vejo um discurso carregado de positivismo e de esperança de dias melhores.

Nós, portugueses, somos muito mais derrotistas. O mundo lá fora está mais ou menos, e já estamos nos queixando e elegendo culpados. Temos muito a aprender com os brasileiros, que não acham que *tudo* está mal e que amanhã teremos o fim do mundo. Aconteceu "vezes sem conta" comigo de terminar um dia de trabalho com um problema sério e nos dias seguintes, perceber que as coisas vão se resolvendo; e a mensagem que fica é "bola pra frente".

Quando você está fora, o que se pensa e ouve do Brasil? Ah, é um país muito diverso e rico em praias e florestas. Que seu povo geralmente é festeiro, sensual, criativo... Só que essa criatividade também costuma ser carregada de vieses negativos, carinhosamente descritos como o "jeitinho brasileiro".

Fato é que o Brasil tem características mundialmente reconhecidas e algumas delas caem em estereótipos que constatei, na prática, serem equivocados. Por exemplo, o estereótipo de que o brasileiro é preguiçoso, não trabalha com afinco e organização. Encontrei uma realidade completamente diferente, pessoas muito trabalhadoras, competentes, organizadas.

Frequentemente alimentamos a mente de percepções simplistas que não resistem aos primeiros contatos com a realidade como ela é. Há, sim, brasileiros que se encaixam nesses estereótipos, mas isso é apenas uma pequena parte de um todo infinitamente maior e pulsante.

O Brasil não é uma festa sem fim. Pelo contrário. As pessoas têm que trabalhar mais horas e muito mais intensamente que um europeu para sobreviverem e alimentarem suas famílias. Muitas andam quilômetros a pé, e outras passam longas horas nos transportes públicos, para chegarem ao local de trabalho.

Eu me conectei com esse Brasil muito esforçado e batalhador. Que esbanja fibra, garra; que tem brilho nos olhos.

É sempre um prazer estar com outros estrangeiros que também respeitam os brasileiros, em vez de criticarem. Afinal, eu *escolhi* estar neste país. O respeito cresceu e também abrangeu admiração e valorização das diferenças. Como não me sensibilizar vendo pessoas lutando pela vida com positivismo, olhando para frente?

Nesse aspecto, a experiência do Brasil me trouxe a capacidade de relativizar as crises, as dificuldades, as adversidades. Passei a filtrar melhor minha maneira de olhar para os momentos difíceis. A situação está ruim, mas não tanto que inexista uma solução para ela. As coisas não são tão más quanto parecem à primeira vista: podem até ser uma oportunidade disfarçada de problema. E se for um problema, vamos resolver.

Todas essas características foram incutidas em mim por viver no Brasil. Verdade que a maturidade adquirida ao longo dos anos também ajuda nesse processo de olhar os problemas com mais serenidade. Um brasileiro diria que eu fiquei mais "calejado", entendendo ser desperdício de energia me desesperar por causa de uma dificuldade naquele dia. Ela é relativa, é transitória. Atrapalha algum plano hoje, mas amanhã vamos encontrar uma saída, às vezes até melhor do que o que existia antes de o problema aparecer.

2 ADAPTABILIDADE E CRENÇAS EQUIVOCADAS

Reconhecer projetos e pessoas era o grande objetivo do Prêmio Estrela EDP, naquele 21 de maio de 2019. Na cerimônia de gala, realizada no Teatro Santander, em São Paulo, mais de 500 colaboradores abrilhantavam a plateia. Subimos ao palco eu e dois convidados especiais, o paranaense Odilon Wagner e o baiano Lázaro Ramos.

Ambos exímios comunicadores, autores e atores notórios do teatro, do cinema e da TV brasileira, eles entregaram os prêmios aos vencedores em seis categorias pautadas por nossas metas com propósito. Com seu estilo engajador e ao mesmo tempo leve de conduzir as pessoas para a esfera da reflexão, Lázaro fez uma palestra sobre racismo, gênero, diversidade nas empresas e responsabilidade social; e ainda cantou com a banda EDP. Os colaboradores soltaram a voz também.

A certa altura, tivemos um diálogo inusitado no palco, que descontraiu a plateia, sobre tesouros da cultura do estado da Bahia. Para muitos executivos europeus seria totalmente enigmático Odilon e Lázaro se mostraram impressionados com o meu "baianês", acrescido de um inevitável sotaque português que me acompanha. Lázaro até brincou que me convidaria para participar da continuação de seu filme *Ó pai, Ó*.

Brincadeiras à parte, foi um orgulho enorme ter a presença desses dois artistas de alto gabarito em nosso evento corporativo. Tenho plena consciência de que eles conferiram àquele momento um significado ainda maior, de comunhão de energias positivas e produtivas.

Estar próximo dos colaboradores e reconhecer publicamente seus resultados, dessa maneira calorosa e à moda brasileira, me deixou muito feliz. No ano seguinte, já estávamos todos cumprindo o distanciamento social para conter a pandemia de covid-19. Então, aquela premiação com um toque da Bahia foi um de nossos últimos eventos reunindo muitas pessoas, numa cerimônia de gala.

E por que dei esse destaque à Bahia? Porque o estado se revelou uma das maiores surpresas da minha vida no Brasil, dentre tantas que abordarei neste e nos próximos capítulos.

Bahia, um estado amoroso

À Bahia, vou sempre de coração aberto para experiências de família, cultura, gastronomia, interação social e conexão com a natureza. É um estado que se apresentou, no meu manancial de descobertas, único em suas expressões das origens brasileiras e o que mais faz a confluência da cultura portuguesa com a africana e a indígena – ambas portadoras de vasta bagagem material e simbólica.

Admito que minhas experiências iniciais haviam sido filtradas pela óptica do turismo industrializado. Para um europeu, praias tropicais e água do mar acima dos 20 graus Celsius são bons motivos para escolher como destino de veraneio. Mas havia muito mais. Levei tempo para conhecer esse lugar na sua essência, deixando de ter uma visão de "paraíso" das cadeias internacionais de hospedagem para outra completamente diversa e pujante, de que gosto mais.

Na primeira vez, cumpri o tradicional programa de "gringo" – é assim que no Brasil são designados todos os estrangeiros, mesmo os portugueses, o que admito ter sido surpresa também. Desci no aeroporto da capital e peguei um *transfer* diretamente para um desses *resorts* cinco estrelas a uma hora de distância. Passei uma semana de férias em um espaço com todo o conforto, desfrutando de uma praia com água cálida entre 28 e 29 graus.

Adorei a estadia, mas jamais poderia dizer que conheci a terra em que pisava. Por alguns anos, voltei à Bahia ainda nessa condição de "gringo". Até que eu descobri existir ali uma explosão de cultura, de religiões que se cruzam todas no mesmo estado, de costumes, de uma gastronomia diversificada de origem africana.

Por exemplo, comi no 27 de setembro o tradicional "caruru de São Cosme e São Damião", prato delicioso à base de quiabo mais complementos, em homenagem aos santos gêmeos da igreja Católica, aos Ibêjis da religião Candomblé e também às crianças, presenteadas com doces.

Experimentei frutas exóticas e desconhecidas para um europeu, como caju e umbu-cajá. Com certeza, tenho ainda muito mais a apreciar como as festas juninas, que tomam conta de várias cidades do interior e as procissões marítimas em homenagem aos santos protetores dos baianos, com a sua simplicidade repleta de significados.

Para mim, isso tudo é muito inusitado. Eu nunca havia imaginado que, num mesmo lugar, pudesse encontrar tamanha riqueza de influências culturais. E reconheço muita beleza nessa simplicidade.

Ter me casado com uma mulher baiana, durante a minha vivência no Brasil, contribuiu muito para essa transformação de perspectiva, naturalmente. Pouco a pouco, pelas mãos de Greta, fui entendendo que ser baiano é ter uma pimenta diferente, que dá um sabor especial não somente à gastronomia, mas também às suas contribuições nos âmbitos do trabalho, do lazer, dos relacionamentos.

Gosto do jeito de ser desse povo, da maneira bem-humorada e afetuosa com que expressa sua jornada no cotidiano. Admiro e honro sua constante busca por viver cada momento com alegria e arte, um traço de identidade tão bonito.

Um dos momentos mais marcantes na minha relação com a Bahia foi um encontro de família da minha esposa Greta, realizado em 2019, na ilha de Itaparica, em que se reuniram tios e primos de um dos ramos da família – chamada "Almeidada". Eu era o único português – o "portuga", como às vezes me chamam –, no meio de uma centena de baianos. Imagine. Foi uma experiência inesquecível, que simboliza o título deste tópico.

Capítulo 2 – Adaptabilidade e crenças equivocadas • 51

Pude vivenciar a verdadeira essência dessa região do Brasil, com calor nas águas, no clima e principalmente humano. Aquela festa de família foi para mim uma revelação desse lado profundamente humanizado e de tradições fortemente enraizadas no tecido social. Nunca na vida, em Portugal, seria possível reunir um "pequeno" núcleo familiar com cerca de 100 pessoas. Comentei com Greta, impressionado:

– É muita gente! São todos da sua família?
– Sim, e não puderam vir todos...

Os rituais gastronômicos e as refeições são momentos de grande importância nos hábitos e costumes dos baianos. O bem-receber na Bahia está diretamente relacionado com a partilha desses momentos. Até hoje sou recebido por essa família baiana como se fosse de casa. Esse acolhimento, típico do brasileiro, principalmente do nordestino, realmente me ajudou a me sentir em casa, apesar de estar tão longe da minha família nativa. Mas não foi só na forma de relacionamento que o Brasil mudou a minha experiência de vida. A vivência no Brasil, em particular na Bahia, refletiu-se até no modo de me vestir.

A vestimenta tropical

Na Bahia, foi onde mais percebi que o tipo de roupa que usava era totalmente inadequado àquele espaço e que me denunciava claramente como estrangeiro. Levei um tempo a mudar meus padrões estéticos e a apreciar um estilo mais despojado e informal. Em um estado no qual faz calor, um calor úmido durante a maior parte do ano, a adaptação era inevitável. Não só porque o estilo europeu de vestuário me fazia sentir como um estranho – quem olhasse logo pensava "esse cara não é daqui" – mas, acima de tudo, porque gerava grande desconforto térmico.

Nas primeiras viagens a Salvador, eu usava calça *jeans*, camisa e sapatos mais sociais, por não ter largado ainda o meu jeitão de europeu. Enquanto não ajustei meu vestuário, eu me sentia deslocado ao lado de pessoas de bermuda, chinelo e camiseta. Aos poucos, fui adaptando minha própria indumentária e percebendo que essa iniciativa me aproximava das pessoas. Desapeguei-me da gravata, e até do paletó por vezes, para "quebrar o gelo" com os eletricistas da EDP, em visitas às nossas distribuidoras, e para não morrer de calor em viagens a regiões de clima quente o ano inteiro.

Sobretudo, fiz mudanças quando não estava trabalhando. Calçado fechado, com meias, para passear e descansar em Salvador? Pois é. Troquei por um par de Havaianas, que é um dos produtos brasileiros mais conhecidos mundo afora, exportado para mais de uma centena de países. Hoje em dia, vão comigo para qualquer destino. Em Portugal, uso-as dentro de casa.

Ao meu guarda-roupa, incorporei peças mais casuais e, principalmente, confortáveis. Fiquei fã de marcas brasileiras, e das suas roupas de linho ou algodão leve, com modelos muito confortáveis.

São ambientes e costumes diferentes. Minha própria mãe me faz este comentário:

– Tu agora vestes-te de uma maneira diferente. Pareces brasileiro.

Vestir-se todo de branco e ir pular ondas do mar à meia-noite na virada de ano é uma tradição brasileira, como parte de uma série de rituais e simpatias visando atrair boa sorte e festejar. Uma camisa branca, alguma peça de roupa nova e um detalhe na cor associada a um desejo individual (azul para bonança, por exemplo). Eu nunca tinha me vestido assim antes, até porque o inverno europeu não é nada animador comparado ao verão latino-americano.

Participar de alguns rituais de fim de ano é um detalhe. O que me movia mesmo era compreender como os brasileiros viviam, expressavam seus valores e raízes culturais. E é interessante observar que minha transformação – refletida em símbolos, como nas vestimentas – ocorreu muito por uma característica intrínseca minha, a curiosidade. É da minha natureza experimentar, o que exige também uma dose de coragem.

O peixe morre pela boca

Minha curiosidade levou-me a querer conhecer amplamente a gastronomia brasileira. Identifico três fases diferentes na minha viagem gastronômica, ao longo dos treze anos em que morei no Brasil.

Na primeira, quando cheguei em São Paulo, explorei a diversidade gastronômica da cidade, experimentando desde a cozinha italiana até a japonesa, peruana e mexicana em novos restaurantes. São Paulo oferece uma gastronomia comparável às grandes cidades europeias e americanas, surpreendendo com influências globais e uma reinterpretação da culinária portuguesa.

Numa segunda fase, mergulhei na culinária tradicional brasileira, encantando-me com a mineira, que tem semelhanças com a portuguesa, e surpreendendo-me com a baiana, conhecida por sua picância. Explorei pratos de norte a sul do país, desde o pirarucu da Amazônia até o churrasco gaúcho, descobrindo a diversidade culinária que reflete as várias regiões do Brasil.

Numa terceira fase, aprendi o significado do famoso ditado "o peixe morre pela boca", bem conhecido dos portugueses, aludindo à grande tradição de pesca do meu país, e igualmente popular no Brasil. Digo isso por ter vivido quase 50 anos sem entender que minha alimentação, orientada pela dieta mediterrânea, agravava meu risco de desenvolver diabetes. Desde 2019, com ajuda de nutricionistas brasileiros e o acesso à riqueza de alimentos nacionais, tive melhoras na pressão arterial, no peso e nos níveis de glicemia, entre outros pontos positivos.

Na alimentação mediterrânea, proclamada na minha cultura como fonte de longevidade, há muita ingestão de carboidratos; e eu vinha com esse padrão de alimentação aparentemente saudável, mas que não me fazia bem em função da minha genética. Hoje, sinto-me mais equilibrado e disposto.

Do jovem ao vice-presidente

Falando em genética, minha personalidade curiosa e corajosa encontrou um terreno fértil nesse país rico em oportunidades de experenciar. Ajudou-me na minha adaptação ir moldando alguns gostos pessoais que trouxera. Como era o Miguel de antes? Vamos lá, voltarei a quando era menino e contarei minha história até à proposta de trabalhar no Brasil.

Eu nasci em uma família tradicional portuguesa, com uma educação católica e tradicional. Meu pai era militar e minha mãe, farmacêutica (ainda é, mas agora aposentada). Ela nasceu em Angola, onde meus avós maternos e seus antepassados fizeram suas vidas ao longo de cinco gerações. Perderam toda a fortuna que construíram, ao longo de um século, no processo de descolonização e voltaram a Portugal em 1974. Já meu pai nasceu no norte de Portugal, descendendo de uma família de classe média, com ancestrais nobiliários. Ao se unirem, constituíram uma família de classe média.

Filho único, estudei em bons colégios de jesuítas e ainda fiz "a tropa em casa" por ter um pai muito rigoroso na forma de educar. Lembro-me perfeitamente que ele se sentava à mesa, com a sopa aquecida, às 20 horas em ponto, para jantar assistindo ao jornal da noite. Era organizado com as despesas domésticas, com dinheiro. Depois de ter feito uma especialização em balística nos Estados Unidos, falava muito bem inglês e me dava aulas aos sábados, até que eu as tivesse na grade escolar.

Era um *gentleman*, um verdadeiro lorde na educação e no trato. Uma pessoa simples nos hábitos e que olhava para frente, não se apegando aos brasões do passado longínquo de seus antepassados e me transmitia isso. Eu nunca me apeguei a indicativos de status social, não fui ensinado a discriminar os outros pelos seus recursos financeiros.

A minha mãe é mais irrequieta, mais criativa. E ambos rechaçavam essas noções de diferenciação social. Quinze anos mais nova do que ele, casou-se ainda garota e me deu à luz aos 27 anos. Eu herdei dela essa parte da criatividade e da curiosidade; e do meu pai, a organização, o caráter, os valores sólidos e até rigorosos – "palavra é palavra", "compromisso é compromisso", "pontualidade é pontualidade".

Um amigo do meu pai era amigo de um excêntrico e brilhante cientista português, Fernando Carvalho Rodrigues. O homem liderava o projeto do primeiro satélite português, o PoSAT-1[7]. Portugal é um país pequeno, mas nós queríamos lançar um satélite, e Fernando nos trouxe esse sonho.

Meu pai me levou para conversar com esse senhor, físico e professor catedrático, que me incentivou. Era o "pai" do primeiro satélite português me dizendo que eu devia ir para a Física. E, pronto, fui, com o sentimento de "não vou escolher engenharia civil, mecânica ou eletrotécnica porque eu não sei bem se quero fazer pontes, motores ou circuitos". Na minha visão, engenharia física não me condicionaria à partida.

Chegando ao mercado de trabalho, comecei a pensar: dar aulas, ficar no instituto fazendo pesquisa científica, ir para consultoria? Decidi fazer um mestrado na área de informática, pois, naquela época, achava-se que "os computadores seriam o futuro". Esses dois anos de estudo foram relevantes para eu ficar mais seguro de não querer engenharia, mas sim gerir empresas, escolha que me parecia mais ampla e estimulante.

Iniciei carreira em uma consultoria estratégica e global, a McKinsey. Foi uma escola. Aprendi muito rapidamente o essencial para gerir uma empresa. Trabalhávamos por longas horas, sete

---

[7] O PoSAT-1 foi lançado em 25 de setembro de 1993, na base de Kourou, na Guiana Francesa, resultante do esforço de um consórcio que juntou empresas e universidades. Operou por cerca de quinze anos, tendo sido utilizado para observação da Terra e para telecomunicações por empresas de vários países, e até para missões do exército português. Atualmente, o aparelho de cerca de 50 quilos e meio metro de altura encontra-se desativado, em viagem silenciosa em órbita da Terra, com morte física prevista para 2043.

dias por semana. Após três anos, aos 28 anos, ingressei no setor energético pelas portas da Gás de Portugal (GDP), em que conheci o profissional com quem trabalharia durante duas décadas. Em 1998, António Mexia era o presidente daquela empresa, que no ano seguinte se fundiu com a Petrogal e formou a Galp Energia. Na ocasião, eu assumi a direção de marketing estratégico.

Depois de seis anos no setor de petróleo e gás, pensei: "para crescer, agora tenho de ir para uma multinacional". Vodafone era uma companhia inglesa, e eu almejava uma carreira internacional. Experiência curta, de seis meses, por não encontrar a autonomia que desejava para trabalhar. António Mexia era ministro dos Transportes, Obras Públicas e Telecomunicações naquela época, em 2004, e me convidou novamente para trabalhar com ele, dessa vez para ser membro da Administração da empresa pública que geria os trens em Portugal.

Enfrentei dois anos de intensos aprendizados, por ser uma empresa estatal, que me valeram por vários MBAs. Havia uma fila de dificuldades a superar, cuidados a tomar, nós a desatar com sindicatos e políticos. Ao mesmo tempo, o nosso trabalho era de suma importância para a população. Foi uma experiência complexa do ponto de vista político, boa para saber o que é gestão no mundo real.

Entrei para a EDP em 2006, como chefe de gabinete do CEO, que já era António Mexia, e logo fui alçado a vice-presidente da empresa de comercialização de energia em Portugal, num mercado recém-liberalizado. Passados dois anos, ele me convidou para ser vice-presidente na divisão brasileira, a partir de janeiro de 2008. Eu tive exatos quinze dias, em dezembro de 2007, para me ambientar no novo país e decidir o básico da logística de mudança.

Cheguei com crenças equivocadas e estereotipadas, que fui derrubando à medida que conhecia a nova realidade. Trouxe na bagagem três "ideias feitas": de que haveria uma fraternidade por sermos "países irmãos", de que havia violência em cada esquina e de que me comunicaria facilmente por falarmos a mesma língua.

Em páginas anteriores, tratei um pouco de cada uma, mas gostaria de me estender mais a respeito do primeiro impacto com essas crenças e do meu processo de adaptação. Permita-me começar pelo que considerei mais difícil e com evolução gradativa, mas bem-sucedida e útil não apenas ao executivo, mas também ao ser humano.

Sutilezas linguísticas de uma língua viva

A primeira crença, você já conhece: por falarmos o mesmo idioma, eu acreditava que seria facilmente compreendido. Ledo engano. Tive de treinar desde a dicção até como me comunicar num modelo diferente: menos racional, distante, cognitivo, informativo e quantitativo; mais afetivo, empático, caloroso, pessoal, abordando sentimentos, histórias...

Também aprendi uma série de sutilezas da língua falada e escrita nesse país que me acolheu. Fui avisado de que expressões típicas portuguesas poderiam ter significados totalmente distintos no Brasil. Um exemplo bem conhecido é a expressão portuguesa "vestir a camisola", que os executivos lusitanos costumam usar para incentivar o engajamento dos seus times brasileiros, mas eles acabam entendendo que essas palavras se referem a vestir o traje feminino para dormir. Livrei-me de protagonizar uma cena caricata e jocosa.

Sem dúvida, adaptar-me à comunicação foi o desafio mais difícil, principalmente estando em um país continental. Como comentei no Capítulo 1, ainda que tenhamos em comum o idioma, as variações de sotaques, expressões, palavras por região e estados são grandes.

Havia várias maneiras de chamar as mesmas coisas, além do ritmo da fala; e tudo isso dificultava o entendimento mútuo nos diálogos que eu tinha com variados públicos.

Conhecer os "Brasis" exigiu de mim ir além das palavras e buscar compreender a simbologia delas para brasileiros tão diversos. Por exemplo, os nordestinos, via de regra, já no segundo encontro eram capazes de agendar um almoço na casa deles. Os do Sudeste comumente anunciavam "vamos combinar", mas estava subentendido que isso não ocorreria. Talvez quisessem ser simpáticos, indicando que "gostamos de vocês e desejamos manter contato".

 São os códigos de comunicação, com seus significados subentendidos, que nem sempre são os verbalizados.

Em Portugal, somos mais literais. Dificilmente, acho eu, alguém diria "vamos combinar", querendo dizer "não vamos combinar nada por ora e está tudo bem". No Brasil, fui surpreendido com as brincadeiras geradas pelo nosso literalismo. Muitos acham que respondemos às perguntas com algo um pouco fora do contexto, de maneira um tanto tola ou ingênua. Seria também uma crença equivocada dos brasileiros em relação aos portugueses?

Hoje em dia, fico feliz que os brasileiros entendam quase a totalidade daquilo que expresso. Logo na minha chegada, muito provavelmente entendiam entre 60% e 70%, quando muito, representando uma barreira que eu estava disposto a vencer.

O português chega achando que fala a mesma língua tanto quanto o brasileiro pensa que é perfeitamente compreendido no meu país. Na realidade, o nível de compreensão é médio, e essa tomada de consciência me levou a pensar nos milhares de pessoas que estavam comigo na empresa, mais as da convivência social. Jamais poderia permitir que apenas a metade do que eu dissesse fosse assimilada.

Falar uma língua estrangeira é difícil a todos que não a praticam desde o berço. Nunca tentei imitar a maneira de falar do brasileiro. Acho que soaria muito forçado e ridículo. Mas também não pude ficar agarrado ao sotaque português originário, genuíno.

Tive de me libertar um pouco da minha raiz portuguesa e alcançar um meio-termo, uma mescla de ambos os sotaques e códigos de comunicação sem parecer uma imitação frustrante. Procurei fazer adaptações como "abrir" um pouco mais as vogais e falar um pouco mais pausado, a fim de me expressar melhor.

Realmente me esforcei de bom grado para adequar minha forma de falar. Afinal, eu me comunicava com muitas pessoas diferentes. Eram milhares à minha volta, e não plateias pequenas. No relacionamento com executivos e em círculos sociais mais abastados, eu não sentia um estranhamento significativo, pois essas pessoas tinham feito viagens à Europa. Mas quando reunia cerca de mil eletricistas em uma sala, ficava mais preocupado com o entendimento.

Além de atentar para pronunciar todas as vogais, habituei-me a perguntar se determinadas palavras e expressões usadas em Portugal também o são no Brasil e entender com qual sentido, para não utilizá-las indevidamente e provocar risadas. Credito ao Odilon Wagner ter me ajudado a dar esse salto na compreensão linguística. Poder contar com sua expertise em comunicação foi valoroso para eu saber mais sobre como me expressar adequadamente na cultura local.

Eu nunca pensei que seria treinado por um ator da Rede Globo, referência mundial entre as emissoras de televisão. Fui progredindo, com a ajuda dele, na construção de discursos mais envolventes, incluindo histórias, *cases* que acolhessem as pessoas, fazendo interações com a plateia ou audiência. Portanto, falar em público foi uma habilidade que desenvolvi muito no Brasil, sempre com a preocupação de ajustar minha comunicação a cada público específico.

O medo criado dentro de nós

A segunda crença equivocada foi mais rápida de ser desfeita. Eu achava que, no Brasil, havia violência em cada esquina, que me sentiria inseguro o tempo todo e só caminharia com meus filhos sob a proteção ostensiva de um guarda-costas.

Aos poucos, fui aprendendo que,
pior do que o medo externo,
é aquele que criamos dentro de nós.
Não podemos deixar que nos domine.

Desembarquei, naquele janeiro de 2008, com minha família vinda de Portugal, no Aeroporto Internacional de Guarulhos, na grande São Paulo, e fomos para um hotel em um bairro nobre da metrópole. Passamos o fim de semana inteiro ali, em pleno verão, porque tive medo de andarmos na rua. Saí somente na segunda-feira, para ir à sede da EDP, no outro lado da rua, em frente ao hotel.

Os passeios iniciais eram cercados de cuidados extremos. Na primeira vez que visitamos o Parque do Ibirapuera, cartão postal da cidade, fomos acompanhados de um segurança, que permanecia o dia inteiro no prédio onde morávamos. Nessa primeira visita ao Ibirapuera, logo percebi que o aparato de segurança gerava mais insegurança do que se fôssemos completamente anônimos. A partir dessa primeira vez, ajustei-me rapidamente para o modelo oposto, de total discrição, prescindindo de todos os sinais aparentes de status, como roupas mais sofisticadas. Durante muitos anos, esse era um dos meus espaços públicos preferidos.

Parte do temor de que poderíamos ser atacados ou raptados era porque a filha do presidente (português) de um grande banco espanhol havia sofrido uma tentativa de sequestro. Ele tinha ficado no Brasil entre 1996 e 1999, e me recomendou ser muito importante reforçar a segurança da minha família.

Tomamos um café da manhã antes de me mudar para São Paulo. Disse-me que a primeira coisa que teria de fazer quando chegasse a São Paulo seria contatar o Diretor de Segurança da EDP para reforçar as medidas de prevenção. Para ser sincero, acho que a EDP nem tinha um Diretor de Segurança, o que me deixou ainda mais preocupado. Como viria com três filhos menores, essa experiência, obviamente, me assustou ao ponto de exagerar na precaução.

Tive que dominar o temor de sair às ruas com o tempo, conforme fui me familiarizando espacialmente. Durante minha trajetória no Brasil, sofri uma tentativa de assalto quando estava dentro do carro, e um furto de itens como computador, máquina fotográfica, mochila, celular em um quarto de hotel. Mas escolho viver a me deixar paralisar pelo medo.

Hoje, cuido da segurança como um ser humano normal, e encaro a violência, real, mas não em cada esquina, como um fator opressor. São experiências interessantes, como a que tive com aquele amigo na saída do baile *funk* que visitamos por curiosidade. Entrávamos no táxi quando fomos abordados por dois sujeitos que estavam por ali, com tabuleiros, vendendo balas e outras guloseimas. Queriam carona até a orla. Um sentou-se no banco da frente e o outro, atrás, conosco.

Em questão de minutos, a dupla começou a reclamar do trajeto escolhido pelo taxista, perceptivelmente alterado por efeito de alguma droga. A discussão virou gritaria, e desconfiamos que fosse uma armação para disfarçar o objetivo de nos assaltar.

– Você está enganando os caras, só porque são "amaricanos" – esbravejou um deles.

Sentimos medo, claro. Durante aqueles dez minutos de tensão, nós já nos imaginávamos sendo imobilizados dentro de uma pilha de pneus e despachados, rolando morro abaixo. Eu agarrei na porta do carro e pensei "se isto ficar pior, vamos ter de saltar para a rua, com o carro em movimento ou quando parar no farol[8]".

Não era uma armação. Os homens estavam gratos pela carona e achando que o taxista realizava um percurso mais longo, só para cobrar mais dos "gringos". E a bronca o fez nos levar mais rapidamente ao local onde queríamos descer, próximo ao hotel. Esse tipo de experiência marcou muito a minha vivência no Brasil, mas também me deu uma percepção mais apurada dos riscos do país.

Países irmãos separados pelo Atlântico

O fato de termos a mesma raiz histórica e base linguística, que eu pensava ser um elo, me induziu à terceira crença equivocada de que teríamos uma congruência de cultura. Eu estava à espera de um espírito de fraternidade ímpar, de uma amizade

---

[8] O mesmo que semáforo, sinaleira ou sinal conforme a região do Brasil.

especial, pelo fato de Portugal ser considerado um país irmão. Na verdade, recebi um ótimo acolhimento, assim como os estrangeiros da Itália, do Japão e demais nações.

Soube ainda que existia a ideia de que seríamos inocentes, ingênuos. Por ouvir nas rádios e em conversas "piadas de português" com esse contexto, concluí ter a oportunidade de mostrar que o português contemporâneo não trabalha colocando lápis atrás da orelha, tampouco é casado com uma mulher de bigode, como durante muito tempo foi comentado no Brasil.

Eu também tive sentimentos ambivalentes que não estavam tão claros, tomando consciência deles somente quando cheguei ao Brasil. De um lado, encontrei muitas pessoas elogiando o meu país nativo por terem a mesma ascendência ou cultivarem um desejo latente de se mudarem com a família para Portugal. Minha estada no Brasil coincidiu com um incremento nessa solicitação, ao ponto de os brasileiros ocuparem o topo da lista dos que mais obtiveram autorização de residência do governo português nos últimos anos.

Por outro lado, em um nível menor, constatei haver um ressentimento histórico implícito – como uma barreira que não é visível, mas está posta – da figura do colonizador europeu extrativista e escravagista. Como lidar? Assumi esse ônus e procurei tratar com bastante cuidado a relação entre os dois países, procurando na medida do possível regenerar as feridas com uma série de ações que detalharei em capítulos futuros.

Tudo isso que acabei de comentar compôs, de alguma maneira, minha preocupação em promover ações e diálogos que levassem ao resgate das nossas origens e valorização de ambas as culturas. Eu senti a necessidade de provar, com atitudes, ser um estrangeiro bem-intencionado, nada inocente e empático com a dor causada pela maneira como se deu a colonização.

Outra preocupação era de não repetir o contrassenso de alguns conterrâneos de achar que tudo que vem da Europa é bom e melhor do que o que há no Brasil. Isso seria fatal para o meu destino nesse país com identidade própria e autonomia. Também nunca quis que a EDP adotasse essa postura de estar em outro país querendo determinar como fazer. Adiante, darei exemplos.

Foi muito importante ter essa humildade de assumir que eu estava em um país diferente e forte, com uma cultura reconhecida no mundo todo como idiossincrática. É uma potência a ser valorizada na cultura e nos negócios. Eu jamais deveria alienar esse patrimônio, que muitos brasileiros talvez não tenham notado, por estarem dentro do seu aquário. Como vim de outro, quis fazer uma conexão positiva do que valeria a pena aproveitar e reforçar de cada país.

Amizades num país estrangeiro

Adaptar-me ao Brasil significou, em grande medida, adaptar-me às pessoas. Nos treze anos em que morei no Brasil, conheci milhares de pessoas. Desde os meus colegas de trabalho aos profissionais do setor elétrico, ou aos membros do Governo e órgãos públicos com que a EDP se relaciona, passando por demais executivos, CEOs de diversos setores, os próprios compatriotas da diáspora portuguesa no Brasil, representantes do mundo cultural...

Devo dizer que conhecer pessoas nas múltiplas áreas da sociedade brasileira foi dos maiores investimentos que realizei enquanto estive no Brasil. Um investimento que produziu frutos. Não só porque esses relacionamentos me permitiram entender cada vez melhor a realidade política, social e cultural brasileira, mas, acima de tudo, porque muitas dessas pessoas passaram a ser bons amigos.

A experiência de fazer amigos num país estrangeiro foi das mais desafiadoras, porque tive de aprender os códigos de construção de uma amizade pelo prisma brasileiro. Parece estranho, não é? Mas é isso mesmo. Coisas simples, como conviver em ambiente caseiro ou organizar um encontro social. Como participar de ocasiões familiares, como festas de casamento ou aniversários.

Como cumprimentar ou como presentear as pessoas. Tudo teve de ser apreendido com um olhar diferente daquele a que eu estava habituado. Mas isso foi extremamente gratificante também, porque daqui resultaram amizades muito bonitas e que sinto que podem durar por toda a vida.

Por não conhecer a cultura brasileira profundamente, fiz movimentos que me lembravam uma translação, no sentido de aprender a me comportar com o código brasileiro, evitando, assim, ser mal interpretado. E, quando estava em Portugal, tinha de voltar ao código português para também não ser mal interpretado. Era inevitável desenvolver essa flexibilidade para construir amizades e mantê-las.

Por exemplo, em Portugal, cumprimenta-se com palavras, aperto de mãos, pode-se dar um beijo na face do outro, mas sem que os corpos se toquem. Há esse limite de proteção social. Já no Brasil, o abraço é um padrão muito comum de interação – ao vivo, bem como em *e-mails* e mensagens pelo celular. No início, eu ficava hesitante. Até que aprendi mais esse código cultural.

Criar novos laços em um país estrangeiro exige tomar iniciativas, como frequentar lugares, participar de cursos e de grupos de *networking* profissionais, iniciar conversas em eventos da empresa e do mercado ou mesmo os da escola dos filhos. Comigo não foi diferente, fiz um esforço para conhecer as pessoas e me socializar.

Desde que cheguei, fui procurando meu lugar, meu espaço, enquanto aprendia ao máximo a me relacionar da melhor maneira. E encontrei uma grande identificação com brasileiros e brasileiras ligados à cultura e às artes. Além de trabalharem com paixão, essas pessoas têm muito conteúdo a partilhar e me ajudaram a entender muito da cultura brasileira, de modo que me tornei um apaixonado por ela também.

Aproximar-me de grandes personalidades nesse universo foi uma das experiências mais gratificantes. Gil Jardim, diretor artístico e regente titular da Orquestra de Câmara da ECA/USP (OCAM); Ricardo Ohtake, Presidente do Instituto Tomie Ohtake;

Isa Ferraz, curadora do Museu da Língua Portuguesa; o próprio ator Odilon Wagner... são exemplos de pessoas fantásticas que conheci no Brasil e se tornaram bons amigos, que respeito, admiro muito e que constituem fontes de inspiração.

Nem todos os relacionamentos terminaram em amizades duradouras. Uma parte desses conhecimentos foi muito transacional. Notei isso nos primeiros anos em que morei no Brasil, por exemplo, nos relacionamentos estabelecidos em torno da escola dos meus filhos. Era uma instituição de ensino internacional, frequentada por filhos de pais expatriados, como eu era, ou de brasileiros com elevado poder aquisitivo. Por uma razão ou por outra, sentia que, para aquelas pessoas, eu valia por ser executivo de uma empresa multinacional, mais do que pela pessoa que era. Obviamente que não duraram muito essas amizades, mostrando serem passageiras e circunstanciais.

Essa busca do lugar foi um processo educativo, uma evolução. Eu tentei encontrar algum espaço no grupo no qual minha essência se integrava melhor. Gradualmente fui depurando minha base de relacionamentos e investindo cada vez mais tempo nas pessoas que me geravam mais felicidade e alegria de viver.

Uma adaptação familiar

Morar no Brasil não exigiu uma adaptação apenas minha. Meus filhos Francisco, Miguel e Sofia, que chegaram ao Brasil, respectivamente, com 9, 4 e 3 anos, com minha ex-mulher Laura, precisaram passar por uma adaptação de vida.

Inicialmente foi a mudança de escola, a vida em outra cidade, novas amizades, rotinas e atividades desportivas. A mudança foi profunda para todos. Meus três filhos aprenderam a também falar português com o sotaque brasileiro, além de inglês. Ficaram trilíngues com uma fluência e facilidade impressionantes.

Além da experiência de uma escola internacional, que lhes proporcionou uma educação eclética e de viés humanista, juntou-se uma série de atividades extracurriculares, desde a prática de vela à natação e ao futebol. Diria que a adaptação dos meus três filhos foi difícil pelas diferenças culturais que já enunciei, mas o saldo para o desenvolvimento como seres humanos foi muito positivo.

O próprio aprendizado da adaptação foi uma conquista. Passaram a ser cidadãos do mundo e a não estranhar a vida num país estrangeiro. Os três moraram durante sete anos no Brasil e depois precisaram passar por uma nova adaptação de vida com a separação e o divórcio dos pais. Foi uma decisão dolorosa para a família.

Quando retornei à matriz da EDP, em Portugal, em 2021, Francisco e Sofia já moravam em Londres: ele, trabalhando no setor financeiro, após concluir sua licenciatura na Universidade de Cambridge; ela, cursando o ensino médio na mesma escola britânica em que o irmão mais velho havia estudado. Miguel, mais conhecido como Miguelzinho por ter o mesmo nome do pai, estava terminando o ensino médio em Lisboa, onde optou por ficar para estar mais próximo da família.

Não tenho dúvida de que foi um aprendizado chegar ao Brasil em 2008 com uma família tradicional (um casal com três crianças) e depois tê-la repartida pelo mundo, além de um segundo casamento.

Uma viagem interior

Eu estava no Brasil havia uns seis anos, ainda no processo de desconstrução do "gringo", quando fiz um curso de uma semana, que me fez rever vários conceitos e crenças. Foi com o especialista em gestão, estratégia e liderança Oscar Motomura, CEO e Fundador da Amana-Key, que considero uma escola de ciências da vida. Tanto que me levou a refletir sobre ética, questões filosóficas da nossa existência, o papel da arte na vida profissional, o nosso futuro como sociedade e os próprios ciclos da vida.

Fiz, de certa maneira, uma viagem interior, de suma importância para a vida profissional e pessoal, naquele agosto de 2013. Eu estava com 42 anos e diria que a imersão me proporcionou olhar para o Brasil de uma maneira diferente. Também me deu base para realizar uma gestão humanizada, valorizando os resultados, assim como obtê-los, dando o *start* a todo o processo de transformação cultural da empresa que partilharei em capítulo específico.

Esse curso veio em um momento de mudanças significativas na minha vida, incluindo conhecer Greta e assumir a presidência da EDP meses depois. Baiana, virginiana, engenheira, trabalhava em um centro de investigação e tecnologia do Senai Bahia, que continuou representando de São Paulo, para onde mudou passados alguns anos.

Ela presenciou boa parte da minha transformação e a influenciou positivamente. Conversamos muito sobre as diferenças e as congruências culturais. São muitas as referências culturais que me chegam por intermédio da Greta. Prazeres simples, como o de comer uma fruta diretamente do pé, eu me permiti fazer com mais naturalidade, como se baiano fosse.

Eu quis viver no Brasil como brasileiro, não com aquela postura do estrangeiro que aproveita o que o país tem de melhor enquanto fica criticando o que é diferente. A adaptação, palavra tão valorizada atualmente, passa essencialmente por estar disponível a conhecer, estar aberto a viver. Desde a alimentação até o estilo de vestimenta, a forma de estar, o modo como você interage e se relaciona com os outros.

Sendo assim, não caberia me fechar na zona de conforto de ter apenas amigos portugueses. E quanto mais eu me permiti conhecer e entender o lugar onde eu estava, mais experiências acumulei. Tratarei de uma importantíssima no próximo capítulo, que foi colaborar para ressignificar os laços Brasil-Portugal.

3

A CONSCIÊNCIA DE UMA MISSÃO INESPERADA

Desolação. Foi o que senti com a notícia de que um incêndio destruíra o Museu da Língua Portuguesa (MLP), além da fachada e da torre da Estação da Luz, em São Paulo. Suas portas estavam fechadas ao público naquele fatídico 21 de dezembro de 2015. Era uma segunda-feira, dia de manutenção. Mesmo assim, um bombeiro perdeu a vida e, em poucas horas, as instalações do primeiro museu do mundo inteiramente dedicado a um idioma viraram cinzas.

O ineditismo em seu conceito me fascinava. Eu nunca havia imaginado que a língua portuguesa poderia dar origem a um dos mais visitados museus do Brasil e da América Latina. Criado em 2006, rapidamente se tornou um dos principais destinos culturais da cidade, atraindo cerca de 4 milhões de visitantes (e me incluo nesse número) até ser tomado pelo fogo.

Está situado no complexo da icônica estação ferroviária da Luz, inaugurada em 1901, e que eu sempre admirei pela grandiosidade de seu traçado industrial, de autoria do arquiteto Charles Driver, e por sua história e centralidade na logística urbana. Naquele ponto da cidade, passam diariamente cerca de 500 mil pessoas. É uma das artérias mais importantes da logística paulistana, com sua cadência de chegada e partida de massas apressadas de viajantes nos horários de pico. Assiste-se ali à "força humana" da maior metrópole brasileira, São Paulo.

Conforme relatei na abertura do belíssimo livro *Luz da língua*[9], registro histórico do processo de restauro do edifício e reabi-

---

[9] O livro **Luz da Língua** foi concebido e realizado pela Fundação Roberto Marinho, com patrocínio da EDP e apoio do Governo do Estado de São Paulo, por meio da Secretaria de Cultura e Economia Criativa.

litação do museu ao longo de cinco anos de trabalho intenso, eu não tive dúvidas de que a EDP, na qualidade de maior investidora portuguesa do Brasil, teria de estar na linha de frente do processo de recuperação do Museu flagelado pelas chamas. Afinal, trata-se de um patrimônio arquitetônico paulistano e patrimônio cultural inédito da lusofonia.

Apelidei-o de "Catedral da nossa pátria", numa alusão óbvia ao mestre Fernando Pessoa ("Minha pátria é a língua portuguesa", no *Livro do desassossego*[10]). Nunca tive dúvida de que esse museu entrelaça com maestria elos culturais do espaço da lusofonia. Preservá-lo tornou-se mais do que uma obrigação. A partir dessa tomada de consciência, e perante um acontecimento tão trágico como o ocorrido naquele fatídico fim de 2015, passamos a reunir os apoios necessários para concretizar nossa participação nesse projeto: pessoas internas do Conselho mundial da EDP e externas, notadamente do então Cônsul-Geral de Portugal em São Paulo, Dr. Paulo Lourenço e do embaixador de Portugal no Brasil, Dr. Francisco Ribeiro Telles.

Em seguida, partimos para a esfera decisória brasileira. Recebemos o acolhimento plenamente favorável do então Governador do Estado de São Paulo, atual Vice-Presidente Geraldo Alckmin, e trabalhamos com os parceiros José Roberto Marinho e Hugo Barreto, da Fundação Roberto Marinho, que assumiram a execução do projeto de recuperação.

A EDP Brasil aprovou um investimento de 20 milhões de reais, o que representava, naquele momento, cerca de 30% do valor necessário para a obra. O principal: eu tinha a convicção de ser uma oportunidade ímpar para aproximar Portugal e Brasil. Tanto que, após esse movimento, fizemos uma aposta estruturante na EDP Brasil de preservar mais símbolos do patrimônio histórico e cultural luso-brasileiro. Seguiu-se, por exemplo, o apoio à recuperação do Museu do Ipiranga, entre vários projetos de difusão e valorização da nossa língua e história em comum.

---

[10] PESSOA, F. **Livro do desassossego**. São Paulo: Companhia das Letras, 1999.

Participar da recuperação do Museu da Língua Portuguesa foi uma grande escola para mim e que proporcionou uma devolutiva extraordinária à sociedade. O Museu foi repaginado, agregando às técnicas expositivas tecnologias somente possíveis neste limiar do século XXI. Também ganhou uma visão mais contemporânea e, ao mesmo tempo, universal. Devo reconhecer que, anteriormente, o Museu era bastante autocentrado, com o Brasil falando para o Brasil.

Seu conteúdo continua centrado nos "Brasis", com ainda mais destaque às variações linguísticas internas (geográficas, temporais e socioculturais). Porém, sob a experiente curadoria da amiga Isa Grinspum Ferraz, tornou-se mais abrangente e inspirador. Além de trazer mais referências históricas e das diferentes geografias onde o português é falado, englobou a participação de expoentes culturais da lusofonia. Escritores, poetas, artistas e músicos deram um toque de genialidade à forma de apresentar a língua, o que unifica um país imenso como o Brasil, valorizando as origens portuguesas, africanas e indígenas e assumindo que ela está em permanente reinvenção.

Antes de retornar a Portugal, tive a chance de conhecer o novo MLP. Senti muito orgulho, muita admiração pela quantidade enorme de conteúdos relacionados com a língua, muito entusiasmo com a experiência proporcionada pelo novo museu e um carinho ainda maior pelo Brasil.

A história sempre uniu portugueses e brasileiros, mas percebi, somente quando já estava no Brasil, que passaria a desempenhar um papel institucional de melhorar a relação entre os dois países. E um dos caminhos seria aproximando políticos e executivos de ambos os países e viabilizando investimentos que valorizassem a cultura luso-brasileira, como foi com esse icônico projeto de recuperação do Museu da Língua Portuguesa.

Acho que foi esta missão de investimento na cultura e história comuns a Portugal e Brasil que me valeu, dez anos após ter chegado ao Brasil, em novembro de 2017, uma distinção atribuída pelo Presidente da República Portuguesa: o Grande Oficialato da Ordem de Mérito Empresarial da República Portuguesa. Recebi a condecoração das mãos do Embaixador de Portugal no Brasil, Dr. Jorge Cabral, na presença do Ministro de Negócios Estrangeiros, Dr. Augusto Santos Silva e do Cônsul-Geral de Portugal em São Paulo, Dr. Paulo Lourenço. Foi um dia de grande emoção.

Seguiu-se, em janeiro de 2020, uma relevante homenagem do próprio Governo do Estado de São Paulo, pelas mãos do então Governador João Doria, que me distinguiu com a Medalha da Ordem do Ipiranga, uma condecoração concedida a cidadãos que prestaram serviços de relevância aos paulistas e ao Estado de São Paulo. Para mim, representou uma confirmação de que este papel de aproximação entre Portugal e Brasil, pela via da cultura e da valorização do legado histórico, veio ocupar um lugar essencial na ligação dos dois países.

Uma reconciliação necessária

Gradualmente fui conhecendo uma realidade estranha para mim: ser visto como uma pessoa que representa o colonizador, extrativista e escravagista. Gerou-me um misto de sentimentos.

Por um lado, uma certa indignação por não ser compreendida a importância de Portugal na história do Brasil, como grande potência mundial que é atualmente. Um país com mais de 8,5 milhões de quilômetros quadrados, com uma única língua, um colosso de riquezas naturais. A coesão desse extenso território deve-se seguramente ao papel dos portugueses. Por outro, fui tomado por um sentimento de solidariedade com o "Brasil colonizado", pela forma como foi realizada a colonização e suas implicações sociais.

Isso me levou a refletir que precisava fazer algo em relação a esse ressentimento histórico. Não poderia me abstrair dessa missão inesperada de ajudar a ressignificar os laços afetivos e estreitar a relação Brasil-Portugal. Como cidadão e presidente da principal companhia portuguesa no Brasil, tinha recursos econômicos e poder de influência. Não poderia me esconder atrás do anonimato e apenas me concentrar em liderar uma organização com fins lucrativos a desenvolver suas atividades no território brasileiro.

> **Viajei ao Brasil para trabalhar e, sem que imaginasse, assumi também uma parcela dessa responsabilidade cívica de compreender os efeitos e as implicações do período de colonização na atualidade.**

Impressionou-me perceber um forte ressentimento sendo potencializado por estereótipos e preconceitos prejudiciais a ambos os países. A partir do momento em que tomei consciência dessa circunstância, passei a atuar sempre com vistas a reconstruir, na medida do possível, um patrimônio afetivo, de relacionamento positivo, sem desmerecer de maneira nenhuma as marcas do histórico, que passei a conhecer e a respeitar.

Já no Brasil, senti a necessidade de me aprofundar sobre seu passado e, em especial, o período marcado pela presença portuguesa no território. Procurei estudar o assunto para ter uma visão multifacetada dessa parte da história, além da superficial que nos é passada nos bancos da escola. Busquei referências da literatura e antropologia brasileiras, como o livro *Raízes do Brasil*[11], de Sérgio Buarque de Holanda, e a série documental *O povo brasileiro*, baseada no livro homônimo do antropólogo Darcy Ribeiro[12].

---

[11] HOLANDA, S. B. **Raízes do Brasil**. São Paulo: Companhia das Letras, 2015.
[12] Com direção de Isa Ferraz, a série **O povo brasileiro** mostra as diversas facetas da formação do Brasil numa perspectiva antropológica.

Um dos autores que mais me ajudou a entender o fenômeno da colonização portuguesa no Brasil foi Jorge Caldeira, com a obra *A história da riqueza no Brasil*[13]. Gostei da forma como esse doutor em Ciência Política e mestre em Sociologia descreve esse período da história brasileira, revelando que havia uma dinâmica de criação de riquezas no mercado interno durante o período colonial maior que a da própria metrópole.

Não tenho dúvida de que, à luz dos valores da sociedade atual, a colonização no Brasil foi opressora, com abusos que seriam hoje em dia práticas inconcebíveis. Mas, atualmente, entendo melhor que também houve a junção de interesses de um povo que queria colonizar e de uma população nativa querendo melhorar suas condições de vida.

Tenho plena consciência de que não posso mudar nada na história, mas sempre podemos repensar, aprofundar os estudos, conhecer novas análises. Quando vista pelo prisma da atualidade, ela fica distorcida. Porém, tomando-se o cuidado de utilizar recursos que possibilitem olhar os fatos no momento vivido, considerando o contexto e a cultura da época, a compreensão é maior. A abordagem de Jorge Caldeira me propiciou isso.

Eu pude e quis fazer alguma coisa pela relação entre os dois países por ter percebido e absorvido essa dor e ter me empenhado em devolver como transformação. Tornei-me um CEO imbuído desse espírito de reconciliação histórica, e talvez esse seja o elemento diferenciador da minha trajetória no Brasil. Poderia não ter tido essa tomada de consciência, ou até ter entendido, mas colocado debaixo do tapete sem que tentasse converter em algo positivo. Entretanto, optei por me posicionar ativamente, mais que tudo, como um conciliador.

---

[13] CALDEIRA, J. **História da riqueza no Brasil** – Cinco séculos de pessoas, costumes e governos. Rio de Janeiro: Estação Brasil, 2017.

 **Na minha percepção, existe uma desconexão entre os dois países. E eu senti a necessidade de contribuir para que a relação entre Portugal e Brasil fosse mais harmoniosa.**

Despertou-me a vontade de mostrar no Brasil que Portugal tem coisas muito boas e vice-versa, minimizando, assim, alguns preconceitos de ambos os lados. Daí eu ter tomado iniciativas de conciliação dessas duas partes que estavam, em grande medida, de costas uma para a outra.

Quando assumi a presidência da Câmara Portuguesa de Comércio em São Paulo, de 2015 a 2019, em paralelo ao meu trabalho na EDP, foi muito com esse espírito cívico. Pensei "será mais um instrumento que terei para aproximar Portugal e Brasil". Afinal, cultura, história e agora relações comerciais e diplomacia econômica são um prato cheio para aproximar os dois países.

Fiquei entusiasmado com a chance de incentivar o trânsito diplomático e empresarial como meio de aproximar as pessoas e favorecer diálogos produtivos. E assim foi. Uma experiência muito gratificante, com múltiplas iniciativas e oportunidades de estreitar esses diálogos. Recordo-me do ano de 2016, em que a Câmara Portuguesa participou da visita de mais de uma dezena de governantes portugueses ao Brasil, incluindo Sua Excelência, o Presidente da República Portuguesa, Professor Marcelo Rebelo de Sousa, e o Primeiro Ministro Português, Dr. António Costa.

A virada de percepção

Na verdade, o que percebi foi um conjunto de emoções que iam do ressentimento, pela colonização, à admiração e afeto, pela portugalidade.

Notei que vários brasileiros descendentes de portugueses tinham vontade de conhecer sua origem. Histórias que começavam com "estive na aldeia, na vila, onde documentos indicavam haver antepassados e estava lá uma parte da minha família" ou "procurei pelo meu sobrenome e encontrei alguém que conhecia um tio do meu pai".

Perdi a conta das pessoas me relatando que seus ancestrais haviam emigrado para o Brasil nos anos 1940, 1950 e desenrolavam histórias magníficas de trabalho e resistência. E ficava feliz quando amigos brasileiros buscavam conhecer essa parte de seu passado disperso em algum lugar do interior de Portugal. Era um ímpeto bonito, genuíno de ir atrás das raízes, e eu via o quanto as pessoas ficavam maravilhadas ao descobrir que o seu sobrenome provinha de uma região específica de Portugal.

Esse sentimento, quase antagônico, de amor e desamor por Portugal, oscilando entre o apego familiar e a rejeição do colonizador, foi algo que sempre me surpreendeu e que aparecia com frequência no meu dia a dia. Muitas vezes, falar sobre as viagens a Portugal ou sobre o conhecimento das tradições portuguesas era um "desbloqueador de conversa" com amigos brasileiros ou relacionamentos profissionais. Um local especial, um hotel, um vinho, uma tradição, uma palavra típica, tudo era motivo de conversa quando interagia com brasileiros entusiasmados ou curiosos por Portugal.

Preciso reconhecer que fui beneficiado na minha missão pelas mudanças de comportamento da própria sociedade. Portugal começou a ficar na moda como destino turístico, mas não só. Também para investimentos imobiliários e para estudo em nossas universidades. Brasileiros começaram a comprar casa em Portugal, entre os motivos, por ser um meio de conseguir a autorização de residência com o Visto Gold.

Além disso, a partir de 2014, os resultados individuais do Exame Nacional do Ensino Médio (Enem) começaram a ser aceitos nos processos seletivos de instituições de educação portuguesas renomadas, atraindo um número crescente de jovens e, por consequência, de seus familiares. Passei a ouvir ainda histórias de brasileiros que se mudaram para Portugal por causa da segurança.

E mais: Lisboa foi consolidando uma boa imagem de *hub* de inovação e empreendedorismo. Recordo-me de iniciativas que foram gradualmente acentuando essa imagem contemporânea e cosmopolita de Portugal. Uma delas foi o Experimenta Portugal, excelente iniciativa do Consulado de Portugal em São Paulo, em 2015. Nasceu com o objetivo de promover o intercâmbio entre Brasil e Portugal no âmbito da arte, sociedade e cultura. No ano seguinte, o tema foi "A inovação e o empreendedorismo como ferramenta de transformação", apresentado em parceria com a EDP, quando lançamos um concurso global para *startups* que contribuíssem para o setor elétrico, o EDP Starter.

Esses são apenas alguns dos aspectos que tornaram Portugal objeto de desejo de muitos brasileiros com aspirações de morar fora, mesmo que por temporadas. Avalio que peguei uma onda e fiz movimentos, como Presidente da Câmara e Presidente da EDP Brasil, que se alinharam com o fluxo global de transformação das relações entre os dois países.

Os estereótipos do português, existentes no imaginário brasileiro quando eu cheguei, em 2008, pareciam estar mudando. Comecei a ver mais viajantes voltando fascinados por Portugal, comentando que encontraram um país moderno, inovador, com bom clima e boa comida. Sem mais aquela ideia de Portugal como um país parado no tempo, ruralizado, e de o português ser bastante trabalhador, mas ingênuo.

Ao longo desses treze anos, houve essa virada de imagem, e acho que participei de alguma forma desse movimento, que tornou a relação dos dois países mais plena, diversificada e madura. Como bem disse, em 2018, o então Cônsul-Geral Paulo Lourenço, quando abriu na belíssima Sala São Paulo um evento cultural em comemoração ao Dia de Portugal, "é ao mesmo tempo causa e consequência de uma malha densa e impressionante de laços pessoais, familiares, artísticos, políticos, criativos e empresariais que estão a renovar e a reinventar a espessura do nosso relacionamento".

Capítulo 3 – A consciência de uma missão inesperada • 77

Portugal à distância

Falando em viajar para conhecer as origens, não posso deixar de registrar minha surpresa ao encontrar em várias cidades brasileiras uma parte da história de Portugal, que não existe mais no meu próprio país e que eu nem conhecia. Do outro lado do Atlântico, encontrei objetos e construções remetendo a Portugal de 200, 250 anos atrás, com uma vividez e estado de conservação impressionantes. Chamei a essa realidade de "Portugal à distância".

Senti uma emoção inexplicável quando entrei em Paraty (município do Rio de Janeiro) e em cidades históricas de Minas Gerais, como Tiradentes, Ouro Preto e Diamantina. Pensei que podiam ser cidades portuguesas deslocadas no espaço. Com um oceano de permeio. As referências históricas de Portugal, tão evidentes na arquitetura, nos espaços religiosos, na arte popular, estão presentes com muita força também na cidade do Rio Janeiro, ex-capital da colônia, onde a Família Real se instalou em 1808.

Muitas vezes, deparei com ruas no Rio de Janeiro que me pareciam ruas de Lisboa. Apenas o clima e as gentes denunciavam que aquele local não seria a minha cidade natal. Não escondo que essas semelhanças me faziam sentir, de alguma maneira, em casa. Um sentimento de proximidade com minhas referências históricas, com minhas memórias, que me traziam conforto emocional. Quase como se aqueles espaços fossem uma extensão da minha geografia nativa. Quase como se pudesse estar em Lisboa no minuto seguinte. Algo que nunca tinha sentido num país estrangeiro.

Tudo isso contribuiu para dar um sabor especial à minha expatriação. Estava fora, mas estava dentro ao mesmo tempo. Sensação única e inesperada. Em uma ida a Portugal, consegue-se encontrar reminiscências muito fortes da história medieval e renascentista. Castelos, igrejas e outros monumentos construídos no período medieval, bem como uma forte herança histórica do período quinhentista, da época dos descobrimentos portugueses. Em compensação, vim encontrar no Brasil fortes sinais históricos

78 · Gigante pela própria natureza

de um período mais recente, dos séculos XVIII e XIX, resultantes da presença da corte portuguesa na Colônia que virou Império.

 A experiência de reconhecer o nosso país fora das suas próprias fronteiras é surpreendente. Encontrar Portugal em cidades únicas como Paraty foi uma descoberta magnífica.

Passear no centro histórico de Paraty[14], que não permite automóveis, e pelo Caminho do Ouro é como viajar no "túnel do tempo". O calçamento com pedras introduzidas pelos portugueses no Brasil colonial, os casarões e igrejas traduzindo um estilo de época são algumas relíquias dessa cidade fundada em 1667, cuja característica portuária movimentou a economia no século XVIII. O sistema de saneamento de Paraty foi introduzido pelos militares portugueses da época. Cada detalhe, cada referência histórica nesses locais era um achado que preenchia uma rede cada vez mais completa de ligações entrelaçadas.

Em Minas Gerais, o artesanato[15] é um dos mais admirados do país, com uma história que nos remete ao século XVII, período do ciclo do ouro no Brasil Colônia. Há a tradição dos trabalhos manuais, a influência dos artesãos europeus que se fixaram na região e ensinaram seu ofício aos nativos, a relação da arte com recursos naturais e culturais refletidos em peças de barro, metal, pedra, madeira ou fibra trançada.

São joias arquitetônicas e artísticas que ajudam a contar a história do Brasil, e ela está inevitavelmente entrelaçada à de Portugal. Algumas têm o título de Patrimônio Mundial da Humanidade, como é o caso de Ouro Preto. Essas cidades me permitiram avistar uma retrospectiva histórica do meu país, conservada

---

[14] Fonte: **Portal Paraty, Turismo, Cultura e Natureza**. Disponível em: http://www.paraty.com.br/historia.asp. Acesso em: 7 jun. 2023.
[15] Fonte: **Portal MG**. Disponível em: https://www.mg.gov.br/conheca-minas/artesanato. Acesso em: 7 jun. 2023.

na América. Um Portugal que teria desaparecido por completo se não existisse a 8 mil km de distância.

Muito mais do que só o legado português

Por tudo o que vi com meus próprios olhos, avalio que a presença da cultura portuguesa no Brasil de hoje é tão evidente quanto a cultura brasileira é rica, diversa, criativa, bela, merecendo ser mais enaltecida. Era inevitável que o maior investidor português no Brasil tivesse que se envolver, como parte da sua missão social, na valorização do extenso patrimônio histórico-cultural luso-brasileiro.

Mais interessante ainda foi a aproximação que esse mergulho no legado cultural lusitano me levou a fazer com as artes indígena e popular brasileiras. Não podemos ignorar que, quando os portugueses chegaram ao Brasil, os povos da floresta já eram detentores de um conhecimento milenar, que, infelizmente, a sociedade atual subestima e subvaloriza.

Constatei essa realidade ao me aproximar do povo Mehinako, do Alto Xingu, no Mato Grosso, conforme contei no Capítulo 1. Seus relatos pessoais e minhas leituras foram me ajudando a aprender mais e mais sobre suas tradições culturais e religiosas e a ganhar maior compreensão histórica da miscigenação que formou o povo brasileiro.

Nesse movimento de apoio à arte e à cultura, passei a me interessar também pela arte popular. Com muita pujança no Nordeste e em Minhas Gerais, há dezenas de artistas autodidatas que produzem artesanato de grande qualidade. Nos últimos anos no Brasil, passei a conhecer as principais regiões onde esses artesãos atuam e o que eles produzem. Novamente deparei com um setor artístico pouco acarinhado e desvalorizado em seu próprio país.

O fascínio do povo brasileiro pela cultura europeia talvez seja um dos motivos que o leva a não valorizar tanto sua própria produção artística. A arte popular acaba sendo vista como uma forma de arte secundária. Passei a me interessar e a investir também na aquisição de artesanato brasileiro. É um mundo de enorme talento e energia criativa, que eu quis exaltar dentro dessa missão.

Aproximei-me daquilo que é mais genuíno e fundacional da sociedade, ou seja, entrei no mundo da cultura achando que ia ajudar a preservar e valorizar o legado histórico de Portugal no Brasil e acabei também, com enorme prazer, contribuindo para valorizar as raízes indígenas e africanas que compõem a malha de interconexões culturais brasileiras.

A parceria que a EDP estabeleceu com o Museu Afro Brasil, em São Paulo, nos permitiu isso. Recordo-me de patrocinarmos duas exposições que foram marcantes. "Heranças de um Brasil profundo", já citada neste livro, reuniu várias referências da história, cultura e arte indígena no território brasileiro. E "Barroco ardente e sincrético – Luso-Afro-Brasileiro"[16] mostrava a mistura das influências europeias, afro e indígenas no barroco brasileiro, que se desenvolveu com uma exuberância tropical maravilhosa. Exibia cerca de 400 obras de grandes nomes como Aleijadinho, Mestre Valentim e José Teófilo de Jesus.

Lembro-me da emoção que sentia sempre que visitava essas mostras acompanhado do olhar do diretor do museu, o falecido amigo Emanoel Araujo, e de nossa amiga comum, Tereza Rodrigues. Os detalhes e o zelo colocados na curadoria de ambas eram impressionantes. Exposições temporárias tão enriquecedoras como essas deveriam ser convertidas em definitivas e, assim, perdurarem no tempo para as gerações futuras. Pensando nisso, tínhamos sempre o cuidado de também patrocinar o catálogo das exposições para, pelo menos, guardarmos um registro impresso daqueles trabalhos magníficos de curadoria.

---

[16] Exposição em homenagem ao jubileu de 300 anos de Nossa Senhora Aparecida, Padroeira do Brasil, com uma visita a obras do século XVII até o começo do século XIX. Fonte: **Consulado Geral de Portugal em São Paulo**. Disponível em: https://consuladoportugalsp.org.br/ardente-e-sincretico-o-barroco-luso-afro-brasileiro-marca-presenca-no-museu-afro-brasil. Acesso em: 12 jun. 2023.

Por meio de projetos como esses e da observação, fui me aprofundando nas origens do Brasil, e quanto mais entendia onde estava, mais conseguia atuar de maneira responsável e proativa para ajudar naquilo que podia. O Brasil é um país tão grande que qualquer coisa que nós façamos é sempre uma gota no oceano. Mas promover a cultura – por meio de exposições de arte, apoio a artesãos, reconstrução de museus, livros etc. – é sempre um investimento que retorna em mais educação da sociedade e, no limite, em mais desenvolvimento humano e econômico.

Bicentenário da independência: momento de projetar o futuro

À medida que trabalhava na dimensão de valorização da cultura e história luso-brasileiras, fui desenvolvendo um sonho que não consegui realizar totalmente, com o meu regresso a Portugal em fevereiro de 2021. Avizinhava-se a comemoração dos 200 anos de independência do Brasil em setembro de 2022. Pensei que a preparação dessa efeméride seria mais um momento decisivo para a reconciliação histórica do Brasil com Portugal.

Era minha intenção contribuir ao longo desse calendário de preparação. E, depois, nas comemorações propriamente ditas, com eventos culturais e publicações que ajudassem a ressignificar a presença de Portugal no Brasil e o papel da administração portuguesa no período da colonização. Em particular, achava que Dom João VI havia sido maltratado pela história e merecia uma releitura à luz do que sabemos hoje, que foi o seu papel no desenvolvimento científico e cultural quando da transferência da corte portuguesa para o Brasil.

Ainda consegui mobilizar recursos para a produção de uma série de quatro livros, que publicaríamos anualmente até 2022, sobre as relíquias arquitetônicas do Brasil (de norte ao sul do

País). E patrocinamos uma exposição sobre Dom João VI[17], no Museu Histórico Nacional (MHN), no Rio de Janeiro, inaugurada no fim de 2018.

Música, artes visuais, arquitetura, poesia, artesanato se complementam, e o mérito das iniciativas que contei até aqui foi o de procurar "ligar esses pontos", que fazem parte da cultura de um povo e que podem gerar novos projetos. Mover essa reflexão sobre o futuro do Brasil, mobilizando agentes da arte e da cultura, tornou-se um sonho meu na missão de conciliador histórico, que descobri quando cheguei ao Brasil.

Esse sonho foi interrompido pelo regresso a Portugal para assumir novas responsabilidades globais em fevereiro de 2021. É sobre essa mudança de planos que tratarei a seguir.

Fechamento de um ciclo

No dia 2 de março de 2021, quando o avião da TAP em que fiz minha viagem de regresso a Portugal levantou voo de Guarulhos, eu estava prestes a dar uma nova reviravolta na minha vida profissional.

Minha trajetória fora impactada por uma reestruturação no comando da EDP em Portugal, que passou a ser liderada pelo meu colega Miguel Stilwell de Andrade, sucedendo a António Mexia como presidente executivo. Com uma equipe diretiva global mais enxuta, de apenas cinco elementos em vez de nove, minha presença era requerida na matriz, em Lisboa. Em 19 de fevereiro de 2021, deixei de ser CEO e assumi a Presidência do Conselho de Administração da EDP Brasil, entre outras responsabilidades globais.

---

[17] A exposição "O retrato do rei Dom João VI" propõe um percurso pelo retrato biográfico, do menino ao rei, a leitura política dessa figura histórica e o resgate de uma pintura de 1814, desconhecida do público. Disponível em: https://mhn.museus.gov.br/index.php/o-retrato-do-rei-dom-joao-vi-e-a-nova-exposicao-do-mhn. Acesso em: 11 ago. 2021.

No novo mandato, em que assumi funções de mais relevância na matriz portuguesa, tornei-me também responsável pelas pastas globais da Sustentabilidade, do Risco e dos Serviços Partilhados. Como mantive a responsabilidade pelo mercado brasileiro, continuei ligado ao país, o que muito me orgulhou e aplacou as saudades. Nesse papel não executivo, procurei trabalhar em uma produtiva articulação com meu sucessor, João Marques da Cruz, para seguirmos desenvolvendo a EDP no mercado elétrico brasileiro, tirando partido do conhecimento acumulado ao longo de mais de uma década.

Foi assim até minha renúncia ao cargo que honrosamente ocupava na matriz da EDP, para assumir o desafio no Grupo CCR.

O último operations review

O *operations review* era uma reunião realizada mensalmente, com a presença da diretoria executiva e dos diretores, para rever o desempenho de todos os negócios. Tipicamente durava de três a quatro horas, em que se sucediam apresentações dos destaques do ambiente regulatório, do cenário energético, entre outras. Depois, passávamos em revista todas as unidades de negócio, desde a geração, a distribuição, a comercialização, a transmissão e os serviços de energia. Mas aquela reunião de fevereiro de 2021 estava longe de ser um fórum de cobrança de desempenho.

Os números do ano eram muito bons. A EDP Brasil havia registrado, em 2020, o melhor resultado de sua história pelo terceiro ano consecutivo (aprofundarei as estratégias e conquistas em capítulos futuros). O EBITDA havia crescido naquele ano 16% para 3,4 bilhões de reais e o lucro líquido evoluído positivamente 13% face ao ano anterior, ultrapassando os 1,5 bilhão de reais pela primeira vez na história da Companhia.

Ao longo de treze anos, sendo sete de presidência executiva, ajudamos a construir uma empresa respeitada no setor, com destaque em quesitos como competência técnica, inovação, sustentabilidade, governança corporativa, responsabilidade social. Portanto, foi um ciclo que terminou num ápice, e não havia dúvidas sobre termos plantado um futuro de grande sucesso.

Mas eu não poderia encerrar o meu último *operations review* sem ressaltar o que considerava importante para o futuro daqueles profissionais. Destaquei cinco ideias que gostaria que simbolizassem o legado da minha liderança na empresa:

1. **Respeitem-se uns aos outros.** É o começo. É o que nos faz viver em sociedade de forma harmoniosa. Mesmo quando nos atacam, nós não temos o direito de responder na mesma moeda. Na minha atuação, tentei preservar sempre o respeito acima de tudo – porque é assim que deve ser.

2. **Atuem sempre com ética e integridade.** Nunca passar do limite daquilo que é eticamente correto. Há linhas vermelhas, há também linhas amarelas. A minha recomendação é não ultrapassar nem umas nem outras, atuando sempre dentro de um quadro de ética e de integridade.

3. **Cultivem um inconformismo positivo.** Significa estarmos constantemente melhorando e, assim, contribuir para a evolução da nossa equipe e da nossa empresa. Ao agirmos dessa forma, estaremos também sendo pessoas e profissionais valorosos. Todos nós queremos evoluir todos os dias, aprender coisas novas. Para isso, devemos ter uma visão positiva das coisas, exercitando ver o copo meio cheio em vez de meio vazio.

4. **Tenham cabeça de cidadão para contribuir para o bem maior.** Nós somos membros de um povo, de uma nação. E, portanto, nosso objetivo final é fazer bem à sociedade e ao meio em que habitamos. Esse é o bem maior para o qual devemos contribuir sempre.

> **5.** **Voltem para casa todos os dias com orgulho de serem brasileiros.** Eis um ponto que me emocionou muito, pelo seu significado. Como presidente da EDP Brasil, eu sempre atuei com o intuito de que todos os funcionários regressassem todos os dias às suas casas seguros de que essa empresa contribui para o seu país e podendo junto de suas famílias, seus amigos, das pessoas do seu entorno, terem orgulho de serem brasileiros. É muito importante cultivarmos o patriotismo e valorizarmos o que nos faz crescer.

Há uma noção de que, se um profissional consegue vencer no Brasil, vence em qualquer lugar do mundo. E eu concordo, por todos os motivos que comentei nas páginas anteriores e retomarei nas seguintes. Trabalhar no país exige preparo constante para responder com agilidade, inteligência, proatividade. E, assim, avançar nos negócios sob cenários voláteis, dinâmicos, por vezes surpreendentes.

Essa primeira vivência no Brasil transformou-me profundamente – daí o título desta primeira parte do livro –, como pessoa e como líder empresarial. Imagino muitas vezes que, se não tivesse aceitado o convite para trabalhar no Brasil no fim de 2007, nunca teria passado por um processo tão marcante de amadurecimento. Cheguei ao país com menos de 40 anos e uma visão de consultor empresarial e sinto que regressei a Portugal com 50 anos e vivências que me tornaram um líder diferente – tema da Parte II deste livro, a seguir.

Parte II

Um líder diferente

Na Parte I, partilhei minha vivência no Brasil, que é um país de características impressionantes. Uma vivência de 13 anos que me fez amadurecer como ser humano, e que me transformou, inevitavelmente, num líder diferente. Explicarei melhor como isso se deu nesta Parte II.

O Brasil é um país de características impressionantes, mas também uma grande plataforma de desenvolvimento de negócios. Encontrei uma dimensão geográfica continental, que se traduz em múltiplas necessidades de infraestrutura, especificamente no setor elétrico e, portanto, em inúmeras oportunidades.

Associados ao gigantismo geográfico e da natureza, vem um contexto político e institucional complexo e uma sociedade com uma profusão de culturas, que se misturam com traços de profundo misticismo e religiosidade. Foi esse caldeirão de estímulos de negócio – interligados aos sociais, culturais e espirituais, conforme abordei na Parte I – que me levou a uma viagem de amadurecimento interior e expandiu minhas competências como líder empresarial.

Essa jornada de mais de uma década no Brasil deu origem a um modelo empírico de liderança que nominei "Modelo de Estágios de Maturidade" e apresentarei como fechamento desta Parte II. Ele coloca em perspectiva meu processo de progressão numa escalada de amadurecimento, conforme aprofundarei nos dois capítulos que compõem esta segunda parte do livro. Você entenderá melhor como a forma de gestão que apreendi no Brasil, e os múltiplos papéis que desempenhei como CEO, influenciaram o desenvolvimento de distintas inteligências, estilos de liderança e focos de gestão.

Sem a pretensão de que seja um modelo universal, descreve meu caminho e minha experiência. Ficarei feliz se puder ser útil para inspirar outros líderes em suas caminhadas de vida. Ele identifica quatro tipos de inteligência: cognitiva, socioemocional, cultural e espiritual; e faz-lhes corresponder quatro estilos de liderança: operacional e financeira, relacional, orientada por valores e a serviço da sociedade. Nesses quatro patamares de maturidade, mudam também os focos de gestão: valor, reputação, cultura e "bem maior".

A transformação ao longo desses estágios ocorreu precisamente numa importante década para mim – de acordo com as noções de antroposofia de desenvolvimento humano –, que englobou o setênio dos 42 aos 49 anos, altura em que a importância da dimensão física decai e sobressaem as dimensões psicológica e espiritual.

Em termos muito práticos, observei que, quando cheguei ao Brasil, em 2008, com 37 anos, estava muito centrado nos conceitos de liderança praticados na Europa, focados no processo e na organização como meios primordiais de se alcançar máxima eficácia. Passados treze anos, regressei a Lisboa com uma visão holística e integradora da gestão de uma empresa.

No Brasil, descobri, com o passar do tempo, uma maneira diferente e mais poderosa de liderar e de fazer acontecer a transformação. Que parte da alma e do coração e mobiliza, envolve, acolhe e motiva as pessoas à nossa volta. Ela resulta da nossa conexão profunda com o meio envolvente e com a sociedade em que atuamos. É um jeito muito mais espiritualizado e emocional de liderar.

Uma liderança menos processual e mais de pessoas, menos estruturada e mais orgânica, menos centrada na empresa e mais no "bem maior". Mais preparada para lidar com a volatilidade dos tempos atuais. Com propósito, querendo contribuir para o bem comum e para lidar com a emergência em que vivemos em escala planetária e com as grandes causas dos tempos atuais.

Fui feliz nesse processo de descoberta, em que coloquei a razão e o coração na mesma pauta. Não deixei de exercer uma liderança eficaz, como decorre dos cânones europeus, mas consegui trazer uma dimensão holística e transformadora, que transbordou para fora da própria EDP. Junto com mais de três mil colaboradores diretos, apropriei-me do propósito de que existimos para dar nosso melhor e usar nossa energia para cuidar sempre melhor de nós e dos outros. Os planos têm de ser cumpridos. Mas na gestão humanizada, há espaço para muito mais, com princípios e papéis que deram sentido ao título "Um líder diferente" desta segunda parte da leitura, que se inicia aqui.

4
BRASILIDADE NA GESTÃO

Meu crescimento como líder foi um processo gradual, e há vários momentos nessa transformação que considero simbólicos. O ponto de virada para uma liderança verdadeiramente humanizada deu-se quando assumi o combate à sinistralidade dos nossos eletricistas como o principal objetivo de uma mudança cultural na empresa.

Foi nesse momento que percebi que não conseguiria mudar nosso desempenho na área de segurança sem transformar o modelo mental (ou *mindset*) instituído em nossas equipes. Senti o apelo de me empenhar a fundo nessa causa pelo senso de responsabilidade de proteger a vida dos nossos colaboradores.

Até hoje me emociono só de lembrar da perda de um eletricista no dia que era aguardado pela filha, para celebrarem o aniversário dela. Nossa equipe teve de contatá-la e comunicar que o pai não retornaria para casa porque havia sofrido um choque elétrico fatal. Histórias tristes como essa me marcaram. Ainda mais porque os números estavam aumentando.

Entre 2012 e 2015, o número de acidentes fatais e com afastamento de colaboradores da EDP Brasil havia aumentado 50% – de oito para doze, sendo que registramos três fatalidades. Mas não era só com os colaboradores próprios que nos preocupávamos. Os acidentes com prestadores de serviço também aumentaram no mesmo período. O total de acidentes com próprios e externos mais do que quadruplicou entre 2012 e 2015.

Durante os quatro anos em que fui o vice-presidente responsável pela distribuição (2010-2013), já tinha elegido a segurança como prioridade estratégica. Mas a abordagem que seguimos não conseguiu tocar na essência do problema: o modelo mental dos

90 · Gigante pela própria natureza

eletricistas. Reforçamos inspeções, reforçamos equipamentos de segurança, reforçamos políticas de consequência e comunicação. Mas a verdade é que não fomos tão fundo como a partir de 2015, com a mudança de cultura.

Como líder da empresa, eu não poderia conviver mais com aquelas perdas humanas sem buscar resultados efetivos na redução de acidentes. Entretanto, logo percebi ser ineficaz simplesmente impor regras, pois havia certa resistência a cumpri-las. Ouvíamos dentro da empresa algumas crenças como que "usar luvas isolantes não era para homem macho" e coisas parecidas.

Havia ainda o grupo que relaxava no uso dos Equipamentos de Proteção Individual (EPI) por confiar exclusivamente em seus anos de experiência naquela atividade, sendo que havia se acostumado a realizar os procedimentos de maneira, digamos, simplificada. Infelizmente, para alguns, chegava o dia em que algo inesperado acontecia, e aquilo que fizeram pela vida toda não acabava bem.

O trágico desfecho de uma luva de raspa encharcada (não adequada para proteger trabalhos em tensão) que conduz a corrente elétrica, de um toque inadvertido num circuito em tensão, ou de tantas outras situações que levavam trabalhadores a óbito, teria de ser evitado. Na maior parte das vezes, não eram jovens falhando por falta de prática. Esses, pelo contrário, agiam com certo receio, redobrando a cautela.

O perfil que mais se acidentava gravemente tinha muitos anos de empresa e de experiência. Portanto, o modelo mental precisava ser mudado para evitarmos mais perdas humanas.

A questão da redução dos acidentes foi o *wake-up call*, o cair-da-ficha, um ano após eu ter assumido a presidência, de que somente conseguiríamos mudar a forma como as pessoas lidavam com a segurança se mudássemos a forma como elas pensavam a respeito. E o mesmo valia para outras questões importantes que marcavam a cultura da empresa, nomeadamente a forma como as pessoas lidavam com o risco, ou a predisposição para a mudança e para a inovação.

Processos com propósito

Mudança de cultura talvez fosse um tema no qual jamais pensaria se não tivesse viajado para liderar a companhia no Brasil. A visão europeia que eu trazia na bagagem era muito focada no processo, na organização, na estruturação, na eficiência, na conformidade (*compliance*).

O objetivo de um líder na Europa é, em primeira análise, ser eficaz. Fazer acontecer aquilo a que se propõe por meio de uma abordagem analítica e processual, numa sequência objetiva de diagnóstico, planejamento, implementação. Com repetição e consistência na execução, não há dúvida de que produz os resultados almejados.

Não deixa de ser uma visão taylorista do trabalho: *input*, processo, *output*. No entanto, também constatei que esse modelo, no Brasil, conduz a organizações medianas. Costumo dizer que resulta em "organizações ok". Cumprem o orçamento, o plano anual, os procedimentos internos. Cumprem tudo o que é mensurável.

No entanto, aquilo que diferencia uma empresa excepcional prende-se não só à capacidade de planejar e fazer acontecer. Mas sim com o *extra mile*, o ir além do que está planejado, o exceder as expectativas de clientes, o inovar de forma disruptiva. Tudo isso emerge geralmente de culturas fortes, com pessoas altamente engajadas e comprometidas com um propósito maior. Isso não se descreve nos planos, nos orçamentos, nas planilhas de controle.

Por isso, não me restringi a ser um líder analítico e processual, que usa essencialmente sua inteligência cognitiva e determina um conjunto de atividades, explica como é que faz e coloca prazos, monitorando a execução, muito ao estilo europeu.

Ressalto que os processos precisam existir no Brasil, pois o planejamento é uma ferramenta poderosa para uma gestão eficaz. No entanto, é muito mais transformador quando liderança e liderados trabalham motivados por um propósito comum e alinhados pelos mesmos princípios. As pessoas vêm para a empresa com uma energia transformadora, com uma abordagem criativa, trazem novas propostas.

Eu aprendi como realizar essa mudança de cultura e constatei que esse é o caminho que produz impacto diferenciado. Foi muito poderoso no meu processo de humanização da gestão conduzir a mudança da cultura prevalecente na EDP Brasil.

O poder do engajamento

Fez grande diferença na minha liderança ter tomado a consciência de que somente se muda uma empresa, ou qualquer tipo de organização, transformando a mentalidade daqueles que nela atuam. Caso contrário, não se muda nada. Líderes podem criar regras, atualizar processos, expandir a operação. Entretanto, sem fazer o necessário para alterar a cultura, dificilmente as pessoas que estão ali reagirão de uma maneira nova aos mesmos estímulos.

As pessoas precisam estar dispostas a acolher a mudança na forma de trabalhar e de se relacionarem na empresa como algo positivo para a vida delas.

Em outras palavras, procurei entender como chegar ao coração dos colaboradores para que as mudanças que desejava que eles operassem fossem genuínas, e não forçadas. No Brasil, é muito vincado o papel da hierarquia, tão bem descrito pelo ditado popular "manda quem pode, obedece quem tem juízo". Esse traço da cultura brasileira, com raízes históricas óbvias, leva muitas vezes as pessoas a ficarem aguardando por orientações das chefias, em vez de adotarem uma atitude proativa.

Para mim, era claro que essa característica cultural, ainda mais acentuada por um setor tradicional como é o elétrico, estava "travando" a empresa, evitando que as mudanças ganhassem ritmo. Realmente, somente tocando no coração das pessoas conseguiríamos criar o contexto interno adequado, no qual as pessoas se sentiriam seguras para mudarem de comportamento.

A mudança da cultura organizacional levou a EDP Brasil a prosperar com sinergia, êxito e responsabilidade, principalmente por causa do engajamento dos mais de três mil colaboradores. Não teríamos o mesmo resultado colocando "força bruta" ou um manual pronto a ser seguido.

Comecei esse movimento em 2015 e foi-me trazendo gratas surpresas quanto mais eu conseguia balancear razão e coração. Desse equilíbrio nasceram os doze princípios da cultura da EDP, sendo que o primeiro estava diretamente ligado à questão da segurança no trabalho.

Esses princípios foram definidos com a participação de mais de 1.700 pessoas internamente, usando uma metodologia de gamificação. Distribuímos um jogo de cartas para que pudessem escolher, dentre 28 princípios, sete com os quais mais se identificavam. A ideia era que formassem quartetos para discutirem em grupo e apresentarem aos demais participantes as suas escolhas.

Com base nos princípios mais pretendidos pelos colaboradores, acabamos alargando de sete para dez, para não perdermos alguns traços relevantes. A diretoria juntou mais dois que considerava muito importantes (sobre inovação e o cliente), e assim resultaram os doze princípios da cultura EDP:

1. A vida sempre em primeiro lugar;
2. Respeito incondicional;
3. Ética e a busca do melhor para todos;
4. Responsabilidade pelo todo;
5. Coerência no falar e no fazer;
6. Justiça na igualdade e na diferença;
7. Foco em soluções e no propósito maior;
8. Busca da excelência pelo humano;
9. Espírito de equipe e companheirismo;
10. Conhecimento compartilhado;
11. Inovação constante;
12. Cliente: a nossa razão de ser.

Os doze princípios davam corpo a um propósito único, que tocou o time no seu íntimo, de "usar a nossa energia para cuidar sempre melhor". Essa energia era entendida no sentido humano e no literal, a eletricidade que a EDP gera, distribui e comercializa. O cuidar é sinônimo de calor, amor, atenção – ininterruptamente – para as pessoas que trabalham à nossa volta e de todos os *stakeholders* da empresa: clientes, fornecedores, acionistas, comunidades, meio ambiente, entre outros.

Definimos uma visão integrada e holística, guiada pela noção do valor compartilhado. Com os doze princípios, assumimos o compromisso coletivo de construir narrativas para transformar o nosso propósito em valor para todas as partes envolvidas na nossa atividade empresarial.

Para nos assegurarmos de que todo mundo estava compreendendo quais os comportamentos esperados em cada um dos princípios, realizamos sessões de "aculturação", que duravam umas quatro ou cinco horas, com exemplos de situações reais e simuladas (*role plays*), que tangibilizavam esses comportamentos. Totalizamos vinte mil horas dessas sessões para os mais de três mil colaboradores e, posteriormente, para milhares de prestadores de serviço da EDP Brasil.

Se eu tivesse usado o modelo tradicional do mercado, em especial o europeu, baseado em comando e controle, aplicando algum tipo de coerção, não funcionaria. Vivenciei ser muito mais eficaz mobilizar o time pelo encantamento do que cada um pode vir a ser e a fazer, do quanto pode aportar, desenvolvendo-se e realizando-se pessoal e profissionalmente, com os benefícios que gera na empresa e na sociedade. Nesse sentido, minha liderança foi o fio condutor para implantarmos essa cultura de "usar a nossa energia para cuidar sempre melhor".

Ainda mais que o tratamento interpessoal no Brasil é mais fluido. Há um jogo de cintura, uma maneira mais flexível de lidar com os dilemas e desafios. Europeus centram-se nos planos, nos modelos, nas planilhas. Brasileiros iniciam as reuniões comentando sobre a família ou o fim de semana, depois falam dos números e metas.

Isso não é invasivo ou antiprofissional. Apenas demonstra preocupação com o outro, interesse em saber como fazê-lo mais feliz no seu local de trabalho. Quando o meu time se sentiu acarinhado dessa maneira plena, devolveu com respeito e presença – usando sua energia na capacidade máxima de dedicação e comprometimento no trabalho.

Um segredo desvendado

A primeira tentativa de implementar uma transformação organizacional havia ocorrido anos antes, em 2009, com o "Projeto Vencer". Eu, como vice-presidente na época, com o CEO António Pita de Abreu e o CFO Miguel Amaro, estávamos entusiasmados com as oportunidades de crescimento dessa operação. Entretanto, nós, os três portugueses, ainda vínhamos imbuídos do modelo mental europeu, de criar as regras e transmitir às equipes para cumprirem.

Fazia parte da nossa equipe, em 2010, um colega brasileiro – Luiz Otavio Henriques, com seu histórico do setor elétrico, muito experiente e competente. Mas há que se admitir que a matriz portuguesa tinha muito peso nessa diretoria.

Lembro de estar em casa à noite escrevendo as "Regras de Ouro" do "Projeto Vencer" como se fossem mandamentos sagrados, e eu me sentia inspirado, convencido de que representariam um marco para a empresa. Alguns dias depois, esse conteúdo seria anunciado a todos, e a nossa expectativa era de que a hierarquia "teria" de fazer acontecer a mudança, em modelo de cascata. Vejo hoje que não sabíamos *como*. Nenhum de nós tinha operado uma verdadeira mudança de cultura e pensávamos que poderíamos vir a fazê-la para o Brasil com os cânones europeus.

O "Projeto Vencer", no que diz respeito à mudança de cultura, não foi efetivo, por ter sido elaborado de cima para baixo. O projeto foi bem-sucedido com relação à redução da estrutura e da hierarquia da empresa e à atribuição de maiores níveis de autonomia aos nossos gestores.

Em vez de seis níveis hierárquicos (Diretor Estatutário, Diretor Corporativo, Superintendente, Superintendente Corporativo, Gerente e Gerente Operacional) passamos a ter três (Diretor, Gestor Executivo e Gestor Operacional). Tínhamos cerca de 250 gestores e passamos para 150, uma redução expressiva de 40%, que realizamos de forma acelerada. Cerca de sessenta gestores foram realocados internamente para novas funções ou com um enquadramento profissional diferente. Os restantes quarenta, infelizmente, tiveram de abandonar a companhia, para alinharmos nosso dimensionamento às melhores práticas de mercado.

O segredo só foi desvendado seis anos mais tarde, quando já tinha uns bons anos de Brasil e adequei o nosso modelo de gestão, com uma visão muito mais colaborativa e aberta, chamando os colaboradores a participarem da criação dos princípios que eles mesmos seguiriam. Com isso, o "Projeto Cultura", desenvolvido em 2015, revelou-se um caminho bem-sucedido de transformação.

Envolvemos as pessoas, criamos um movimento interno, abraçamos um propósito comum e, com tudo isso, demos uma virada na cultura organizacional.

Para mim, foi uma experiência transformadora e das mais profundas e tocantes que vivi no meu percurso como líder. A essa altura, eu já era Presidente da EDP Brasil e aproveitava o que aprendera nos últimos sete anos no Brasil.

Como relatei, o propósito e os princípios desse segundo projeto de mudança organizacional foram debatidos com um universo grande de colaboradores e prestadores de serviço da EDP Brasil. Portanto, um processo totalmente participativo e de muita efervescência de ideias, contribuições e ponderações, com as pessoas refletindo sobre o futuro da companhia e delas próprias. Depois, a diretoria colocou uma pimenta aqui, outra ali, completando os condimentos que faltavam. E pronto.

Dessa vez, contrariamente ao que havíamos feito no "Vencer", não fizemos uma comunicação de cima para baixo, mas sim com as sessões de "aculturação" e algumas surpresas. Luis Gouveia até criou uma música para cada um dos doze princípios, percorrendo com seu violão os andares da nossa sede, em São Paulo, e outros ambientes da companhia nessa empreitada. Chegamos a fazer concertos musicais com a Banda EDP, liderada por ele, em várias instalações da empresa.

Dessa maneira leve, lúdica e engajadora, nós íamos falando dos novos valores da EDP Brasil. Falando de segurança, de inovação, de ética, de cliente, enfim, de tudo o que queríamos nesta "nova EDP". Fizemos um trabalho consistente e nos cinco anos que se seguiram fomos sentindo a mudança da mentalidade da empresa.

Chegamos a desenvolver um modelo de felicidade na EDP, com sete etapas de engajamento das pessoas e mais de trinta práticas de gestão que davam corpo a esse modelo. Depois de uma dimensão mais intangível, adicionamos rotinas de gestão, que refletiam e sustentavam a nova cultura. Detalharei o modelo de felicidade na Parte III deste livro.

Vivi, de certa maneira, o *"flywheel effect"* de Jim Collins[18], por estar à frente de algo que exigiu bastante esforço no início, até que ganhou impulso e cresceu quase por si só. O consultor norte-americano usa a metáfora de um volante de inércia (roda bem pesada), que precisa ser empurrado para que se movimente com vigor, até um ponto de avanço sem retorno. E posso atestar que é uma dinâmica que não se controla quando a mudança cultural, iniciada do jeito correto, se concretiza.

Mais impressionante ainda foi constatar como uma companhia com mais de três mil pessoas, quase um transatlântico, passou a se mover com mais agilidade. Nunca mais ficou estática. De fato, começou a "voar". Quando as pessoas estão alinhadas, cientes do papel delas e de como têm de trabalhar para crescer com a empresa, os resultados aparecem de forma cada vez mais natural e com menor nível de esforço e de intervenção.

---

[18] COLLINS, J. **Empresas feitas para vencer**. São Paulo: Alta Books, 2018.

Controlar prazos e entregas, fazer reuniões de crise e planos de ação para recuperar atrasos... Tudo isso faz as organizações perderem energia. Se estão em estado de hibernação, o líder tem que ficar empurrando com muito dispêndio de energia. Já quando você só tem que dar um impulso inicial, e a organização "voa" sozinha, consegue direcionar energia para desenvolver as pessoas e os negócios.

"A cultura come a estratégia no café da manhã"

Nesse processo de transformação, foi profundamente inspirador ter feito o curso da Amana-Key com Oscar Motomura, mencionado no Capítulo 2, cinco meses antes de passar a CEO. Fui acompanhado de quatro diretores da distribuição, área de negócio que liderava à época. Havíamos formado uma equipe de gestão nessa unidade, sendo a maioria engenheiros do setor elétrico, muito fortes tecnicamente e sentindo necessidade de aprender mais sobre a dimensão humana.

Voltei da imersão de uma semana decidido a tentar mudar a maneira como os colaboradores pensavam sobre segurança, inicialmente e, depois, todo o resto. Tornar a empresa mais inovadora, mais aberta para o mercado, menos hierarquizada, com mais ambição. Tudo isso dentro de um conjunto de valores e princípios que seriam traduzidos por uma organização mais sólida, mais competitiva, mais responsável.

Oscar Motomura, especialista em gestão, estratégia e liderança, ajudou-nos a escolher o nosso propósito e os doze princípios da EDP Brasil. Seus *insights* e as dezenas de leituras que sugeriu contribuíram para eu avançar no entendimento do quão relevante é a cultura dentro de uma organização, chegando a ser mais poderosa que a estratégia, como o guru da gestão Peter Drucker sugere na sua famosa frase *"culture eats strategy at breakfast"*.

No Brasil, isso é ainda mais evidente, por várias características. Primeiro, por ter um entorno instável, volátil. Segundo, porque, de alguma maneira, o executivo brasileiro toma as decisões focado no curto prazo, na resolução da crise imediata, muito mais do que na programação dos próximos dez anos.

Sendo assim, ter uma cultura forte com propósito acaba por funcionar como uma estrela guia, um norte, independentemente de haver uma definição estratégica detalhada, ou se ela precisar ser revista por força das circunstâncias.

Fiz essa descoberta e fui além por perceber que poderia juntar as duas coisas: dar uma força muito grande à cultura e com ela orientar a organização em determinada direção, juntando a estratégia à cultura. Com efeito, pude comunicar internamente que a estratégia era o reflexo direto da nossa cultura e do nosso propósito: sabemos que o objetivo maior é cuidar de todas as partes interessadas, e a estratégia é o que vamos fazer para cumprir esse desígnio.

O conteúdo do curso me trouxe essa visão mais humana da gestão, que não é só olhar para os resultados, mas também para a forma como obtê-los. Sou grato ao Oscar por me conduzir em vários dos estágios de maturidade, como ser humano e executivo, do modelo que apresentei. Muito em particular, no meu amadurecimento espiritual, que me permitiu desenvolver um estilo de liderança a serviço da sociedade, com a preocupação central de contribuir para o "bem maior", como veremos na Parte III.

Um banho de Brasil

Hoje, estou seguro de que transformação envolve experimentar, errar, acertar, ouvindo as pessoas em vez de intuir o que elas querem. Fiz esse movimento agregando ao sistema de trabalho europeu (em que processos são a prioridade) o brasileiro, que coloca as pessoas em primeiro lugar. Fui temperando com o otimismo, o abraço, o calor humano da cultura local. E, assim, descobri o valor de trabalhar com engajamento e criatividade, procurando ao máximo não cercear ninguém nessas qualidades.

Não tenho dúvida de que a mudança que foi ocorrendo no meu estilo de liderança, desde que me mudei para o Brasil, beneficiou muito o trabalho que desenvolvi como vice-presidente de operações da distribuição, entre 2010 e 2013.

António Pita de Abreu, o CEO naquela altura, convidou-me para assumir a vice-presidência, pois João Aguiar, o gestor português que me antecedeu no posto, havia regressado a Portugal. Foram quatro anos que me deram uma preparação fantástica para as decisões e responsabilidades que assumiria mais tarde, como CEO.

Foi quando me conectei com o tecido social brasileiro na sua essência e descobri que a adaptação à cultura brasileira me daria grande impacto como CEO, um patamar que nunca teria alcançado se tivesse imposto a minha cultura de origem.

Como presidente das duas distribuidoras e vice-presidente do negócio na diretoria da *holding*, percorri muitas regiões do estado de São Paulo: do município de Guarulhos até Cruzeiro e Aparecida do Norte, na fronteira com o estado do Rio de Janeiro. Poá, Ferraz de Vasconcelos, Mogi das Cruzes, São José dos Campos, Jacareí, Itaquaquecetuba, além das litorâneas Caraguatatuba e São Sebastião.

Nossa concessão abrangia 28 municípios, especificamente nas regiões do Vale do Paraíba, do Litoral Norte e do Alto Tietê. Também viajei pelo Espírito Santo, de norte a sul do estado, que equivale em território a cerca de metade de Portugal. Reuni-me com seus prefeitos. Lidei com os órgãos reguladores, de proteção e defesa do consumidor (Procons) e de licenciamento ambiental; com governantes estaduais e demais políticos. Fiz uma liturgia enorme e me expus à realidade daquilo que é o Brasil profundo.

Na distribuição, a estratégia é "fazer acontecer", não dá para o líder se afastar muito dos objetivos concernentes à atividade de distribuição. Todos os dias é preciso entregar energia aos clientes com segurança e qualidade, pelo custo mais baixo possível. Com esse foco, eu também fazia *road shows*, reunindo-me com os eletricistas. Realizamos encontros com centenas por vez em cidades bem populosas e onde temos muitos serviços, como as paulistas Guarulhos, São José dos Campos e Mogi das Cruzes, ou Vitória, no Espírito Santo.

Por estarmos em um país tropical e com rede de distribuição aérea, sempre havia intercorrências. Certa vez, tivemos uma tempestade tão forte em Guararema, que a cidade paulista ficou sem energia durante alguns dias. Nossos eletricistas foram verdadeiros heróis, indo até onde nem os bombeiros iam devido aos deslizamentos de terra, árvores caídas travando a passagem... Estive com eles para agradecer pelo atendimento.

Também decidi ir pessoalmente, acompanhado da diretoria da EDP São Paulo, nossa distribuidora local, a uma audiência pública promovida pela prefeitura, e encontrar-me com os políticos, ativistas, jornalistas e demais representantes daqueles moradores. Fomos muito mal recebidos. No fundo, todos estavam magoados, dizendo que a EDP não tinha prestado um bom serviço. Sem nos intimidarmos, afirmamos o compromisso de realizar melhorias em nossa rede de distribuição na região.

Mas não era só o clima que criava situações inesperadas. A distribuição de energia, por lidar com toda a sociedade, é um corpo vivo, pulsante. Lembro também do dia em que cheguei a Guarulhos para negociar débitos, em uma reunião agendada com o prefeito, sem imaginar que participaria de um evento público. Rapidamente, eu me vi na sala magna, decorada com frutas e outros produtos agrícolas, ladeado de autoridades, anunciando uma parceria para hortas comunitárias em nossas faixas de servidão – as áreas sob as linhas de distribuição.

Pode ter ocorrido uma falha de comunicação da minha equipe, mas o fato é que eu nunca havia ouvido falar daquele assunto até chegar à prefeitura naquele dia. Ali estava eu, numa mesa presidencial, perante uma centena de pessoas, discursando sobre a importância daquela parceria. Tive de improvisar em cima do acontecimento. Como dizer não? Era a imagem da empresa e o relacionamento com o prefeito e a sua equipe que estava em pauta.

Conto essas passagens para ilustrar que também tive de estimular minha capacidade de administrar situações não programadas, fora do roteiro. Ainda por cima, sendo um estrangeiro, lidava com a dificuldade da língua e a preocupação de ser entendido pelas pessoas mais humildes.

Eu me via como uma espécie de líder pregador, percorrendo os lugares de novo e de novo, conversando muito com as pessoas da empresa sobre a importância do trabalho delas para aquela região e para o grupo EDP. Esses quatro anos à frente da distribuição foram um banho de Brasil na sua essência.

O valor da diversidade

Na minha equipe da distribuição trabalharam, em momentos diferentes, vários diretores, entre portugueses e brasileiros. Michel Nunes Itkes, Agostinho Barreira, Sérgio Martins, Fernando Saliba, Francisco Fernandes e Maurício Pereira. Meu maior intuito era constituir e motivar esses profissionais, na sua maioria engenheiros com larga experiência na operação do setor e forte conhecimento técnico.

Fomos, obviamente, fazendo algumas variações de funções e responsabilidades. Por exemplo, Michel era um "mineirinho" muito competente na direção comercial, que depois promovi a vice-presidente das distribuidoras quando fui nomeado CEO.

Eram culturas diferentes trabalhando juntas, com distintos perfis atitudinais. Por exemplo, havia o sério e o brincalhão, o extrovertido e o mais introspectivo, além do supertécnico e do comercial. Eu exercitei orquestrar uma convivência produtiva, sem deixar de compreender o que era intrínseco, para que cada um não precisasse representar um papel distante da sua maneira natural de atuar.

Com isso, acabei aprendendo muito sobre como acolher as pessoas e valorizar as diferenças, sem achar que um perfil seja melhor ou pior que o outro. Todos podem ser bem orientados e usar suas características para terem impacto positivo na organização. Começando por mim, que fui moldando meu estilo de gestão e minha forma de interagir, quanto mais ia conhecendo prefeitos, secretários, clientes e colaboradores nesses rincões do país.

Uma constelação de públicos diferentes

O CEO Pita de Abreu foi embora em 2012. Ana Maria Fernandes, membro do conselho de Portugal, foi enviada ao Brasil e permaneceu como CEO por quase dois anos. Em janeiro de 2014, assumi a presidência, e meus desafios ganharam contornos nacionais, não mais regionais.

As viagens passaram a ser principalmente para a capital do país, Brasília, em encontros especialmente no Ministério de Minas e Energia, na Agência Nacional de Energia Elétrica (Aneel), na Casa Civil e na própria Presidência da República; e para o Rio de Janeiro, em visitas à Eletrobras, à Empresa de Pesquisa Energética (EPE), ao Operador Nacional do Sistema Elétrico (ONS). Depois, para os estados onde estávamos fazendo expansão, como Rio Grande do Sul, Santa Catarina, Ceará, Amapá e Pará.

Meu campo de atuação passou a ser outro, e os interlocutores também. Com muito foco entre São Paulo, por concentrar o poder econômico, Rio de Janeiro, por sediar órgãos importantes do setor elétrico e Brasília, onde reina a política. Expandir os públicos me fez desenvolver ainda mais a habilidade de lidar com as pessoas, conciliando os mais variados interesses e necessidades.

Cada público me demandava uma atenção diferente. O exercício que fiz de criar e manter relações harmoniosas com pessoas, principalmente com os colaboradores, refletia muito do que eu procurava oferecer como gestão humanizada e, por efeito, transformadora.

104 · Gigante pela própria natureza

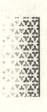 **Cada público exigiu de mim a demonstração de diferentes capacidades. As preocupações eram distintas; o sentimento que prevalecia, em cada momento que partilhamos, também.**

O jeito de abordar cada público era único. Com os eletricistas, eu tinha momentos de empatia e de escuta ativa, para entender suas demandas básicas. Cinco minutos da atenção do CEO sinalizam não serem vistos como números. Um abraço, um sorriso, saber o nome do filho, perguntar como está o pai dele (que também trabalhou na empresa e se aposentou) têm um valor enorme.

Nessa escadinha, há também os que estão no nível intermediário, de gerência e diretoria, que também buscam ser ouvidos e orientados. Como líder deles também, sempre procurei estar próximo, mas sem que me relacionasse com a base da pirâmide somente por intermédio deles. Para que minha mensagem chegasse a todos, havia momentos de juntar os vários níveis; quando eu me expunha, me tornava o mais atencioso e acessível possível, conversava, sem os tradicionais filtros hierárquicos.

Depois, vem o relacionamento com os vice-presidentes, mantendo-os motivados, reconhecendo sua lealdade e gerindo o poder que almejam ter. Esse poder é frequentemente mensurado pelas áreas a comandar e pela fatia no orçamento. Há, ainda, os investidores, que estão em Nova York, Londres, Dubai, Singapura, Hong Kong e outras praças financeiras, que ficavam surpreendidos com a política brasileira e as decisões que afetavam nosso setor.

Na minha trajetória como CEO da EDP Brasil, descobri um universo de relacionamentos complexo e alargado. Não seria exagero dizer que fiz contato com milhares de pessoas diferentes, em contextos muito distintos. Desde os rincões do interior do país às grandes praças financeiras. Não tenhamos dúvida de que este foi um dos grandes aprendizados da minha vida no Brasil.

O sucesso da minha missão dependia da qualidade desses relacionamentos. No Brasil, os relacionamentos são notadamente uma das variáveis mais importantes na vida de um executivo. Por um misto de vocação e necessidade, investi muito do meu tempo na construção de relações profissionais de qualidade, geridas com um toque de brasilidade.

Construí uma constelação de relacionamentos à escala do Brasil. Dei atenção a tantos públicos que minha liderança foi ficando madura com esse trânsito de papéis, múltiplos, conforme aprofundarei no capítulo seguinte.

5

MÚLTIPLOS PAPÉIS

Se você me perguntasse qual o grande destaque do meu primeiro ano de vida executiva no Brasil, contaria esta história. Estávamos enfrentando uma situação de conflito com as instituições locais por causa da distribuidora Enersul, controlada pela EDP desde 1999, três anos depois de ter entrado no mercado brasileiro. Localizada no Mato Grosso do Sul, era uma empresa pública que havia sido privatizada.

Quando a compramos, nós nos empenhamos em fazer a melhor administração que se poderia ter, alterando práticas adotadas normalmente por administrações estatais, como contratação de profissionais por indicação política. Passamos a privilegiar a nomeação de gestores profissionais para os cargos executivos e aprimoramos os critérios de financiamento de projetos externos. Entre as muitas alterações, várias foram "antipáticas" aos olhos de alguns grupos que tiveram seus interesses afetados.

Tal postura nos causou um grande mal-estar no relacionamento com o ambiente político local, que estava incomodado com a nossa maneira de gerir a ex-estatal. E também com o órgão regulador, quando uma auditoria apontou ter ocorrido cobrança tarifária mais elevada do que deveria ter sido praticada. A alegação era de que tínhamos na nossa base de ativos uma dupla contabilização. A base já havia sido certificada e aprovada pela agência reguladora, mas acabou por se constatar o dito erro, e tivemos que devolver cerca de 180 milhões de reais em três anos.

Não pretendo me alongar, mas chegamos ao ponto de ter nosso trabalho analisado por Comissões Parlamentares de Inquérito, as CPIs. Os próprios executivos da EDP não eram bem-vindos em Campo Grande, a capital.

O clima era de muita tensão quando cheguei ao Brasil, em janeiro de 2008, com o desafio de buscar uma solução apaziguadora para esse imbróglio. Foi o meu primeiro projeto, e tentei recuperar o relacionamento. Momentaneamente, depois de algumas visitas que realizei a destacados políticos sul-mato-grossenses, pela mão do bom amigo e experiente advogado Dr. Nircles Breda, parecia que íamos caminhar para um cenário positivo. Até concluirmos não haver mais volta.

O melhor a fazer era vender a empresa. Decidimos, então, propor um *swap* de ativos ao Grupo Rede, empresa familiar brasileira com forte presença no setor energético. Na prática, trocaríamos a distribuidora no Mato Grosso do Sul, com cerca de 700 mil clientes, por 45% de ações de uma geradora hidrelétrica no Tocantins, na qual já tínhamos participação minoritária. Com a transação, cedemos o controle da Enersul e assumimos 73% do capital votante da Investco, detentora da concessão da Usina Hidrelétrica Luz Eduardo Magalhães, também conhecida por Lajeado, passando a ser acionistas majoritários.

Uma circunstância particular na negociação foi o pouquíssimo tempo que tivemos para uma transação tão complexa. Conversamos – António Pita de Abreu, o CEO da EDP Brasil àquela altura, e eu – com o acionista e presidente do Conselho do Grupo, Dr. Jorge Queiroz, e com a CEO, Carmem Campos Pereira, nos seus escritórios na Avenida Paulista, em São Paulo. A executiva nos relatou estarem fazendo uma oferta pública inicial (IPO) na Bolsa de Valores. Por isso, teríamos apenas doze dias para essa troca de ativos ou não seria mais possível. Esse era o prazo para o Grupo Rede registrar na Comissão de Valores Mobiliários (CVM) o prospecto preliminar da oferta.

Se permutar imóveis residenciais em doze dias já seria difícil, imagine um negócio envolvendo essa usina avaliada em mais de 1,5 bilhão de reais. Só que a participação deles era de 700 milhões de reais, o mesmo valor patrimonial da Enersul, o que simplificou muito a transação em termos financeiros e fiscais.

Para uma empresa privada era um marco. Já tínhamos a Enerpeixe, com cerca de 450 megawatts (MW) de capacidade, também no Tocantins, além de outras usinas menores no Espírito Santo. Realmente Lajeado era grandiosa – a maior usina hidrelétrica em posse da iniciativa privada no Brasil –, com cerca de 900 MW. Encerramos aquele ano com 1.702 MW de capacidade instalada, 63% a mais que em 2007.

Para esse crescimento, foi determinante controlar também a maior usina hídrica do portfólio do Grupo EDP. Já a Enersul faz atualmente parte do Grupo Energisa, empresa controlada pela família Botelho, presidida pelo destacado executivo Ricardo Botelho.

Essa transação da troca de ativos possibilitou um reposicionamento, com a saída de um negócio que estava difícil e uma entrada vitoriosa na área que era a nossa aposta estratégica àquela altura. Significou eliminar o risco de sorver-nos em conflitos, concomitantemente a uma expansão no negócio da geração hidrelétrica.

Na época, a operação foi bem avaliada pelos investidores, aclamada pelo mercado, até ganhou prêmios. E essa foi minha estreia no Brasil, como vice-presidente responsável pelo *business development*: a de conduzir uma negociação complexa pelo exíguo prazo disponível, bem como pela dimensão afetiva nela envolvida. Propusemos ao Dr. Jorge que passasse o controle da maior usina privada no Brasil para a EDP, até então pertencente ao grupo que seu avô fundou. Portanto, existia um valor intangível nessa transação.

Depois do aceite, tivemos uma semana para juntar as pontas, discutindo os detalhes com advogados internos e externos, com os bancos que tivemos de contratar; e ainda teríamos de obter as aprovações necessárias dentro da EDP.

Claro, tomei essa decisão em total sintonia com António Pita de Abreu, que havia se mudado na mesma data que eu para o Brasil e ocupado a presidência por quatro anos. O terceiro executivo expatriado conosco era Miguel Amaro, vice-presidente de controle de gestão. No ano seguinte, tornou-se CFO, assumindo a área de Finanças e Relações com Investidores.

Continuamos atuando no segmento de distribuição com as empresas Bandeirante, mais tarde denominada EDP São Paulo, e com a Escelsa, mais tarde denominada EDP Espírito Santo. O melhor foi que consolidamos uma posição de operador integrado com portfólio equilibrado entre distribuição, geração e comercialização de energia. Fiquei feliz por ter contribuído para isso e ter ajudado a resolver um problema que parecia irresolúvel.

Essa experiência no Mato Grosso do Sul foi valiosa também para a compreensão de que uma multinacional no Brasil deve estabelecer parcerias com o poder político local, obviamente respeitando todos os preceitos do *compliance*. Ao liderá-la como CEO, procurei sempre estabelecer relações de cooperação econômica e social com os governos dos estados onde atuávamos, contribuindo para o desenvolvimento do país e de cada região que nos recebia.

Respeitar todas as partes

São muitos os desafios enfrentados por um executivo à frente de uma grande empresa, para que ela se mantenha em uma posição cada vez mais sólida e competitiva. Mas na minha história, há dimensões que foram muito além da busca pela excelência técnica, como nessa negociação que acabei de relatar envolvendo um conflito institucional.

Encontrei no Brasil infinitas situações abarcando também um plano institucional, maior do que eu mesmo imaginaria. Graças a elas, pude fazer uma virada completa como líder, exercitando mais de dez papéis diferentes neste país único.

No papel de negociador, eu era guiado pelo lema "respeitar todas as partes". E realmente tinha exercícios diários sobre como construir relações harmônicas e produtivas com diferentes públicos com os quais tratava de assuntos pertinentes ao negócio, como representantes do poder legislativo, reguladores e líderes sindicais.

A propósito, é muito comum os sindicalistas serem vistos como adversários das administrações das empresas. Mas para mim, a atividade sindical é importante e buscava sempre estabelecer relações de confiança com os seus líderes, a ponto de abrir canal de diálogo pelo próprio WhatsApp.

Chegavam mensagens de simpatia, como as de Eduardo Annunciato, conhecido por "Chicão", Presidente do Sindicato dos Eletricitários de São Paulo, eleito em 2015, parabenizando-me pelo trabalho que estava fazendo. Eu retribuía, reforçando meu apreço por considerá-lo um líder sindical qualificado e engajado.

O mesmo acontecia com Edson Wilson, conhecido por "Edinho", respeitado Presidente do Sinergia – Espírito Santo, com quem também sempre mantive relação de confiança. Edinho fazia parte do Conselho de Administração da EDP Espírito Santo e, sendo economista, acompanhava e discutia com profundidade a realidade econômica da empresa.

Conseguíamos bons acordos cultivando uma relação humana com os líderes sindicais, apesar de estarmos em lados diferentes da mesa. A posição dos sindicatos não poderia deixar de ser a defesa inequívoca dos direitos dos eletricistas, batalhando por aumentos salariais e melhorias nas condições de trabalho. Sempre os respeitei por cumprirem seu papel, e esperava reciprocidade. Devo dizer que nunca tivemos grandes divergências. A nossa vontade também era sempre de zelar pelas melhores condições para os nossos colaboradores.

Às vezes, eles colocavam carro de som em frente às nossas instalações para chamar nossa atenção. Com certo barulho, faziam comunicados e ameaçavam com formas de luta mais duras. Estavam fazendo o trabalho deles. Mas no fundo, sempre nos tratamos de forma respeitosa.

Houve, ainda, uma tragédia que me entristeceu muito: o assassinato do líder sindical Carlos Alberto dos Reis, de 50 anos, o "Carlão", na noite de 18 de outubro de 2013. Fui ao velório na sede do sindicato, ainda em choque com o fato. Tínhamos nos encontrado, junto com Dr. Nircles Breda, naquela manhã, no Octavio Café, famoso ponto de encontro do empresariado da Avenida Faria Lima.

A arte de estar perto e longe simultaneamente

Se é importante que os líderes tenham um bom relacionamento com os governos? Sim. E com os órgãos reguladores das esferas federal e estadual? Também. E com o Judiciário? Sim, mas posicionando-se da forma certa com cada elo do poder.

Na minha experiência, desempenhei um papel político, que, por vezes, caminhava próximo ao de negociador, sendo fundamental estar perto e, ao mesmo tempo, longe o suficiente. Nossa relação com o poder político era constante, exigindo sempre muito cuidado para não queimar pontes, mas tampouco criar uma proximidade exagerada.

Há uma peregrinação constante para Brasília, a meca da política brasileira. Especialmente as empresas que têm regulação procuram fazer a corte na capital federal. Até 2020, tive contato com vários presidentes e ex-presidentes da República, ministros, presidentes da Câmara dos Deputados e do Senado. Ministros de Minas e Energia, conheci quatro enquanto morei e trabalhei no Brasil: Edson Lobão, Eduardo Braga, Fernando Coelho e o Almirante Bento Albuquerque.

Todos esses relacionamentos me ensinaram que há um equilíbrio bastante sensível a se manter com as esferas que decidem a política e a economia no país.

O diálogo com autoridades em nível federal é diferente daquele mais acessível que eu tinha com prefeitos e secretários municipais. Conhecer o Brasil institucional foi uma experiência enriquecedora, porque me mostrou uma máquina pública grande e complexa. O Congresso me impressionou com seus corredores cheios de assessores, políticos, jornalistas, empresários. Mostrou-me como é que se faz política no Brasil, no mais alto nível.

Naveguei nos mares da política brasileira sem nunca colocar a empresa em risco, não deixando de estabelecer um diálogo fluido, mas cuidando sempre para manter a conformidade. Por vezes, é um equilíbrio difícil, porque os políticos nem sempre estão cientes das limitações de uma companhia aberta, cotada na bolsa, e subordinada a elevados padrões de governança. Optamos sempre por nunca assumir preferências políticas, nem financiar atividades partidárias.

Outro aprendizado, por atuar em um mercado altamente regulado, foi o relacionamento com nossos concorrentes. Perante os órgãos reguladores, era necessário ter uma visão setorial, e não apenas uma defesa exclusiva dos interesses específicos da empresa. Sentávamo-nos à mesa com outros líderes como aliados, buscando soluções para os desequilíbrios econômicos e financeiros do setor e, claro, para o bem dos consumidores. Em outros momentos, podíamos ter posições divergentes, mas sempre preservando um alinhamento institucional.

Importante preservar uma relação harmônica com os concorrentes, seguindo a mesma lógica de estarmos perto e ao mesmo tempo longe o suficiente, até porque a proximidade pode tangenciar as restrições impostas pelas leis da concorrência.

Há várias associações setoriais, sendo que as principais abarcam uma quantidade grande de empresas, e os líderes precisam ter voz. A melhor maneira de evitar que nossas reinvindicações ficassem dispersas ou diluídas era juntar as maiores empresas para não perdermos identidade e engrossarmos nossas abordagens setoriais. Quando nossos pontos de vista eram divergentes, esse grupo de grandes operadores, que ficou conhecido como G6 ou G7 dependendo de quem se juntava, se dissolvia e cada empresa defendia a sua agenda. Então, "era do jogo" que empresas concorrentes ora se posicionassem juntas, ora afastadas.

A adrenalina de estar um passo à frente

Dois papéis marcantes foram o de visionário, por buscar incessantemente o novo com uma visão de longo prazo, e o de tecnólogo, pela adrenalina de estar à frente da concorrência na adoção de novas tecnologias. Eu sempre tive a motivação de trazer a tecnologia como uma pauta prioritária e de estar sempre movendo a empresa para a zona de desconforto.

Meu objetivo era de estar sempre um passo à frente da nossa concorrência. E concorríamos com empresas muito credenciadas, como a italiana Enel ou a espanhola Iberdrola, que são multinacionais de grande porte pela abrangência de seus mercados. Essas grandes multinacionais eram maiores do que nós. Teoricamente até com maior poder de fogo para investir em inovação. Mas a dimensão pode até ser um fator limitador no que se refere à agilidade.

Apesar de sermos menores em dimensão, poderíamos liderar na criação de valor para todas as partes interessadas, na inovação e sustentabilidade. Senti sempre uma adrenalina desafiante, quase viciante, quando conseguia ultrapassar nossa concorrência em qualquer uma dessas dimensões.

Decidimos concorrer para obtermos o reconhecimento como a empresa mais inovadora do setor elétrico; e chegamos no ano de 2020 ao primeiro lugar do *ranking* Valor Inovação, do jornal *Valor Econômico*. Cinco anos antes, partimos do sétimo lugar. Subimos para o quinto, depois para o terceiro, o segundo e atingimos esse grande reconhecimento público. Para isso, fomos construindo um edifício completo com múltiplas iniciativas de inovação que pudessem nos diferenciar do resto do mercado. No *ranking* de 2021, essa liderança foi mantida.

A EDP, de fato, foi pioneira do mercado brasileiro na criação de projetos em áreas como a das redes inteligentes (destaque para o primeiro laboratório de *Smart Grids* da América Latina, em parceria com a Universidade de São Paulo) ou da tecnologia *blockchain* para gestão de geração solar distribuída, além de muitas outras, que detalharei em capítulo futuro.

Durante minha liderança, a EDP Brasil se notabilizou por projetos emblemáticos, como a implantação da primeira e maior rede de recarga ultrarrápida de veículos elétricos da América do Sul – no âmbito de uma chamada estratégica da Aneel para projetos de P&D na área de mobilidade elétrica – e a instalação do primeiro corredor com postos de carregamento elétrico entre Rio de Janeiro e São Paulo, na Rodovia Presidente Dutra, em parceria com a BMW.

Mais um exemplo? O projeto do avião demonstrador elétrico. Fizemos um acordo de cooperação com a Embraer para avançarmos em tecnologia de armazenamento de energia e recarga de baterias para a aviação. Essa pesquisa representava uma nova fronteira do investimento em mobilidade elétrica, contribuindo para posicionar o Brasil como um *player* de ponta nesse mercado.

Mais uma vez, estivemos um passo à frente da concorrência. Enquanto outras empresas trabalhavam em projetos de desenvolvimento da mobilidade elétrica na dimensão terrestre (carro, carregador e corredor elétricos) – e a própria Aneel fazia chamada pública para promover o segmento – nós já conversávamos sobre como desenvolver o ecossistema da mobilidade aérea urbana, contribuindo principalmente com pontos de recarga elétrica para táxis-aéreos do futuro.

Eu me lembro da expressão de surpresa dos jornalistas nas primeiras vezes que me ouviram falar de robôs. Posso dizer com orgulho que a unidade brasileira foi a pioneira no movimento de robotização de processos no Grupo EDP e, também, entre as empresas do setor elétrico atuantes no Brasil. Em 2017, montamos um Centro de Excelência em Robotização em São Paulo (CER), que capacitou colaboradores para desenvolverem rotinas informáticas para automatizar funções administrativas. O tempo de execução de várias delas foi reduzido em 80%.

Quando retornei a Portugal, já tínhamos mais de 200 funções sendo realizadas pela tecnologia de *Robotic Process Automation*. Além de ser uma fonte de eficiência, por elevar a precisão com ganho de tempo, representou o início de uma nova abordagem digital na companhia, favorecendo um processo de requalificação dos colaboradores. Alguns viraram especialistas em programação de robôs, outros puderam se desenvolver em tarefas mais analíticas.

Motivado pelos resultados, eu queria impulsionar outras empresas a promoverem essa digitalização humanizada, preparando a sociedade para as profissões do futuro, junto com a geração de ocupações qualificadas e a garantia de um Brasil mais inclusivo. Por isso, em 2018, constituímos o Movimento Brasil Digital (MBD) em parceria com executivos da Korn Ferry (consultoria em Recursos Humanos), EY (auditoria e consultoria), IT Mídia (tecnologia e comunicação), FIAP (faculdade com foco tecnológico) e Fundação Dom Cabral (escola de negócios).

O foco era influenciar e promover o diálogo entre os setores público e privado, para a construção de propostas que trouxessem tecnologia e inovação de maneira humanizada. Nós queríamos demonstrar, com dados, pesquisas e nosso próprio exemplo, ser possível digitalizar empresas de uma maneira responsável, colocando as pessoas como prioridade nas decisões sobre inovações tecnológicas.

Antes de decidir qual será a solução tecnológica, temos a responsabilidade de decidir como vamos lidar com a dimensão social. A tecnologia veio para exponenciar e melhorar as capacidades humanas, e não para tirar o trabalho das pessoas.

Fui vice-presidente do Conselho de Administração do Movimento Brasil Digital, presidido pelo CEO da IT Mídia, outro bom amigo brasileiro, um empreendedor fenomenal, Adelson Silva. Promovemos reuniões de várias dezenas de CEOs, estudos de competitividade digital, programas de capacitação, estudos sobre tecnologias especificas como 5G, iniciativas de *advocacy* junto de Brasília, entre outras.

Desde o início, sabíamos que seria uma iniciativa com começo, meio e fim. Em 2021, deu lugar ao projeto Eu Capacito, que resultou de um objetivo inicial do MBD de atingirmos uma meta de treinamento digital de pelo menos 3 milhões de programadores.

Com essas e outras ferramentas que lançamos quando eu estava no Brasil, senti-me realizado no objetivo de fomentar um ecossistema inovador. Tanto que a EDP Brasil recebeu mais este reconhecimento no ano de 2020: foi ranqueada pelo Top 100 Open Corps (da plataforma 100 Open Startups, líder em *open innovation*) uma das cinco empresas que mais investiram em inovação aberta no Brasil, baseada na colaboração entre agentes internos e externos, ficando na primeira posição no setor de energia.

A EDP Brasil investiu em dois instrumentos fundamentais para o modelo de inovação aberta. O primeiro foi uma aceleradora de *startups* que atuam em sete verticais (energias limpas, soluções para o cliente, inovação digital, armazenamento de energia, redes inteligentes, acesso à energia e inovação em processos internos). A busca é por projetos em estágio inicial (candidatos para *seed investment*) com amplo potencial de desenvolvimento. A EDP Starter já existia em Portugal desde o ano de 2012 e teve a primeira edição brasileira em 2017.

A outra iniciativa – a primeira *corporate venture capital* do setor elétrico brasileiro – é a EDP Ventures Brasil, com orçamento inicial de 30 milhões de reais para investir em *startups* com soluções que podem trazer valor dentro das sete verticais anteriores. Além de investimento direto e participação na gestão, oferecemos apoio financeiro para a realização de projetos-piloto, acesso às áreas de negócio e ativos do Grupo EDP e seus parceiros em mais de vinte países.

Em 2020, conectamo-nos com 230 novas *startups*, quase que dobrando o volume de interações do ano anterior, dando aquele impulso do qual essas empresas necessitam, possibilitando imersões, viagens de conhecimento, acesso à informação... Dessas,

65 avançaram para sessões de mapeamento de oportunidades, o que resultou em vinte projetos para testes de novas soluções ou modelos de negócios.

Para me manter atualizado, tive uma passagem pela Singularity University, sediada em uma base da Nasa, na Califórnia, onde estudei tecnologias exponenciais, como nanotecnologia, cibersegurança, drones, *big data*, inteligência artificial, entre outras. Essa experiência estimulante foi em 2012, quando a maior parte desses temas ainda não eram comuns no Brasil. Deu-me muitas ideias para nos mantermos na dianteira dos nossos concorrentes.

Mais do que nunca, no Brasil desenvolvi uma visão "estrábica": com um olho no curto e o outro no longo prazo, investindo em coisas que só vão dar retorno na próxima década – em áreas de ponta, como a computação quântica, por exemplo. Esse tema tem relação com outro papel que assumi, o de avançar em soluções de segurança da empresa.

Tolerância zero

No início de 2019, o Senai Cimatec, instituição referência em educação, pesquisa e inovação, e a Atos, empresa especializada em transformação digital, começaram a trabalhar naquele que viria a se tornar o primeiro centro de computação quântica do Brasil. Como líder da EDP, almejei que ela fosse a primeira empresa do seu setor a utilizar capacidades computacionais mais potentes e sofisticadas do que as utilizadas até então.

A convite do Senai Cimatec, fui o orador sobre a relevância desses supercomputadores para a indústria, no evento de apresentação do Latin America Quantum Computer Center (LAQCC), em maio de 2021.

Por que essa tecnologia é importante para uma empresa de energia elétrica? Em particular, por conta da cibersegurança. É um risco evidente para as empresas do setor elétrico a apropriação de capacidades de computação quântica por *hackers*, que poderão utilizá-las para invadir sistemas informáticos que gerem os ativos elétricos. Nesse sentido, o investimento em computação quântica assume uma importância estratégica para a segurança cibernética.

Falando em segurança cibernética, meu sinal de alerta soou em 2019, quando tive celular e notebook furtados durante uma viagem de férias com minha esposa ao Ceará. Alguém usou meu nome para solicitar uma chave extra na recepção do hotel e invadiu o quarto, limpando todos os objetos de valor, enquanto tomávamos café da manhã no restaurante do térreo.

Na volta da viagem, pedi uma auditoria aos sistemas da EDP Brasil, e o resultado mostrou ser necessário melhorar a proteção contra cibercrimes. Lançamos um projeto interno de nome "Ceará", numa alusão à origem dessa preocupação, e em nove meses já liderávamos o topo do *ranking* de empresas nesse quesito – traduzido pelo indicador "Bitsight", universalmente aceito para pontuar a performance em cibersegurança.

Desde então, tal preocupação ficou ainda mais evidente a todo o setor elétrico, conforme os ataques foram se intensificando. Em 2020, algumas empresas concorrentes brasileiras relataram ocorrências, assim como ocorreu com a nossa matriz, em Portugal.

O meu papel de zelar pela segurança em sentido lato centrava-se, logicamente, nas pessoas, como ressaltei no capítulo anterior. Sempre encarei a segurança humana como prioridade. A ocorrência de alguns acidentes fatais nos anos anteriores a 2015 reforçou a necessidade de mudar a cultura, com a ênfase de "tolerância zero".

No fim de 2019, criamos uma diretoria de Gestão de Risco e Segurança no Trabalho, que passou a fazer um acompanhamento e uma gestão proativa da biossegurança e dos outros riscos à volta da empresa, como cibernéticos, operacionais e energéticos. Como diretor, escolhemos um profissional experiente, que já havia trabalhado em múltiplas áreas da empresa, tendo começado como eletricista e passado pela contabilidade, pelos sistemas de informação e pelos recursos humanos, entre outras. Vanderlei Ferreira era o executivo certo para aquela missão. Costumávamos atribuir-lhe missões difíceis, e ele nunca falhava. E assim foi, mais uma vez, organizando rapidamente a área e desempenhando um papel fundamental na preparação da EDP Brasil para o enfrentamento da covid-19.

Criamos um Comitê de Gestão de Crise com profissionais de diferentes áreas que, antes mesmo da confirmação do primeiro caso de COVID-19 no país, implementou ações importantes para a segurança de todos, como a intensificação na comunicação sobre o tema. Fomos das primeiras empresas no Brasil a decretar *lockdown* e a distribuir máscaras protetoras, mesmo antes de o Ministério da Saúde recomendá-las.

A importância que demos à gestão de risco fez parte da implementação do modelo de referência das "três linhas de defesa": Auditoria Interna, *Compliance* e Risco. Historicamente essas funções não eram autônomas. Eram geralmente associadas e integradas à função jurídica. Com o tempo, fomos lhes dando a importância que exigem e criamos três diretorias separadas para garantir uma correta segregação de responsabilidades.

Os anos em que trabalhei no Brasil foram uma verdadeira escola para meu nível de maturidade na gestão de risco. Foi onde mais me capacitei, consciente de que só a tolerância zero instila a cultura certa para proteger a empresa de maneira mais eficaz.

Agenda verde impreterivelmente

Inovação e sustentabilidade são, atualmente, duas faces da mesma moeda na caminhada para uma economia de baixo carbono. Chegamos a instituir na EDP Brasil o conceito da *inovabilidade*, juntando as duas dimensões numa única agenda. Essa é uma das razões pela qual desempenhei outro papel, um dos mais importantes da atualidade, que chamo aqui de *ativista*.

 **Como o principal executivo de uma companhia que pretende liderar a transição energética para uma economia de baixo carbono, a minha atuação precisava estar direcionada também (e muito) para combater o desequilíbrio ambiental.**

Eu não poderia me esquivar de encontrar e implantar soluções que colaborassem para preservar a sustentabilidade da vida no Planeta, promovendo um equilíbrio sistêmico. E o Brasil, sendo um país de escala continental, sendo uma potência natural do mundo, tem um papel central nesse novo modelo de vida, que apelidei de "nova ética da vida na Terra".

Pude escrever um texto a esse respeito, publicado no livro *O mundo pós-pandemia*[19], junto aos de outras 49 personalidades do Brasil de diferentes âmbitos, que refletiram sobre os impactos da pandemia no futuro da economia, da educação, do urbanismo, da medicina, do esporte, da religião. O título do meu ensaio é "Da sustentabilidade para uma nova ética da vida na Terra".

Aprofundarei esse tema na Parte IV, mas adianto ter liderado iniciativas congruentes com essa nova ética. Destaco nossa adesão ao *Business Ambition for 1,5°C – Our Only Future*, em 5 de junho de 2020, Dia Mundial do Meio Ambiente, nove meses após a assinatura do Grupo EDP, em nível global.

Valorizar a diversidade e promover a inclusão são outros compromissos fundamentais da minha liderança, pela certeza de impulsionarem o desenvolvimento humano sustentável, gerarem engajamento, criatividade e inovação. Sob o mantra "todos diferentes, uma só energia", desenvolvemos na EDP vários programas para buscar, integrar e desenvolver talentos diversos.

Por exemplo, criamos um Programa de Inclusão e Diversidade com seis grupos de afinidade (equidade de gênero, raça, LGBTQIA+, pessoas com deficiência, gerações, cultura e

---

[19] NEVES, J. R. C. **O mundo pós-pandemia**. Rio de Janeiro: Nova Fronteira, 2020.

espiritualidades), oferecemos formação em letramento racial para as lideranças da empresa, lançamos uma escola de eletricistas só para mulheres... assegurando a cultura inclusiva a partir do fortalecimento da segurança psicológica e senso de pertencimento, entre outras diretrizes.

Valorizar o nosso patrimônio afetivo

Para mim, também foi importante poder ajudar a estreitar os laços entre brasileiros e portugueses, promovendo o respeito às origens e o entendimento da nossa história em comum. Tenho a consciência de termos inserido em uma empresa portuguesa essa carga afetiva, ao apoiarmos projetos culturais relevantes para uma reconciliação histórica entre Brasil e Portugal.

Nesse contexto, detalhado no Capítulo 3, eu me vi nos papéis de mecenas, de conciliador e até mesmo de embaixador cultural, mas estabelecendo critérios para essa contribuição, que eram a preservação do patrimônio histórico-cultural, o resgate da dignidade de personalidades portuguesas maltratadas pelas lentes da história, o legado e o patrimônio arquitetônico.

Sendo a maior empresa portuguesa a operar no Brasil, é natural que nos chegassem muitos projetos e pedidos de apoio. Foi importante a capacidade de selecionar as iniciativas alinhadas com nossa estratégia. Admito ter negado muitos patrocínios, mas também disse "sim" muitas vezes a projetos alinhados com o objetivo de dignificar o nome de Portugal aos olhos do Brasil. Para o que fortalecesse a relação entre os dois países, a nossa porta estava aberta.

Não fosse pela minha experiência executiva no Brasil, talvez nunca tivesse pensado em me envolver com a recuperação de museus. Mas conseguimos direcionar investimentos para a reconstrução do Museu da Língua Portuguesa e a restauração do Museu Paulista da Universidade de São Paulo, também conhecido como Museu do Ipiranga, reaberto no ano do Bicentenário da independência (2022). As duas obras receberam da EDP Brasil 32 milhões de reais provenientes da Lei Rouanet.

Houve, ainda, a parceria com o Museu Afro Brasil. Lutamos para valorizar as artes indígena, africana e popular, não apenas a influência internacional. Apoiamos muitos projetos do museu para ajudar a reposicionar a arte brasileira, com as suas múltiplas influências e capacidade criativa impressionante.

Nesses anos, a EDP posicionou-se como um agente cultural proativo na valorização da cultura brasileira e, de maneira mais abrangente, do espaço da cultura lusófona.

> **Ao contribuir, humildemente, para essa reconciliação histórica, principalmente fortalecendo o patrimônio afetivo, despertei uma vocação de atuar como veículo de diplomacia não apenas econômica, mas também institucional e cultural entre os dois países.**

Nas relações diplomáticas, pude estreitar laços entre os dois países quando fui presidente da Câmara Portuguesa de Comércio de São Paulo e da Eurocâmaras, organização mais representativa das Câmaras de Comércio europeias no país. Muitos diálogos entre as principais autoridades políticas, os intelectuais e empresariado de ambos os países foram intensificados.

O fato de representar uma empresa multinacional, cuja matriz estava distante na Europa e cuja origem tem tantas afinidades históricas com o Brasil, abriu-me uma janela de oportunidade para esses papéis inesperados, que abracei com entusiasmo e resultados gratificantes.

Mercúrio na casa três e o poder da palavra

Pensando em todos os papéis que desempenhei, talvez o mais inesperado tenha sido o de influenciador (*influencer*).

Tenho que reconhecer que a expansão das redes sociais criou um novo meio para os líderes empresariais se posicionarem e se afirmarem no espaço público de formação e influência de opinião.

Quando vim para o Brasil, em 2008, este meio de comunicação ainda não assumira grande preponderância. Entretanto, em 2020, quando regressei à Europa, era impossível ignorar sua existência. Ao longo desse tempo, passei a usar o LinkedIn como um dos veículos fundamentais de comunicação externa. A essa altura, já tinha cerca de 30 mil ligações profissionais nessa rede.

Passei a comunicar com regularidade os avanços da EDP Brasil e dos eventos dos quais participava. Constatei o alcance e o poder de comunicar através desse meio. Iniciativas ligadas à inovação, às energias renováveis, à agenda de sustentabilidade, aos resultados da empresa, entre outros, facilmente chegavam por essa rede a largas dezenas, às vezes uma centena de milhar de pessoas.

Na data em que anunciei minha saída do posto de CEO da EDP Brasil, lembro-me que tive mais de 220 mil visualizações do meu post, cerca de 6.500 reações e 750 comentários, o que é um resultado considerável.

Ao longo da minha missão como CEO no Brasil, aprendi a respeitar ainda mais o trabalho da comunicação social. Nunca rejeitei contatos com jornalistas e dediquei uma boa parte do meu tempo ao papel de comunicador. Julgo que essa dedicação me valeu outro reconhecimento em 2020, um ano marcado por desafios e superações, em que a comunicação foi bastante afetada pelo isolamento social e, em boa parte, pelo trabalho na modalidade *home office*. A plataforma Negócios da Comunicação e o Centro de Estudos da Comunicação (Cecom) nos premiou como CEO e empresa que melhor se comunicaram com os jornalistas.

Votaram profissionais da imprensa no país todo e chegaram a dez CEOs. A assessoria de imprensa da EDP conquistou o prêmio "Empresas que Melhor se Comunicam com Jornalistas" na categoria Energia Elétrica. Na ocasião, registrei que uma imprensa livre, ativa e de qualidade é pilar fundamental para uma democracia forte, sendo esse o pano de fundo para um ambiente de negócios robusto.

Proferi muitos discursos junto a governadores e demais autoridades envolvidas na inauguração de obras, divulgação de projetos, sessões públicas, assinaturas de protocolos etc. Tal exposição pública em eventos diversos, representando a EDP Brasil, constituiu um excelente treino de habilidades em oratória, especialmente para discursar com mais desenvoltura para grandes plateias.

Destaco as valiosas sugestões do amigo e *expert* em comunicação, Odilon Wagner, para que eu desenvolvesse um jeito mais brasileiro de debater questões importantes de trabalho. Difere do estilo factual, objetivo, mais "direto ao ponto" do europeu.

Como presidente, minha comunicação seria tendencialmente informativa e muito racional, centrada na parte quantitativa da atividade da empresa. Mas eu entendi que deveria falar o mínimo possível de números e o máximo possível de pessoas, de sentimentos, das relações, das histórias humanas, porque são elas que engajam.

Odilon assessorou altos executivos com maestria, com a sensibilidade do que é importante na comunicação corporativa, agregando uma visão diferenciada por ser um comunicador. Ele me preparou para momentos de pura interação e engajamento, como nos encontros gerais que realizávamos a cada dois anos com mais de mil colaboradores.

Já entrei no palco desses eventos de colaboradores em um monociclo elétrico, depois em um carro elétrico... Além de criar algo impactante ligado à nossa atividade, preparávamos como discursar, definindo quais histórias contar, até a minha movimentação no palco. Entendi que fazer uma comunicação profissional eficiente dá trabalho. Dedicava-me bastante para ser compreendido, com uma performance engajadora, fácil de entender e eficaz. Ainda mais que sou estrangeiro, lapidava a dicção, a entonação, a escolha das palavras levando em consideração as características de cada região.

Eu não sou um profissional da comunicação, mas desenvolvi essa habilidade importante como líder empresarial. Talvez tenha contado com uma ajuda extra, dos astros. Contei no Capítulo 1 ter feito algo inimaginável se não estivesse no Brasil, consultar a astrologia.

Nessa experiência de autoconhecimento, autorreflexão, extensão espiritual, descobri ter Mercúrio bem-posicionado no meu mapa astral, na casa três, o que favorece compreender, processar e armazenar as informações. Segundo Roberto Otsu, o estudioso que conheci no espaço holístico Ponto de Luz e que fez meu mapa astral, isso caracteriza indivíduos versáteis, capazes de lidar com muitos assuntos e pessoas diferentes, com facilidade de usar bem as palavras.

Minha vocação para comunicador foi muito exercitada durante os anos como CEO. Passei a dar ainda mais importância a esse instrumento de liderança, a valorizar cada momento de comunicação. Tudo o que fazemos, cada gesto, cada palavra, quando estamos numa posição de liderança produz ondas de choque amplificadas para toda a organização. Passei também a conhecer-me muito melhor e a saber adequar a comunicação às circunstâncias de cada momento e de cada público. O Brasil foi uma escola incrível para desenvolver esse papel.

Reconhecimento de uma jornada

A complexidade do mercado brasileiro expôs-me a múltiplos papéis, que extravasaram em muito o escopo usual de atuação de um executivo. Aqueles que aqui descrevi – **negociador, político, visionário, tecnólogo, segurança, ativista, mecenas, conciliador, embaixador cultural, influenciador e comunicador** – representam apenas alguns dos estímulos da minha missão no

126 · Gigante pela própria natureza

Brasil, que me proporcionaram uma jornada de amadurecimento. Fizeram parte de um movimento de colocar a EDP na liderança do setor elétrico e de colocá-la em maior evidência no cenário corporativo brasileiro.

Foram tantos os projetos de inovação, de apoio à cultura, de voluntariado, de sustentabilidade, que mostramos ser possível gerir uma empresa lucrativa voltando-a para a vanguarda energética, para a sociedade e cuidando muito bem das pessoas, num ambiente estimulante e acolhedor.

O reconhecimento dessa jornada chegou de forma especial, em agosto de 2020, pelo segundo ano consecutivo, na premiação "Executivo de Valor" do jornal *Valor Econômico*, como o melhor líder empresarial na categoria Energia. Sou muito grato a todos os profissionais que trabalharam comigo pela EDP Brasil e a quem dediquei essa premiação.

Colocando tudo em perspectiva: Modelo de Estágios de Maturidade

Olhando para trás e tentando sintetizar o tanto que aprendi e me transformei no Brasil, cheguei a uma representação simples de uma escalada de amadurecimento. Chamei-lhe de "Modelo de Estágios de Maturidade".

Enquanto fui desempenhando os mais de dez papéis a que a cadeira de CEO da EDP Brasil me expôs e fui apreendendo uma nova forma de liderar adequada à realidade da cultura brasileira, fui ganhando novas competências e desenvolvendo novas inteligências que não estavam aparentes para mim antes de chegar ao Brasil.

O conjunto de habilidades e competências que se complementam nas três dimensões "Inteligências + Estilos de liderança + Focos de gestão" pode ser visualizado na representação a seguir:

Figura 1 – Modelo de Estágios de Maturidade

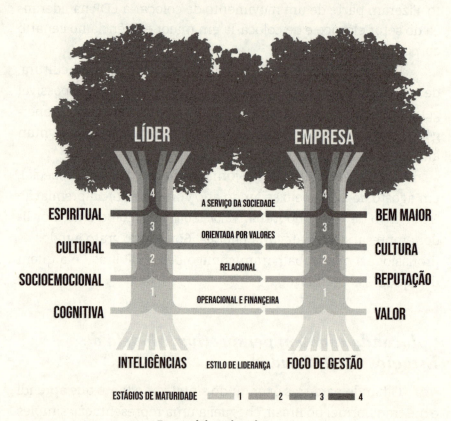

Fonte: elaborada pelo autor.

Obviamente, o caminho da maturidade é infinito, nunca podemos considerar que ele está terminado. Todos os dias aprendemos, todos os dias evoluímos nesses estágios. Mas tive que escalar todos os níveis de uma maneira sincera e profunda, enquanto morei e trabalhei no Brasil. Repito, cada degrau influenciou minha maneira de liderar e as conquistas que pudemos alcançar para a empresa.

O primeiro estágio, que é a base para o exercício da liderança, é lastreado na inteligência cognitiva e está geralmente associado a um estilo de liderança financeira e operacional, com um foco de gestão na criação de valor. É o nível elementar da liderança. Envolve capacidade intelectual e analítica para entender os desafios do negócio e, com isso, agregar valor.

Efetivamente, na atualidade, já se trabalha a noção de "valor compartilhado", que impacta todos os *stakeholders* da companhia, e isso exige por parte dos líderes um nível de consciência mais elevado do seu papel na sociedade. Mas quem se encontra nesse primeiro estágio de maturidade, usualmente, ainda entende "valor" de uma forma mais redutora, centrada nos resultados que entrega aos acionistas. Diria que quando cheguei ao Brasil estava nesse primeiro estágio de maturidade.

O segundo estágio, que resultou de todos os estímulos de relacionamento externo, com uma malha complexa de *stakeholders* à minha volta, requer uma inteligência socioemocional e nos leva a uma liderança de estilo relacional, com o foco em melhorar a reputação e o capital social da empresa. A imensidão de relacionamentos que tive de desenvolver me estimulou muito nessa dimensão, quando desempenhava fortemente os papéis de negociador, político e embaixador cultural.

Fazia-se necessário estabelecer relacionamentos de confiança e isso foi conferindo à empresa mais prestígio e, principalmente, confiabilidade. Esse estágio, de caráter mais relacional do que o primeiro, acaba sendo algo mais transacional quando se age para cuidar da imagem que se deseja passar da empresa. Muitas vezes, o enfoque é mais para fora, com a agenda receptiva a participar de eventos, conferências e afins.

Gradualmente, fui ganhando um entendimento mais profundo das características culturais do país e dos vários *stakeholders* com que me relacionava. Isso me permitiu subir mais um degrau de maturidade, alicerçado numa inteligência cultural, com um estilo de liderança orientado por valores e um foco na transformação cultural. Nesse estágio, eu tinha um comportamento mais empático, e comecei a me conectar com o que as pessoas pensavam, sentiam, desejavam para motivá-las a querer mudanças mais estruturais.

Fui conseguindo interpretar as necessidades humanas, estabelecer vínculos e tornar as relações mais significativas. Essa maturidade me permitiu cuidar da cultura da empresa, por entender que trabalhar com empatia faz as pessoas à volta se conectarem e se envolverem, tocadas por essa linguagem do coração. Nesse patamar, julgo que os papéis de comunicador e influenciador foram uma ajuda para conseguir passar as mensagens certas e motivar as pessoas à minha volta.

O quarto nível de maturidade, confesso, é mais difícil para um europeu atingir por uma questão cultural. A ideia de evoluir espiritualmente, sem que seja algo ligado a uma religião ou seita, tem tudo para causar estranhamento em nós, europeus. Entretanto, para mim, fez todo sentido crer que somos parte de um Todo. Fazemos parte de uma energia maior e única, sendo uma expressão dela, e isso nos dá uma consciência muito grande da responsabilidade que temos com o Universo e da nossa interdependência.

A espiritualidade foi a ferramenta de evolução pessoal que mais me fez ser um líder diferente, transformador. Ao alcançarmos esse estágio, estamos preocupados com o "bem maior", patamar muito mais elevado do que apenas cuidar da empresa em si. Abrange cuidar também do bem-estar das comunidades à nossa volta, do equilíbrio global dos ecossistemas, das mudanças climáticas, da diversidade nas organizações, das desigualdades sociais, entre outras questões importantes para que tenhamos futuro. Aqui, os papéis de ativista e mecenas foram de grande importância para me desenvolver.

Na Parte III, abordarei a transformação que fizemos na empresa e no mercado, mas não só. Também aprofundarei o "Modelo de Estágios de Maturidade" com o designado "Modelo de Liderança de Impacto", que detalha a forma como o líder utiliza suas inteligências por meio do que chamei de Portais de Compreensão da Realidade para atuar sobre as várias dimensões da empresa, permitindo percorrer o ciclo de amadurecimento desde a geração de valor até o cuidado com o "bem maior".

Parte III

A empresa fazendo a diferença

Na Parte II, expliquei como se deu minha transformação em um líder diferente a partir do meu amadurecimento pessoal no Brasil. Nesta Parte III, detalharei como a vivência executiva de grandes aprendizados também permitiu que eu imprimisse uma mudança significativa na empresa ao longo de treze anos, gerando impactos positivos ao setor e à sociedade brasileira.

Foi um processo em ondas. E quanto mais a organização se transformava, mais ela me transformava também, numa sinergia a ser ressaltada nas próximas páginas. Começarei, no Capítulo 6, por apontar importantes marcos estratégicos e avanços no desenvolvimento do negócio para que a Companhia crescesse e alcançasse resultados recordes tanto em termos econômico-financeiros, quanto na agenda ESG (*Environmental, Social and Governance*) e seu posicionamento competitivo no mercado brasileiro.

O mérito é essencialmente da equipe, pois juntos fizemos com que a EDP Brasil se tornasse uma empresa muito mais eficiente, inovadora, sustentável e humanizada, sendo protagonista em diversas pautas setoriais e projetos socioambientais, com foco nas comunidades onde atuávamos, além de ser apoiadora da cultura e do patrimônio histórico luso-brasileiro.

Essa visão mais holística, "a nossa energia para cuidar sempre melhor" de todos os nossos *stakeholders* – como sugeria o propósito da EDP Brasil –, talvez seja o legado mais relevante que minha gestão deixou. O entendimento de que o Brasil tem identidade e cultura próprias foi crucial para que a multinacional evoluísse da tradicional postura de "dizer como é que se faz" para a de fazer pontes entre as incontáveis competências marcantes de cada país e de cada povo.

Houve o entendimento também de que a empresa não era um mero elo de uma cadeia de valor, que se limita a produzir, transmitir, distribuir e comercializar energia para milhões de clientes. Acima de tudo, é um agente de transformação social, e sua força é tanto maior quanto maior for o valor que devolve à sociedade e o seu contributo para o que chamamos de "bem maior".

Ver uma empresa portuguesa, que já se mostrava competente, ganhando tração fora do seu país natal e "voando", com sinergia, é um orgulho enorme. Com duas décadas de atuação, tornou-se uma das maiores empresas privadas do setor elétrico a operar em toda a cadeia de valor. Ademais, o Brasil é um país grandioso onde é possível sonhar e realizar com ambição.

Um dos sinais externos dessa caminhada de sucesso veio em dezembro de 2021, quando a EDP se posicionou como a empresa mais sustentável do Brasil no ranking geral do ISE B3, antiga BM&F Bovespa. Presente pelo 16º ano consecutivo, confirmou a liderança não apenas no setor elétrico, mas em todo o mercado brasileiro, concorrendo com todas as companhias abertas.

Desde que meu colega João Marques da Cruz me sucedeu na liderança executiva da EDP Brasil, a empresa segue fortemente empenhada em liderar uma transição energética que favoreça a descarbonização da matriz, além de contribuir para uma sociedade mais justa e inclusiva. Agir hoje para mudar o amanhã faz parte dos nossos valores, e realizamos um movimento necessário para trazer pessoas que comungassem com todos eles. Foi essa mudança cultural que alinhou a força e o ânimo dos mais de três mil colaboradores da EDP para um projeto empresarial de alto impacto – econômico e socioambiental.

Partilharei, no Capítulo 7, importantes passos para a grande fusão que fizemos entre cultura e estratégia, a partir de 2015, e que foi a base de uma refundação do modelo de gestão da EDP. Entendemos que, para operar uma transformação cultural, era necessário alinhar a direção global da empresa, traduzida por seu propósito, sua visão e sua estratégia com o direcionamento de cada um dos colaboradores. Por isso, concebemos o modelo "Metas com Propósito", que estabelecia a ligação entre o propósito da empresa, sua estratégia e as metas de cada negócio, cada área e cada colaborador.

Como complemento desse modelo, desenvolvemos outro, que denominamos "Roda da Felicidade no Trabalho". Esse identifica o ciclo de motivação do colaborador, desde as noções elementares de respeito, passando pelo aprendizado, pelo desenvolvimento, pela realização e chegando ao reconhecimento e valorização. Essa roda foi sustentada por mais de 30 rituais de gestão, que deram corpo aos sete passos da motivação e do engajamento dos colaboradores. Explicarei nas próximas páginas o significado de cada passo da roda e dos rituais para mantê-la viva.

Tudo isso foi se materializando e fazendo cada vez mais sentido quanto mais eu amadureci como pessoa e líder, e pude influenciar o amadurecimento da EDP Brasil, retratado nesta Parte III.

Por isso, o Modelo de Estágios de Maturidade que concebi, e apresentei na Parte II, completa-se aqui justamente com o Modelo de Liderança de Impacto, que trarei no Capítulo 8, revelando o quanto a sintonia da experiência e do amadurecimento do líder, com sua transformação impactando na da empresa, formam um único processo, em que líder e empresa comungam uma mesma realidade indissociável.

Em suma, a tese que mostrarei, nesta Parte III, é que o líder produzirá uma transformação na empresa quando estabelecer, como ponto central para um trabalho conjunto significativo, uma conexão profunda da sua essência, de acordo com sua filosofia de vida e valores, com a da empresa, expressa pelo propósito e pela cultura. Isso significa que líder e empresa crescem ao mesmo tempo, fundindo-se em um único movimento, com aprendizados de valor para ambos os lados.

6 UMA TRANSFORMAÇÃO DE IMPACTO

No dia 13 de dezembro de 2013, a EDP Brasil havia acabado de ganhar a concessão da usina de São Manuel (700 MW), no rio Teles Pires, entre o Mato Grosso e o Pará. Naquele momento, era a usina que completava o plano de expansão no segmento hidrelétrico. Um ano antes, a EDP já tinha ganho a concessão da UHE Cachoeira Caldeirão (213 MW), na divisa entre o Amapá e o Pará.

Isso tudo somado com o projeto para a usina de Santo Antônio do Jari (373 MW + 20 MW de reforço posterior) adquirido na mesma região, tínhamos o portfólio de três novas hidrelétricas para construirmos até 2018. Nesse plano de expansão, atuamos com dois sócios: a empresa chinesa CTG – China Three Gorges e Furnas, do Grupo Eletrobras.

Acontece que o segmento hidrelétrico atraía grandes empresas brasileiras e multinacionais. Os leilões eram competitivos e as taxas de rentabilidade muito comprimidas. Sendo assim, o mercado não recebeu com entusiasmo o compromisso de investimento na UHE São Manuel naquele fim de 2013.

Estavam na disputa outras grandes empresas do setor elétrico, mas a EDP foi a mais agressiva. Os analistas do *sell-side* sacrificaram-nos na base de uma suposta má alocação de capital. Como havíamos celebrado, pouco tempo antes, uma parceria estratégica com a CTG, criou-se a percepção de que tínhamos sido pouco exigentes com rentabilidade e que estávamos trabalhando com custo de capital chinês e taxas de rentabilidade abaixo do custo de capital da EDP.

A cotação da ação negociada em bolsa sob o código ENBR3 estava pressionada. Chegou próximo dos 8 reais. Em dois meses, tínhamos perdido mais de 20% do valor acionista. A desconfiança com nossa alocação de capital já vinha desde o leilão da UHE Cachoeira Caldeirão, um ano antes. Foi nesse contexto que assumi a presidência da EDP Brasil na virada para o ano de 2014.

Uma virada de jogo

Com minha passagem da vice-presidência de distribuição para a presidência, sucedendo Ana Maria Fernandes, que assumiu a presidência do Conselho, abriu-se uma vaga na diretoria. Para me substituir, convidei Michel Itkes, mineiro, engenheiro elétrico de formação, naquele momento diretor geral da EDP Bandeirante e detentor de um sentido de humor apurado. Junto com Miguel Amaro como CFO, Luiz Otávio na geração e Carlos Andrade na comercialização, estava formada a nova equipe executiva da EDP Brasil, com a missão de recuperar o valor acionista e a credibilidade da empresa no mercado.

No ano seguinte, Miguel Amaro regressaria a Lisboa e entraria Henrique Freire como CFO, também português, que estava no Brasil como CEO de uma rede de restaurantes de *fast-food* e que eu conhecia bem como ex-colega do *Master of Business Administration*, em Lisboa (1996-1997).

Nos primeiros meses da nova administração, primeiro com Miguel Amaro e depois com Henrique Freire, refrescamos a narrativa estratégica da Companhia para recuperar a confiança dos investidores. Revimos a *equity story* da EDP Brasil e fomos para a rua, correr o mercado, com nossa equipe de *investor relations*.

Organizamos a mensagem estratégica segundo um modelo que nominamos 7C14. Os 7 Cs eram as prioridades estabelecidas para recuperar a performance: crescimento, custo, cenário energético e regulatório, cliente, central térmica, clima organizacional e cotação. A ação da ENBR3 reagiu bem e, em 2015, a EDP foi a empresa do setor elétrico com melhor desempenho bolsista. Os papéis acumularam alta de 36,2%, demonstrando o reconhecimento dos investidores pela nova estratégia apresentada ao mercado. O foco foi inevitavelmente em demonstrar que a Companhia não rasgava dinheiro, que investia com rentabilidade adequada e que tinha boas oportunidades de crescimento, concorrendo para a criação de valor acionista.

Entretanto, não foi apenas o valor acionista nossa prioridade. Ao longo de sete anos como CEO, tive o privilégio de poder participar da transformação da EDP Brasil, que ampliou o portfólio de negócios, reforçou a excelência operacional e os níveis de eficiência, mitigou e geriu os riscos, avançou na agenda tecnológica e tornou-se referência em áreas como inovação, sustentabilidade, responsabilidade social e cultural.

Detalharei neste Capítulo 6 importantes conquistas, iniciativas estratégicas e projetos para gerar impacto econômico-financeiro e socioambiental, e no seu posicionamento competitivo no mercado brasileiro. Ao ponto de o EBITDA ultrapassar a marca dos 3 bilhões de reais em 2020, o que representou um crescimento médio de 10% ao ano durante os sete anos em que assumi a presidência da EDP, sendo que ultrapassou os 15% médios nos últimos quatro anos. Também entre 2017 e 2020 o lucro líquido cresceu mais de 33%. Foram marcas históricas para a Companhia e muito significativas na afirmação de uma empresa portuguesa no mercado brasileiro.

Expandimo-nos para novos mercados, como foi a transmissão e a geração distribuída. Alargamos nossa presença geográfica, como foi a entrada em Santa Catarina (com participação relevante na estatal Celesc), assim como no Mato Grosso, no Pará, no Amapá, no Maranhão, em Minas Gerais e no Rio Grande do Sul. Realizamos a construção das três usinas hidrelétricas na região amazônica totalizando 1.312 MW (Jari, Cachoeira Caldeirão e São Manuel) e de uma termelétrica no Ceará (Pecém I). Adquirimos seis lotes de transmissão, lançando um novo segmento de negócio no nosso portfólio.

No fim do ciclo na presidência executiva da EDP Brasil, a Companhia valia quatro vezes mais do que quando dispersou seu capital em Bolsa, em 2005, tendo dobrado o valor acionista somente de 2016 para 2020. Tenho consciência de que seu projeto de transformação e expansão ainda não terminou e que a equipe executiva atual segue desenvolvendo a empresa com sucesso, mas também que muito foi alcançado ao longo desses sete anos. No momento em que escrevo essas linhas, já conhecemos os resultados da EDP Brasil nos anos de 2021 e 2022. A trajetória de crescimento prossegue.

> A Companhia continua a bater recordes de resultados lastreados nos desenvolvimentos realizados nas mais de duas décadas de atividade no Brasil.

Investimentos da Amazônia aos pampas gaúchos

Enquanto o setor se debatia com uma crise hídrica e com os efeitos da MP 579 – medida provisória que cortava as tarifas em cerca de 20% –, a EDP seguia sua estratégia de crescimento no País e não abrandou nos investimentos. Entre os anos 2014 e 2020, investiu no Brasil mais de 10 bilhões de reais nos segmentos de geração, redes e comercialização.

Entre 2014 e 2017, a EDP entregou 1.312 MW, um aumento de 58% na sua capacidade instalada, por intermédio de três usinas: em 2014, a UHE Santo Antônio do Jari (373 MW); em 2016, a UHE Cachoeira Caldeirão (219 MW); e, em dezembro de 2017, a UHE São Manuel (700 MW). As três usinas foram concluídas antes dos prazos previstos, em um contexto em que o Operador Nacional do Sistema (ONS), à época, reportava atrasos em mais de 60% das usinas em construção.

A empreitada de construir três usinas hidrelétricas na Amazônia só por si dava um livro, com muito suspense e emoção. Desde as dificuldades inerentes aos trabalhos no meio da floresta, às empreiteiras que nos ajudaram a construir as usinas e que foram abaladas pela Lava-jato ou aos piratas dos rios onde tínhamos de navegar, essas obras tiveram de tudo para nos desafiar. Mas foram concluídas com sucesso, mérito do VP Luiz Otávio e de toda a nossa equipe de geração, que se entregaram a essa missão com bravura, dedicação e competência.

A CTG, sócia nessas usinas, foi quem construiu um dos maiores projetos de engenharia da história da China, simplesmente a maior usina hidrelétrica do mundo. Eu tive a oportunidade de visitar Três Gargantas em outubro de 2017, e me impressionou muito. Com capacidade instalada de 22.500 megawatts e reservatório com 600 quilômetros de extensão, é um colosso, superando Itaipu, que tem 14.000 megawatts e é a segunda maior do mundo. Levou uma década de construção e deslocou mais de 1 milhão de habitantes do entorno.

Foi com esses parceiros chineses que nos aventuramos nas regiões amazônicas para construirmos as três usinas do nosso plano. Foi uma experiência transformadora para todos nós. A força, a riqueza e a grandiosidade da natureza nestas regiões são impressionantes. Juntamos a maestria da engenharia brasileira, portuguesa e chinesa para encarar esse desafio; só assim conseguimos ser bem-sucedidos na execução das obras.

Sem dúvida, entregar mais de 1.300 megawatts de capacidade hidrelétrica, dentro do prazo e do orçamento, enfrentando uma geografia tão desafiadora como a das regiões amazônicas, foi um feito notável das nossas equipes conjuntas.

A nossa estratégia de crescimento na geração também se concretizou na energia térmica. Em 2015, decidimos comprar os 50% restantes de participação da Eneva na usina de Pecém I, que havíamos construído em São Gonçalo do Amarante, no Ceará. Essa aquisição ocorreu em um momento oportuno para a EDP, uma vez que a Eneva estava prestes a iniciar um processo de recuperação judicial.

Esse movimento teve um objetivo estratégico de aumentar nossa capacidade de geração, mas também a finalidade de mitigar o risco de sermos "sorvidos" para um processo de recuperação judicial, pois tínhamos financiamento conjunto da usina. Em 2017, Pecém já alcançava o seu *turnaround* operacional e financeiro.

A decisão de entrar no segmento de transmissão começou a tomar corpo a partir de 2016, em função das oportunidades de mercado e de seu perfil de risco relativamente baixo – o menor no setor elétrico. Tem receita fixa, indexada à inflação, corrigida anualmente; e a operação é de baixa complexidade comparada com a distribuição, que também é um negócio de redes.

Vale destacar que o Grupo EDP não tinha nenhum negócio de transmissão até então, estreando em termos mundiais no Brasil. De acordo com a legislação europeia, não poderia haver o mesmo acionista para transmissão e distribuição, atividades ao longo da cadeia de valor que são reguladas. Mas nós conseguimos mostrar que esse negócio apresentava condições propícias de investimento local. Reforçamos que as aquisições e a alienação de linhas se tornariam alavancas de crescimento futuro, percepção concretizada com triunfos, graças à confiança depositada pela matriz.

Atrelada a esse movimento, houve uma tomada de consciência de que não seria com geração de energia hidrelétrica, tampouco térmica, que faríamos grandes avanços dali em diante, por causa das mudanças climáticas, do risco hidrológico que afetava as usinas hidrelétricas, do uso do carvão poluindo o meio ambiente e de todas as preocupações com o planeta que cada vez mais foram se intensificando. Deveríamos dedicar esforços a outras áreas. Por serem negócios estáveis e que ofereciam uma rentabilidade mais segura, direcionamos nossa estratégia de crescimento para as redes de distribuição e de transmissão e para a energia renovável, por meio da geração solar.

A janela de investimento rentável na transmissão veio a revelar-se breve, de apenas um par de anos. Quando o governo brasileiro decidiu retomar os investimentos estruturantes na infraestrutura de transmissão, promoveu o ajuste do quadro regulatório para criar condições atrativas de investimento. O primeiro leilão de transmissão com essas novas regras ocorreu em 2016. Nesse momento inicial, ainda estávamos negociando internamente com a matriz portuguesa a nossa entrada forte neste segmento.

Por isso, participamos desse primeiro leilão e ganhamos apenas um pequeno lote no Estado do Espírito Santo. Seria no ano seguinte, em 2017, que ganharíamos um excelente portfólio de quatro lotes de transmissão com um investimento superior a 3,7 bilhões de reais. Dois projetos no Maranhão, um projeto em Minas Gerais/São Paulo e outro em Santa Catarina/Rio Grande do Sul. Começava com esses cinco projetos nossa aventura no segmento da transmissão, que foi muito bem recebida pelo mercado.

Nos leilões seguintes, já tivemos mais dificuldade em competir. Entraram novos competidores, nomeadamente as empresas de construção, atraídas pelas boas rentabilidades, e a oportunidade de mercado para projetos *greenfield* fechou-se. Mas os cerca de 4 bilhões de reais que havíamos assegurado já nos davam para estar ocupados na construção de linhas de transmissão até 2022.

Era mais um segmento de diversificação, e vislumbramos que viria a representar mais de 20% do nosso negócio em cinco anos. Em 2021, alguns meses depois da minha passagem para a Presidência do Conselho, surgiu a oportunidade de privatização da Celg-T (a divisão de transmissão da empresa estatal de Goiás). Foi um importante movimento de consolidação da nossa aposta no segmento.

Na distribuição, que também nos interessava como alternativa à geração, as oportunidades de investimento inorgânico estavam mais escassas. Era um segmento onde atuam grandes multinacionais, além de alguns grupos nacionais muito ativos, dos quais se destacavam a Energisa e a Equatorial. Portanto, nunca era fácil concorrer com essas companhias, que controlam mais de dois terços da distribuição no Brasil e posicionam-se como agentes consolidadores no setor.

A participação na Celesc, em 2018, foi uma oportunidade não óbvia que exploramos, no melhor estilo Davi contra Golias. O mercado estava "distraído" por tratar-se de uma estatal de Santa Catarina, cujo governo historicamente se mostrava bastante protetor de interesses corporativos. Na EDP, tínhamos a convicção de que esse importante estado não permaneceria indefinidamente como uma ilha no Brasil, enquanto o setor elétrico estava todo caminhando para as privatizações, incluindo o estado vizinho do Rio Grande do Sul.

Entramos como minoritários (14,5% do capital total), e passando a ter alguns poderes, nomeadamente três lugares no Conselho, um lugar na Diretoria e participação em todos os comitês de gestão da empresa. A entrada na Celesc constituía uma opção de alto valor com um baixo investimento, na altura cerca de 300 milhões de reais.

No cenário de uma futura privatização, duas situações poderiam ocorrer. Como o nosso preço de aquisição das ações foi relativamente baixo, poderíamos ser competitivos para a compra do remanescente do capital e apostar na reestruturação da empresa. Caso não conseguíssemos ganhar, poderíamos vender a nossa participação para algum Golias, por meio do *tag along* associado às ações que havíamos adquirido. Era uma situação *ganha-ganha*.

O resultado da Celesc subiu enormemente nos anos seguintes, com uma performance notável (em 2018, quando entramos no capital da empresa, ela registrou 165 milhões de reais de lucro líquido, tendo ascendido a mais de 519 milhões de reais, em 2020), e a EDP foi aumentando a sua participação. Alcançou 29,9% em 2020, firmando-se como maior acionista em termos de capital, embora o controle continuasse sendo do governo de Santa Catarina, que mantinha a maioria das ações ordinárias, com direito a voto.

Dadas as características da concessão, o mercado catarinense – com três milhões de consumidores – tornou-se uma prioridade estratégica para a expansão da EDP Brasil na distribuição. O foco nesse segmento permaneceu nas nossas concessões em São Paulo e no Espírito Santo, com esforços crescentes em diversas frentes, como expansão da nossa rede, modernização, combate à fraude.

Nestes sete anos, de 2014 a 2020, a EDP Brasil investiu em infraestrutura elétrica pelo Brasil fora. Inicialmente em geração na região amazônica; depois, um pouco por todo o país, no desenvolvimento das redes de transmissão e de distribuição. Foram anos emocionantes e que nos deram um sentido enorme de responsabilidade, pelo contributo que estávamos dando ao desenvolvimento do Brasil, desde a Amazônia aos pampas gaúchos.

Liderar a transição energética

Foi neste período que o paradigma do setor elétrico também começou a se transformar. Usualmente conhecido como o paradigma dos três Ds – descarbonização, digitalização e descentralização – passaria a ter o predomínio das fontes renováveis que iriam permitir reduzir a pegada carbônica da geração elétrica. E iríamos assistir ao advento das redes inteligentes, que iriam conectar fontes de geração distribuída, fundamentalmente com energia solar. Esta transformação levará décadas a consumar-se na plenitude, mas os sinais do seu início já se sentiam na Europa.

A sementinha do mercado solar dentro da EDP Brasil começou com a aquisição da APS, em 2015, liderada por Carlos Andrade, VP da área de Serviços de Energia. A APS era baseada em Porto Alegre, Rio Grande do Sul, empresa de eficiência energética com vinte e três anos de atuação no mercado brasileiro e mais de 600 clientes distribuídos nos segmentos industrial, comercial, rural e de serviço. Com o negócio, desenvolvemos uma série de ações para prover serviços inovadores e sustentáveis aos clientes.

Sabíamos que o desenvolvimento dessa área seria muito relevante no mercado brasileiro, mas que levaria algum tempo. O seu crescimento foi se aproximando do próprio crescimento da Companhia, que ficou responsável pela expansão da geração solar distribuída, enquanto a geração solar concentrada, chamada utility scale, estava a cargo da EDP Renováveis Brasil.

Dessa nossa empresa irmã para o segmento de energia renovável tínhamos tido 45% de participação desde a sua constituição (2008), mas vendemos, já que este segmento de mercado não nos estava atribuído. Nos primeiros anos de atividade da EDP Renováveis no Brasil, eu desempenhei a função de Diretor-Presidente desta empresa participada, em acumulação com a minha função de Diretor Vice-Presidente da EDP Brasil, cessando essa missão quando vendemos a nossa participação.

Esse manancial de ações para priorizar fontes de energia mais sustentáveis estava totalmente em linha com a revisão estratégica do Grupo EDP, do fim de 2018, início de 2019, focada na transição energética. A visão do Grupo EDP passou a ser "Liderança da transição energética para criação de valor superior".

Ciente do enorme potencial do mercado solar no Brasil, quando saí da presidência, tínhamos um objetivo ambicioso de chegar a 1 gigawatt de capacidade instalada, sendo que em 2020 era pouco mais do que 50 megawatt. Atualmente a Companhia continua fervorosamente em busca dessa meta, com múltiplos projetos em curso, alguns deles em parceria com a EDP Renováveis.

Lucro com qualidade

Por todo esse conjunto de estratégias e, principalmente, pelo engajamento das pessoas, em 2020, a Companhia ultrapassou pela primeira vez um lucro líquido de 1,5 bilhão de reais, o que corresponde a um crescimento médio de 13% ao ano face aos resultados de 2014, ou de 24% em valores ajustados de efeitos não recorrentes. O investimento acumulado nesses sete anos superou 10 bilhões de reais, com destaque para os últimos dois anos, quando mais que o dobramos o montante dos anos anteriores – aceleração decorrida essencialmente da entrada no segmento de transmissão. Somente no ano 2019 investimos quase 3 bilhões de reais, que representavam três vezes mais do que o nosso investimento histórico anual.

Durante os sete anos na presidência da EDP Brasil trabalhamos afincadamente para consolidar uma trajetória de crescimento rentável, robustecendo o nosso balanço e entregando resultados econômicos saudáveis. Nosso foco na sustentabilidade econômica da operação andou sempre de mãos dadas com o foco na sustentabilidade socioambiental e na qualidade dos nossos resultados. Esta complementaridade foi traduzida no modelo de gestão que implantamos na EDP Brasil, assente nas "Metas com Propósito", que detalharei no capítulo seguinte. Nesse modelo, os resultados econômico-financeiros pesavam 50% e o valor gerado para as restantes partes interessadas os outros 50%.

Esse equilíbrio entre valor financeiro e valor compartilhado com a sociedade era a base do que nos chamávamos "Lucro com Qualidade", ou seja, não era lucro a qualquer custo que nós perseguíamos. Era lucro com respeito por todas as partes interessadas: as nossas pessoas, a sociedade e meio ambiente, os nossos clientes, os parceiros de negócio e o próprio setor elétrico onde os nossos ativos operam.

Este enfoque naquilo que não é financeiro fez a diferença e nos levou a alcançar reconhecimentos destacados em áreas importantes como excelência operacional, inovação, sustentabilidade, valorização do patrimônio cultural e responsabilidade social.

No que diz respeito à excelência operacional, as usinas da EDP Brasil ganharam destaque desde 2018 no ranking da ANEEL (Agência Nacional de Energia Elétrica), ocupando, nos últimos anos (2019 e 2020), o primeiro e o segundo lugares (Enerpeixe e Lajeado), respectivamente, entre as quase 150 usinas avaliadas pela agência reguladora.

Relativamente à inovação, a coroação máxima do nosso esforço aconteceu em 2020, conforme mencionei no Capítulo 5, quando fomos eleitos pelo respeitado jornal *Valor Econômico* a empresa mais inovadora do setor elétrico, reconhecendo a nossa atividade em áreas de fronteira como a mobilidade elétrica, a energia solar, a robotização de processos ou o desenvolvimento do ecossistema inovador por meio da aceleradora EDP Starter e do fundo de *corporate venture capital* EDP Ventures.

Sobre valorização do patrimônio cultural não há como não destacar o apoio que viabilizamos para recuperar o incendiado Museu da Língua Portuguesa e o debilitado Museu do Ipiranga. Um investimento acima dos 32 milhões de reais para os dois museus e que colocou a EDP como o maior investidor na recuperação de patrimônio cultural no Brasil.

A responsabilidade social da EDP foi também um pilar diferenciado no percurso de impacto que a companhia construiu neste período. Foi por meio do Instituto EDP, fundado no fim de 2007, início de 2008, que nos mobilizamos no apoio a projetos que melhoraram a vida, direta ou indiretamente, de milhões de pessoas. Em 2018, quando comemoramos uma década de Instituto EDP, somávamos um investimento de 100 milhões de reais, em mais de 300 projetos sociais e culturais, que beneficiaram mais de 3 milhões de pessoas.

Em 2020, quando começou o enfrentamento da pandemia de COVID-19, o Instituto EDP destinou mais de 10 milhões de reais para ações de cunho social, como compra de respiradores e EPIs para a rede pública de saúde, realização de obras elétricas de hospitais de campanha e doação de 350 toneladas de alimentos e kits de higiene pessoal a comunidades vulneráveis e povos indígenas. Ao todo, essas iniciativas beneficiaram mais de 400 mil pessoas em todo o Brasil.

É imenso o meu orgulho de ter participado neste percurso e de ter pertencido a uma empresa com esta alma. A transformação operada nesta década é uma transformação de impacto. Criou valor para os acionistas da EDP, mas acima de tudo gerou valor positivo na sociedade brasileira e nas comunidades onde atuamos.

Ressalte-se que tudo isso somente foi possível com o empenho de uma equipe de mais de 3.000 pessoas, imbuída do espírito de tornar a EDP Brasil uma empresa diferente, que contribuísse efetivamente para o desenvolvimento do setor e da sociedade brasileira. Em suma, para o desenvolvimento do Brasil, de forma responsável, inovadora, sustentável e humanizada.

Hoje, acredito firmemente que foi a força da cultura que ajudamos a criar que nos levou tão longe. Hoje, sei que não é o brilhantismo de uma estratégia que impulsiona uma empresa, mas sim o amor que as pessoas colocam naquilo que fazem.

No próximo capítulo, aprofundarei ainda mais sobre a transformação cultural que promovemos, detalhando os diferenciais.

7 CULTURA E GESTÃO, OS VERDADEIROS DIFERENCIAIS

Ter participado de uma confraternização com cerca de 100 pessoas de um mesmo núcleo familiar foi uma experiência interessante, que relatei no Capítulo 2. Não estivesse no Brasil, é quase certo que eu também não teria vivenciado outra experiência marcante: fazer o planejamento estratégico da companhia em um hotel com mais de 250 pessoas.

Ao longo deste capítulo, explicarei melhor essa experiência que, obviamente, envolveu grande preparação para, depois, conciliarmos cultura e estratégia em um movimento único e integrador. O processo de planejamento estratégico não resulta simplesmente da reunião de pessoas para dar ideias. Precisa haver muita análise prévia dos riscos e oportunidades e de outras informações que nos ajudam a "colocar a bola na frente da baliza para facilitar o gol".

Tanto a experiência com a família da minha esposa quanto essa corporativa foram muito emblemáticas. No fundo, ambas me mostraram que a sociedade brasileira é gregária. Menos individualista do que na Europa, que conhecia até então, e mais sensível ao bem comum.

Para mim, ficou o contraste: eu vinha da escola da consultoria e da alta administração em que os planos são feitos quase em segredo. De repente, estava liderando reflexões alargadas sobre nossos objetivos na empresa em que trabalhamos, sendo que nenhum de nós havia feito isso antes.

Foi especial, naquele evento, traçar o *design* da cultura e o da estratégia em conjunto, o que conferiu a todos os 250 participantes um sentido de pertencimento enorme. Cultura e estratégia se

148 · Gigante pela própria natureza

fundindo em um poder só – esse foi um dos grandes aprendizados que tive no Brasil. E nós queríamos formar um time para verdadeiramente transformar a empresa, contribuindo com nossa inteligência e energia coletiva.

Pois bem, depois de mostrar nas páginas anteriores uma súmula da evolução estratégica da empresa no pujante mercado brasileiro na segunda década do século XXI, dedicarei este capítulo a compartilhar a amplitude da transformação cultural que fizemos, como base de uma refundação do modelo de gestão da EDP.

Como substrato, houve a mudança de modelo mental, colaborando para que cada um enxergasse o trabalho (seu e do grupo) de uma maneira diferente – e, com isso, a empresa prosperou. Foi um processo em ondas, englobando os projetos e modelos que detalharei a seguir, com papel crucial nos resultados da EDP e no caminho percorrido.

Reconhecimentos como a empresa mais inovadora do setor elétrico brasileiro e a mais sustentável no ranking geral da bolsa de valores oficial do país (a única a ter nota acima de 90), entre outros, estão interligados ao modelo de gestão e à cultura. Não tenho dúvida disso, e penso que esse caminho de transformação é bonito de contar.

Destravando a cultura da mudança

Quando Pita de Abreu era o presidente, entre 2008 e 2011, lançou o Projeto Vencer, que ajudou a "quebrar as pernas" de uma cultura interna muito tradicional, com excesso de cargos hierárquicos, carregada ainda do histórico de quando a EDP Brasil era estatal. O consultor brasileiro Pedro Mandelli, apoiador desse movimento, nos dizia que as pessoas precisam de mudança, senão ficam "empudinhadas", numa analogia com o tradicional doce pudim.

Nesse sentido, "desenformar" a organização para torná-la mais proativa significou retirar todos da zona de conforto, não deixando espaço a quem se comportasse de forma anestesiada ou criticando tudo com intuito de descredibilizar a gestão, o que contribuía para um clima tóxico. Recordo que, nessa altura, o Grupo EDP fez uma avaliação do clima interno em todas as suas geografias. O Brasil era a geografia menos engajada, quando comparada com Portugal ou Espanha.

O Projeto Vencer propiciou que a empresa avançasse com maior sinergia e agilidade ao reduzir as hierarquias de seis para três níveis, com subsequente redução de complexidade de gestão, conforme contei anteriormente. Mas não conseguiu mexer fundo no modelo mental subjacente. Com o distanciamento do tempo e com o que aprendemos, entretanto, consigo entender os motivos.

Em 2015, a criação de um novo projeto se fez necessária. A evolução negativa dos indicadores de segurança denunciava um problema na cultura interna, fruto principalmente de diversas aquisições, que criaram um ambiente com vários subconjuntos culturais diferentes.

Carecíamos de uma cultura com outras características: mais aberta, mais inovadora, mais centrada nas pessoas, no cliente e no valor gerado para a sociedade e o meio ambiente. Acima de tudo, uma cultura que valorizasse a vida, em todas as suas dimensões, como o elemento central – "a vida sempre em primeiro lugar" passou a ser o primeiro princípio orientador da nova cultura.

> Era importante criar um "jeito EDP de ser", que fosse igualmente percebido nas diferentes unidades de negócio e geografias, mas sem obliterar a história da empresa e as culturas locais. Que contribuísse para a sociedade em que está inserida, de forma ética e consciente da sua parcela de responsabilidade por gerar e transmitir vida, não apenas energia elétrica.

O Projeto Cultura nasceu em 2015 com o objetivo mais profundo de criar um "jeito EDP de ser" e também com a expectativa de melhorar nossos indicadores de segurança. Como expliquei no Capítulo 4, realizamos um movimento com mais de 1.700 colaboradores, para definir o propósito da empresa e os principais princípios que norteariam suas atividades desde então.

O engajamento era palavra de ordem, para que cada colaborador se sentisse um agente de transformação da sociedade tanto quanto da sua organização. A representação a seguir expressa claramente o avanço em ondas para a mudança da cultura, centrada nos doze princípios orientadores que apresentei no Capítulo 4, definidos e validados pelos próprios colaboradores:

Figura 2 – Ondas de engajamento para mudança de cultura

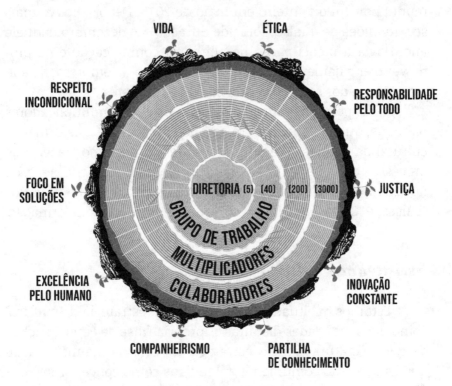

Fonte: elaborada pelo autor.

O fortalecimento dessa cultura envolveu os níveis de diretoria, que se relacionavam inicialmente com um grupo de trabalho com cerca de 40 pessoas, que interagiam posteriormente com aproximadamente 200 multiplicadores, uma espécie de "embaixadores" dessa cultura, até alcançar os cerca de 3.000 colaboradores. O objetivo sempre foi de "não deixar ninguém para trás", como se diz popularmente no Brasil.

Portanto, a mudança de cultura começou com cinco pessoas e foi alargando até envolver as 3.000 pessoas. E, posteriormente, abarcou também demais *stakeholders*, como fornecedores e terceirizados. Para formar o grupo de trabalho do Projeto Cultura, foram selecionados colaboradores que representassem os vários negócios, cargos e localidades da Companhia.

Com o suporte da consultoria Amana-Key, esse grupo se reuniu por um dia inteiro em maio de 2015. Depois, houve mais seis reuniões de quatro horas de duração até dezembro daquele ano. Havia a preocupação de alinhar a comunicação e de promover o engajamento em torno do propósito da empresa, da sua estratégia e dos seus doze princípios orientadores.

Essas pessoas eram as que tocariam os 200 multiplicadores para que, quando engajassem as 3.000 pessoas, a transformação cultural da empresa, de fato, ocorresse. Conseguimos fazer esse processo com o impacto desejado por ondas concêntricas – e, de novo, Luis Gouveia teve muita conexão com isso. Ele e os vários "Luises" e "Luisas" que foram se envolvendo nessa transformação.

Estratégia e cultura são um só

Estamos habituados a ouvir falar de "estratégia" e "cultura" como duas realidades distintas. A própria frase de Peter Drucker, de que "a cultura come a estratégia no café da manhã" indicia que as duas são comumente entendidas como conceitos separados. Na EDP, tentamos juntar os dois conceitos num todo coerente – como duas faces de uma mesma moeda.

Por um lado, temos o processo de direcionamento estratégico da empresa, com seu encadeamento habitual de "visão", "estratégia" e "objetivos de negócio". Por outro, temos o processo de construção da cultura empresarial, com seu encadeamento habitual de "propósito", "valores" (no nosso caso, chamamos-lhes "princípios orientadores") e "comportamentos". O primeiro, opera na direção geral dos negócios, enquanto o segundo, opera na dimensão humana da organização. Na EDP, definimos um modelo de gestão que fundiu esses dois processos, pois estratégia e cultura são um só. Não há estratégia sem cultura e vice-versa.

Começar por estabelecer o propósito da empresa ("a nossa energia para cuidar sempre melhor") e os princípios orientadores da cultura que pretendíamos implantar trouxe um novo olhar sobre a forma como deveríamos nos comportar, dentro e fora da empresa. Definimos, então, um "*blueprint*" com os objetivos estratégicos para cada um dos negócios (geração, distribuição, comercialização, serviços corporativos e partilhados) e com o que significaria "cuidar sempre melhor" para cada uma das nossas partes interessadas.

A esse processo chamamos "Metas com Propósito". Foi uma das nossas principais ferramentas de alinhamento da visão estratégica com o processo de humanização da nossa cultura. Mas não ficamos por aqui. O "Metas com Propósito" não nos permitia atuar diretamente nos comportamentos individuais. Sentimos necessidade de um modelo complementar, que se centrasse no comportamento da pessoa.

Foi por isso que concebemos um modelo que chamamos de "Roda da Felicidade no Trabalho". Esse modelo identificou os elementos que geram motivação no trabalho e ao qual associamos rituais de gestão (na época, tínhamos mais de 30 diferentes), que estimulariam os comportamentos da nova cultura EDP e gerariam felicidade e motivação.

Com o "Metas com Propósito" atuaríamos no "macro" de cada negócio, e com a "Roda da Felicidade no Trabalho", no "micro" do comportamento individual. E foi com a implantação de um modelo de gestão dotado de novas ferramentas, fundindo cultura e estratégia no mesmo caldo organizativo, que aceleramos a transformação da EDP num caso de sucesso no mercado brasileiro.

Assim, ao lado das melhores práticas de governança corporativa, criamos valor para os acionistas ao mesmo tempo em que contribuímos, de maneira ativa, para o desenvolvimento ético e responsável da companhia. Tratou-se de uma caminhada construída coletivamente. Deixou de ser um processo *top-down*, para se tornar um verdadeiro exercício coletivo, orientado a um bem maior – não apenas à geração de valor para os acionistas, mas para o desenvolvimento do Brasil.

Buscamos o equilíbrio junto a todas as partes interessadas, consagrando um modelo de negócio humanizado, social e ambientalmente responsável, para construir um Brasil cada vez melhor para todos.

Tenho sinceramente para mim que tudo isso fez muito sentido, pela forma como alcançamos sucesso. Sucesso que se traduziu não só em resultados econômicos, mas, acima de tudo, em reconhecimento externo e reputação, que tornaram a EDP um agente de transformação social respeitado no Brasil.

Detalharei, a seguir, os modelos "Metas com Propósito" e "Roda da Felicidade no Trabalho", com os rituais e instrumentos de gestão que implantamos para alinhar propósito com estratégia, cultura e execução.

Valor compartilhado na prática

Quando iniciei minha vida de consultor na McKinsey, em 1995, onde aprendi a desenvolver planos estratégicos para grandes empresas, estava longe de imaginar que vinte anos depois estaria no Brasil rodeado por mais de 250 pessoas (cerca de 200 gestores e 50 colaboradores do grupo de trabalho da cultura EDP), para elaborar um plano estratégico.

Usualmente os planos estratégicos desenvolvem-se à porta fechada, por equipes pequenas, de pessoas selecionadas pela alta administração e juntamente com os consultores. Era a primeira vez que tentamos fazer um processo mais participativo e aberto. Naquele mês de fevereiro de 2016, queríamos integrar a estratégia no processo de transformação cultural. Sabíamos que a mobilização da organização seria muito mais poderosa se fosse assim, e não apenas como um resultado do qual as pessoas não participavam.

Como mencionei, chamamos Oscar Motomura e Amana-Key para nos ajudarem. Julgo que a própria Amana-Key nunca tinha realizado um processo tão integrado como o que gostaríamos de inaugurar na EDP. Estruturamos um encontro com toda a equipe gerencial e as pessoas que integravam a equipe de trabalho do Projeto Cultura. Reservamos dois dias da agenda e levamos todos para um hotel no interior de São Paulo, em Mogi das Cruzes.

Ali, realizamos inúmeras reflexões orientados por Oscar Motomura, ora em plenário, ora em *break out rooms*. E chegamos ao fim desses dois dias com um primeiro esboço do que viria a ser o nosso *blueprint* estratégico, realizado a "500 mãos" e totalmente alinhado com a cultura que queríamos instalar na EDP Brasil.

Com a experiência inédita, ficou um sentimento misto naquelas 250 pessoas e em mim. Por um lado, tivemos a oportunidade de nos conhecermos melhor; e a energia daquele encontro foi muito especial para reforço da cultura EDP. Lembro que terminamos em uma roda, cantando emocionados o Hino Nacional Brasileiro. Mas, por outro, não estava terminado o objetivo de definir as metas para alinhar todo mundo em torno da estratégia da empresa.

Muito trabalho de finalização ainda teve de ser realizado depois dessa reunião magna. Nos dias seguintes, com base em todo o material que desenvolvemos nas sessões de Mogi das Cruzes, sentei-me com Luis Gouveia e com a diretoria e concebemos o novo modelo de gestão da EDP Brasil, com uma ligação fluida entre o propósito da empresa, sua estratégia e as metas de cada negócio, de cada área e também de cada colaborador.

Batizado de "Metas com Propósito", o modelo foi criado para atender às necessidades dos diferentes *stakeholders*, seguindo o conceito de geração de valor compartilhado e, ao mesmo tempo, garantindo coerência e alinhamento das operações da empresa com seu propósito.

Portanto, os objetivos e metas da empresa, que antes eram mais focados em resultados financeiros, passaram a contemplar, com os ativos e a operação, as pessoas, os clientes, os acionistas, os parceiros de negócios, as comunidades e o meio ambiente. Vale destacar que as metas desde o início englobaram temas relacionados à pauta ESG, expandindo o conceito de excelência para além do desempenho financeiro.

Figura 3 - Dimensões das metas com propósito

Fonte: elaborada pelo autor.

O modelo é composto das seis dimensões mostradas na figura anterior, cada uma com metas específicas que são usadas para avaliar a performance da companhia. Essas metas depois eram definidas para cada unidade de negócio, numa estrutura de objetivos em cascata. Os resultados são atrelados à performance de todos os colaboradores, inclusive a alta liderança.

Outro importante conceito que agregamos a este modelo foi o chamado "Lucro com Qualidade", como mencionamos no Capítulo 6. Na definição da performance global, era necessário atribuir pesos a cada dimensão de desempenho. A forma que encontramos para atribuir igual importância à dimensão econômica e à forma como se atingem os resultados foi de atribuir 50% de peso à dimensão acionista e 50% à soma das cinco dimensões restantes. Dessa forma, reforçamos sempre a narrativa de que não se poderia produzir lucro a qualquer custo.

Depois do estabelecimento das metas, que passou a ser feito anualmente nas tais reuniões que juntavam cerca de 200 gestores, fazíamos o acompanhamento mensal em reuniões de revisão operacional, que chamávamos de "*Operations Review*", com a participação dos líderes e de alguns colaboradores selecionados das várias áreas. Eram reuniões de cobrança de performance, mas sempre com respeito e um toque de humor, para tornar o ambiente agradável.

Lembro-me dos diálogos com o nosso diretor da comercialização, Pedro Kurbi, um profissional de mão cheia, a quem eu desafiava constantemente os nossos resultados no mercado livre de energia, e que me respondia sempre com fidalguia e muita inteligência:

– Pedro, agora que atingimos a meta deste mês há que dobrar a meta para o fim do ano – numa alusão implícita a um discurso que ficou famoso naquela altura e que gerava um sorriso geral na sala.

– Pois é, Miguel, é um desafio complexo, mas estamos sempre disponíveis para rever nossos objetivos – respondia ele num tom leve e bem-humorado.

As sugestões ou direcionamentos retornavam às equipes, como era o caso da equipe comercial, estabelecendo, dessa forma, um ciclo virtuoso de melhoria e aprendizado. Fato é que muito frequentemente os objetivos pactuados no orçamento eram ultrapassados, com muito empenho de todos. E, no mês seguinte, lá estávamos novamente com desafio. E assim progredíamos, com ambição, temperada com humor e boa disposição.

Esse novo modelo de gestão estava sendo desenvolvido e colocado em prática como parte do Projeto Cultura, ao mesmo tempo que os colaboradores se aculturavam aos doze princípios que representariam os valores essenciais da empresa. Uma iniciativa potencializava os frutos da outra.

Desde a sua criação, a consolidação do resultado anual do "Metas com Propósito" levou a EDP Brasil a ter resultados globais sempre acima de 100%. Até o fim do meu ciclo como presidente da EDP Brasil, em 2021, o seguimento da nossa performance e da realização da nossa estratégia foram sendo realizados por meio desse sistema de gestão.

Acredito que "Metas com Propósito", ou qualquer outro sistema equivalente que concilie estratégia com cultura e pondere igualmente resultados financeiros e valor gerado para todas as partes interessadas, tenha vida longa. Isso porque não apenas auxilia a conjugar o propósito da Companhia com suas metas, como a internalizar os desafios atuais e futuros das partes envolvidas em seu ecossistema.

Do respeito à felicidade no trabalho

Como complemento do modelo "Metas com Propósito", desenvolvemos outro que denominamos "Roda da Felicidade no Trabalho". Esse identifica, de forma empírica, o ciclo de motivação do colaborador, começando pelas noções elementares de respeito, passando por mais seis etapas na jornada de trabalho, tendo como central uma autodeterminação para ser feliz.

Nesse ponto, creio que as reflexões do filósofo e sociólogo francês Frédéric Lenoir, em O poder da alegria[20], são muito elucidativas:

"Estamos sempre buscando a felicidade projetada no mundo externo, enquanto ela está em nós mesmos, na satisfação profunda que podemos ter com os prazeres e alegrias comuns da vida que, em sua maioria, não custam nada".

Nas palavras do filósofo, a reconquista dessa alegria passa por "receber a vida como um presente" e "por um esforço consciente para ganhar liberdade interna e recriar nossos vínculos".

Não procuremos, então, a felicidade fora do nosso íntimo. Esse estado é uma consequência da nossa vida interior. Sem dúvida que o contexto e os estímulos externos influenciam, mas somos nós que temos de estar predispostos a criar as condições necessárias para uma vida repleta de realizações e momentos felizes.

Buscando contribuir com estímulo e contexto, montei, com o apoio de Luis Gouveia, a "Roda da Felicidade no Trabalho", que basicamente orientou toda nossa atuação interna com as pessoas, e reestruturou as políticas de recursos humanos da EDP Brasil. Fizemos uma série de programas para lhe dar vida, e essa ferramenta norteou com mais clareza e assertividade nossas abordagens para motivar as pessoas e para mudar a cultura.

Imagine o empregador dizendo "como é que eu motivo meu empregado?" Nossa experiência mostrou que era pondo-se no lugar dele e pensando "o que é que me motiva a trabalhar aqui?" Começamos respondendo a essa pergunta e fomos preenchendo a "Roda da Felicidade no Trabalho" destacando as implicações na vivência dentro da empresa e também na sua relação com o exterior, como mostra o infográfico a seguir.

---

[20] LENOIR, Frédéric. **O poder da alegria**. São Paulo: Objetiva, 2017.

Figura 4 – Roda da felicidade no trabalho

Fonte: elaborada pelo autor.

O primeiro atributo é o "ser respeitado". O que eu quero de uma empresa é o básico do básico: respeito. Mas não só. Eu também quero que a empresa respeite minha família. Portanto, o primeiro bloco representa o objetivo de equilibrar vida profissional e pessoal, que considero o primeiro gomo da laranja.

O segundo é "aprender". Eu quero estar em uma empresa que me ensine algo que eu não sei, na qual tenha experiências de aprendizado. Mas não só daquilo que está no escopo técnico da minha função. Quero ampliar meu conhecimento de forma geral.

Desejo estar em uma empresa que me abra para o mundo, que me ajude a estabelecer conexões com o que importa do lado de fora. Quero trabalhar em uma empresa que propicie o acesso à cultura e ao conhecimento geral.

No terceiro atributo, quero "ter autonomia". Poder ser eu mesmo e fazer as coisas de uma maneira autônoma. Ninguém gosta de se sentir controlado, vigiado, observado, analisado o tempo todo. Mas isso não tem a ver com agir isoladamente. Essa liberdade de ação tem que ser exercida trabalhando em equipe. Temos de construir juntos, colaborativamente, buscando atingir os objetivos comuns.

Como quarto atributo, quero "realizar" dentro da empresa, fazer acontecer, mas de uma maneira humanista e construtiva, preservando o ambiente à minha volta. É uma realização de acordo com os princípios da sustentabilidade. Para isso, preciso estar em uma empresa que dê instrumentos para eu ser capaz de realizar, cumprindo os preceitos sociais e de preservação do meio ambiente.

Consequentemente, como quinto atributo, quero "ter resultado", ser capaz de concretizar algo gratificante e que reverbere positivamente na sociedade. É diferente de, egocentricamente, buscar apenas um ganho individual. Significa contribuir para um mundo melhor e deixar um legado.

O sexto passo dessa roda da felicidade é "ser reconhecido" pela empresa por aquilo que faço – para que eu sinta orgulho e pertencimento. Mas esse reconhecimento não é só para mim, é para o time. Eu quero me sentir parte importante para as vitórias coletivas.

Depois de ser respeitado, ter aprendizados no meu local de trabalho, conquistar autonomia, realizar, alcançar resultado e ser reconhecido, o que eu quero? "Ter oportunidades de crescimento" dentro da empresa. Mais que um crachá e um salário, eu quero novos desafios, e assim ser cada vez mais valorizado internamente e no mercado como profissional.

A "Roda da Felicidade" não foi baseada em nenhuma referência acadêmica, mas apenas no nosso conhecimento prático da vida numa empresa. Foi concebida com o que nós considerávamos importante para motivar as pessoas e também com um sentido de responsabilidade, daquilo que significa liderar uma organização.

No centro disso tudo está, como já mencionamos, uma autodeterminação para ser feliz no trabalho, pois é o que faz valer a pena tudo o que essa Roda propõe. Significa que a pessoa precisa, no seu íntimo, querer atingir o máximo de satisfação com o que faz, para que seja capaz de se automotivar e se engajar nos projetos de crescimento individual junto com os da empresa, com reflexos positivos para si, sua família, sua comunidade, a sociedade... O profissional tem de estar de coração aberto para deixar que a empresa o conheça e o ajude a ser melhor na plenitude do seu potencial.

É crucial entendermos o sentido de "ser feliz". Não quer dizer que eu vou ficar de braços cruzados, à espera de terceiros que venham cuidar do meu futuro. Cada um de nós tem que tomar conta da sua vida e do seu destino, cada um de nós tem que lutar pela própria felicidade. Assim, pode haver um espelhamento dentro da empresa de tudo o que é necessário para que a pessoa se sinta valorizada, reconhecida e apoiada.

Rituais de gestão para fazer girar a roda

A "Roda da Felicidade no Trabalho" era suportada por rituais de gestão, que fomos desenvolvendo para dar corpo a cada um dos sete atributos.

Entre esses rituais, destacava-se uma Agenda Cultural, para levar cultura às pessoas ou, muitas vezes, levar as pessoas à cultura. Lembro-me de que chegamos a alugar ônibus para levar grupos da EDP para visitar exposições que patrocinávamos no Instituto Tomie Ohtake ou no Museu Afro Brasil, em São Paulo.

Também tínhamos um forte programa de voluntariado, em que promovemos diversas ações junto das comunidades onde operávamos, confirmando que o exercício da empatia por meio do engajamento em causas sociais torna os colaboradores mais felizes.

Destaco ainda a própria avaliação de desempenho, com *feedback* construtivo das ações passadas, extraindo aprendizados, e *feedforward* das ações de alavancagem de novas habilidades e competências. Outros rituais eram o Prêmio Estrela, para reconhecimento de talentos internos, e a Escola dos Eletricistas, por exemplo.

Queríamos uma cultura aberta e inclusiva. Tanto que conseguimos viabilizar uma escola de eletricistas especialmente para mulheres e, depois, uma exclusiva para capacitar pessoas trans. E mais: Semana da Diversidade, cursos de Letramento Racial e adesão ao programa Empresa Cidadã, com a extensão da licença-maternidade (seis meses, dois a mais que o previsto em lei) e da licença-paternidade (trinta dias, dez a mais que o previsto no Empresa Cidadã). As regras também valiam para adoções e para casais homoafetivos.

Alguns podem ter vontade de perguntar: "é realmente necessário fazer uma escola exclusiva para transsexuais?" Óbvio que sim, porque essas pessoas serão discriminadas se não tiverem sucesso, nem ao menos acesso. E nós podemos, nós devemos dar uma oportunidade. Assim como é necessário destinar 50% de vagas do Programa de Estágios a estudantes negros e aumentar a contratação de pessoas que pertençam a grupos sub-representados.

E foi assim, com esses rituais de gestão, e outros que não podemos descrever nestas breves linhas, que nós demos um forte impulso na motivação das pessoas. Foi saindo das políticas mais generalistas de recursos humanos e indo para uma abordagem mais individualizada, atenta à condição de cada colaborador, que fizemos girar a "Roda da Felicidade no Trabalho": respeitando, ensinando, dando autonomia, desafiando-o a realizar, provendo instrumentos para que seu resultado seja relevante à sociedade, reconhecendo e criando oportunidades de crescimento.

As sementes plantadas pelo Projeto Cultura levaram a EDP Brasil a registrar resultados acima dos alcançados pela média das empresas de alto desempenho, como um aumento sustentado nos níveis de engajamento nos três primeiros anos do projeto, passando em 2019 a ser a geografia nº 1 do Grupo EDP.

Nesse mesmo ano, a empresa entrou, pelo quarto ano consecutivo, no ranking das 150 Melhores Empresas para Trabalhar, da revista *Você S/A.*, que analisou as práticas de gestão de pessoas e o ambiente de trabalho em doze categorias.

Com tudo isso, invade-me um sentimento de grande orgulho e realização pelo que fizemos juntos nos treze anos em que estive no Brasil. Assim como a EDP viveu uma grande transformação, transformei-me como líder e como pessoa. No próximo capítulo, compartilho a maneira que encontrei de sistematizar essa experiência sinérgica entre líder e empresa, que nos tornou diferentes.

8
TRANSFORMAR, TRANSFORMANDO-ME

O título deste capítulo parece um jogo de palavras, mas sintetiza a essência da experiência de liderança nos treze anos que passei no Brasil. Quando olho para trás e revejo esse período de 2008 a 2021, sinto-me muito privilegiado pela experiência de vida e profissional que me foi proporcionada. Sinto-me grato à vida, às pessoas que me rodearam, à EDP e ao Brasil, pelas transformações que me proporcionaram – a minha própria e a da empresa que liderei como CEO.

Não tenho dúvida de que a EDP é uma empresa diferente daquela que encontrei em 2008, mas eu também sou uma pessoa muito diferente da que chegou ao Brasil com 37 anos e saiu, de volta à Europa, com mais de 50 anos, tendo passado quase dois setênios completos num país ao qual ninguém fica indiferente. É por isso que repito: o Brasil transforma quem vem de fora. No meu caso, por meio da liderança de uma grande empresa como a EDP, pude canalizar essa transformação pessoal para uma transformação organizacional.

Decidi escrever este livro porque senti a responsabilidade de partilhar a jornada de transformação pessoal e empresarial que vivenciei. A escrita me deu a oportunidade de destilar a essência do que vivi, avivou minha memória e obrigou-me a separar o acessório do essencial. Também consegui sistematizar minha experiência. Foi assim que surgiu o que designo como Modelo de Liderança de Impacto. É uma sistematização da minha experiência como líder ao longo da jornada de amadurecimento e do processo de transformação organizacional.

Não houve a pretensão de ser um modelo universal ou acadêmico. É assumidamente um modelo empírico, baseado na experiência real de um executivo expatriado, no seu processo de adaptação a um novo país, uma nova cultura e um novo desafio. Ele não encerra a reflexão sobre a ligação entre a transformação de uma empresa e do líder que a empreende, mas pode ser tomado como uma contribuição para o respectivo entendimento.

O Modelo de Liderança de Impacto aprofunda o Modelo de Estágios de Maturidade, estabelecendo a ligação entre a maturidade do líder, traduzida pelo desenvolvimento de diferentes inteligências, e o impacto esperado no estilo de liderança e no foco de gestão. O termo "Impacto" é assumido em sentido lato, numa perspectiva holística de impacto na empresa e nos vários *stakeholders*, incluindo a sociedade e a natureza à nossa volta.

Em um mundo globalizado, em que as organizações têm tanto poder de fogo, tocam em tantos mercados e em tantas pessoas à volta do planeta Terra, não temos a mínima dúvida de que elas são agentes fundamentais de transformação na busca pelo designado capitalismo consciente.

O modelo de crescimento ilimitado da era pós-industrial está levando o planeta à exaustão. É preciso mudar o paradigma de desenvolvimento da sociedade moderna, garantindo que cessaremos com as lógicas extrativistas, poluidoras e usurpadoras dos recursos naturais em benefício próprio, sem a preocupação pela circularidade da economia e pela regeneração dos ecossistemas. Embora esse modelo tradicional ainda enforme a mentalidade da maior parte dos executivos *mainstream*, nos últimos cinco anos, com o advento da pressão ESG, as placas tectônicas começaram a se mover.

Personalidades como Larry Fink, CEO da Blackrock, uma das maiores gestoras de ativos financeiros do mundo, têm mudado o tom da conversa, mas sabemos que ainda há muitas organizações que se movimentam na agenda ESG para fazer *greenwashing* (termo também conhecido por "maquiagem verde") da sua atividade. Para darmos essa virada de modelo mental, a liderança tem o papel crucial de conduzir sua organização para um estágio de maturidade que a coloque focada no "bem maior", traduzido pela defesa de uma ou mais das grandes causas que nos mobilizam nesta época de múltiplas crises.

A experiência como CEO no Brasil ajudou-me a entender os elementos que vertemos para o Modelo de Liderança de Impacto:

1. uma liderança de impacto é uma liderança espiritualizada, com um líder autoconsciente e com uma cosmovisão integradora e holística, que entende o ser humano como parte de uma realidade cósmica alargada, e que se mobiliza de alma e coração para uma jornada de impacto socioambiental;
2. a transformação de impacto requer muitas formas de inteligência. Essas inteligências são estimuladas e amadurecidas ao longo dos ciclos de vida, o que vai nos dotando de maiores capacidades para transformar;
3. para apreender o entorno à nossa volta e liderar com impacto, conduzimos as várias inteligências por meio do que chamamos de "Portais de Compreensão da Realidade";
4. uma liderança de impacto implica uma "conexão profunda de significado líder-empresa", traduzida pela sintonia das dimensões espirituais de ambos, e que resulta na transformação mútua.

Acredito que essa visão holística fez a diferença na minha gestão e impactou na transformação da EDP Brasil. O Modelo de Liderança de Impacto representa graficamente, e de uma forma simplificada, os conceitos que considero importantes para descrever o processo de transformação líder-empresa.

Para descrever esse processo, gosto do conceito de "fluxo (Flow)": chamado assim pelo psicólogo húngaro e professor Mihaly Csikszentmihalyi para representar um estado psicológico equivalente à felicidade, no qual há um equilíbrio completo entre o desafio e a habilidade, gerando uma sensação de prazer e total dedicação no momento da realização de uma atividade. Houve muitos momentos da minha experiência como líder na EDP Brasil em que senti esse estado. E acredito que, na minha equipe, também possam ter sentido isso. Líder e equipe quase como entidade única, movendo-se e atuando em total sintonia.

Essa sintonia completa só é possível porque a essência da liderança que orienta a transformação, representada pela sua filosofia de vida e valores, está profundamente conectada com a essência da sua organização – isto é, com seu propósito, seus valores, crenças e comportamentos. Esse conceito me ajudou a conceber a projeção da nova cultura que queríamos consolidar na EDP.

A cultura de uma organização, de fato, acaba sendo um espelho do que é a essência da sua liderança, quando esta se revela verdadeiramente transformadora. Para o líder de impacto, tal projeção é profunda – porque ele acredita naquilo e se empenha com sua essência para a concretização. Por efeito, gera uma energia indescritível, que reforça essa sintonia entre ele, as pessoas e a organização.

Em linhas gerais, do lado esquerdo estão importantes elementos constituintes do líder de impacto; e do direito, os que dizem respeito à empresa transformada. No centro, destaco quatro grandes "Portais de Compreensão da Realidade", pelos quais o líder apreende o contexto à sua volta e atua. Líder e empresa estão ligados por meio das respectivas essências, naquilo que designamos como "conexão profunda de significado".

Eis o ponto central para um trabalho conjunto significativo: que líder e empresa estejam conectados profundamente com o que é essencial para ambos.

Figura 5 – Modelo de Liderança de Impacto

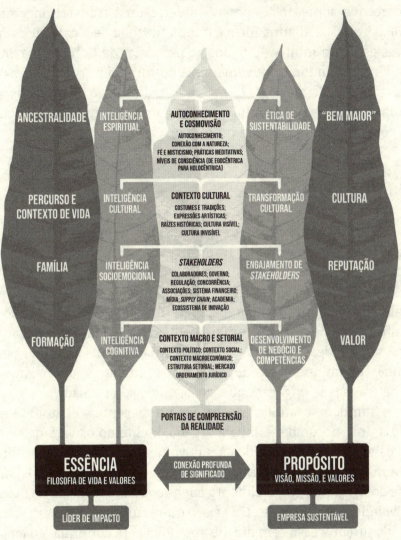

Fonte: elaborada pelo autor.

No fundo, o que procuro debater é que um líder será bem-sucedido e relevante para a sociedade, e para a organização que lidera, quanto maior for a sintonia entre sua essência, o que faz sentido na sua vida, e a razão da existência da empresa e sua cultura.

De acordo com essa ideia que motiva todo o modelo, considero que somente foi possível liderar uma transformação na EDP porque, de alguma forma, minha filosofia de vida e meus valores estavam muito alinhados ao propósito da Companhia, que tínhamos definido coletivamente. A cultura foi se movendo, para ajustar-se às demandas do mercado e da sociedade, mas especialmente nos anos da minha gestão como CEO, nossas essências se conectaram de maneira profunda.

O líder de impacto

Uso nesse modelo a expressão "líder de impacto" para designar a noção de um líder transformador, com uma visão holística da sua missão.

O líder é influenciado de alguma maneira pela sua ancestralidade, pela sua família, pela sua formação como cidadão e profissional, pela sua história e contexto de vida. Em relação à ancestralidade, abrange as heranças educacionais, talhadas pelo ambiente em que cresceu, pelas raízes familiares (até mesmo a genética) e pela bagagem que carregou do seu passado.

Também a família constituída no presente – e aqui me refiro a uma noção de família alargada, incluindo os variados vínculos afetivos estabelecidos à sua volta – tem papel inegável na sua maneira de liderar. Depois, há a formação profissional, para nos dotarmos de conhecimento adequado às exigências de nossa atividade, naturalmente. Ou seja, o que estudamos tem seu valor, sendo um processo sem fim, de aprendizagem contínua, ao longo de toda a vida.

Há, ainda, uma influência mais abrangente, que diz respeito a como escolhemos levar a vida. Essa escolha, via de regra, está em acordo com o contexto que nos envolve, com tudo o que já fizemos, presenciamos, sonhamos, deixamos marcado na própria história.

Esses quatro polos de influência contribuem para a formação da essência do líder, expressa a todo momento por meio de sua filosofia de vida e seus valores. Mas não só. Ela, a essência do líder, é amparada também pelo desenvolvimento de quatro inteligências principais, que abordamos no Modelo de Estágios de Maturidade, apresentado no Capítulo 5:

- cognitiva;
- socioemocional;
- cultural;
- espiritual.

A inteligência cognitiva é necessária para a resolução de problemas e tomada de decisões, incluindo dominar os números, interpretar dados e traçar estratégias com rigor analítico. Com essa inteligência, o líder penetra no contexto macro e setorial e apreende a realidade na qual a empresa opera, entendendo quais são as alavancas de criação de valor e quais os riscos e oportunidades que tem para gerir. Sendo uma inteligência importante, não é a mais relevante. Diria que é um requisito básico, mas não assegura sucesso.

A inteligência socioemocional tem enorme importância para a eficácia da liderança. É com ela que o líder gere as próprias emoções e os relacionamentos com o universo de *stakeholders* à sua volta. Na posição de CEO, essa lista de partes interessadas é enorme. O líder, com a inteligência socioemocional, tem de adaptar sua atuação em função do público-alvo, conforme abordei na Parte II deste livro. O desenvolvimento dessa inteligência permite aprimorar a constelação de relações que rodeia a empresa e o próprio líder.

Já a inteligência cultural é particularmente relevante num contexto de expatriação, ou de uma operação multinacional, para o líder entender e respeitar as diferenças culturais, conseguindo com um comportamento empático estabelecer relações de confiança e proximidade, com pessoas – colaboradores e *stakeholders* em geral – de matriz cultural diversa. Muito importante em empresas globais, que operam em mercados tão distintos, essa inteligência se revela fundamental num país como o Brasil, com matizes culturais diversas. Lidar com o colaborador baiano, fluminense, paulista, gaúcho ou de origem indígena – para dar apenas cinco exemplos de culturas – requer uma competência especial.

Finalmente, a inteligência espiritual é o culminar de uma jornada de desenvolvimento e amadurecimento interior. Ela costuma suplantar em importância as outras formas de inteligência nos setênios mais tardios da vida. Caracteriza-se por um nível mais profundo de autoconhecimento, uma consciência mais elevada e uma maior conexão com a transcendência ou com o divino.

Gosto de uma definição vedanta do Swami Sarvapriyananda para espiritualidade: "eu fecho os olhos e estou em paz comigo. Eu abro os olhos e pergunto o que posso fazer por ti". Aprendi com o processo de amadurecimento espiritual que o Brasil me proporcionou, que o pluralismo de aprender, respeitar e ser inspirado por todas as formas de espiritualidade nos ajuda a olhar para o mundo por prismas complementares, que nos enriquecem para o exercício da liderança e para a vida em geral.

Ainda sobre essas quatro inteligências à volta da essência do líder, ressalto que todas elas vão operar nos "Portais de Compreensão da Realidade", nos quais o líder penetra para exercer sua liderança na empresa.

Portais de compreensão da realidade

No Modelo de Liderança de Impacto destaco quatro grandes eixos de interação entre líder e empresa, sobre os quais atuam as quatro inteligências citadas anteriormente:

- contexto macro e setorial;
- *stakeholders*;
- contexto cultural;
- autoconhecimento e cosmovisão.

O elemento básico de compreensão para o líder é o contexto macro e setorial. Diria que é o primeiro nível de compreensão que um líder precisa desenvolver para operar numa dada indústria, num dado país. Há que compreender os sistemas político, econômico e judicial e a estrutura social e demográfica do país. E no setor, as tendências tecnológicas, regulatórias e mercadológicas. Todo o contexto necessário para entender como fazer prosperar o negócio, quais desafios terá de ultrapassar e quais competências terá de desenvolver para bater a concorrência.

Líder e empresa tecem a todo momento redes de relacionamento com as pessoas e instituições envolvidas com o negócio. Por isso, os *stakeholders* representam, nesse modelo, o segundo portal. É importante ter total compreensão de quem são os atores à volta da empresa e de como interagir com todos eles da melhor maneira possível, utilizando a inteligência socioemocional. Abrange clientes, colaboradores, acionistas e pessoas dos poderes executivo e legislativo, órgãos reguladores, diplomacia, sistema financeiro, concorrência, ecossistema inovador, mídia, associações, sindicatos, cadeia de suprimentos, academia e todos os outros que influenciam os destinos da organização.

Subindo a escada de compreensão da realidade, vamos para o patamar do contexto cultural, caracterizado pelos costumes e tradições do país onde nós estamos e também por suas expressões artísticas – da música à literatura, passando pelas artes plásticas ou performativas. É procurar compreender a história desse lugar, assim como a cultura visível, com seus comportamentos esperados, e a invisível, envolvendo aquilo que não é dito, mas que nós vamos aprendendo à medida que vivenciamos. Essa dimensão cultural é de extrema importância em qualquer lugar do mundo, mas, para um estrangeiro num país diferente do seu país de origem, assume uma importância nuclear para saber gerar impacto positivo.

Finalmente surge o patamar mais difícil de atingir, que exige um grande nível de maturidade existencial. A inteligência espiritual atua sobre esse quarto Portal de Compreensão da Realidade, que designo de autoconhecimento e cosmovisão. Conhecer-me a mim próprio e ter uma consciência do mundo à minha volta.

Aqui, o líder e a organização progridem em vários níveis de consciência, como estão bem explicados no livro *A era do impacto*[21], de James Marins, um mobilizador do ecossistema de impacto social. A holocêntrica é a consciência que abarca a nossa ligação com todo o meio envolvente, em oposição à egocêntrica, que avalia as necessidades e consequências individuais. Ou ainda à etnocêntrica, focada nas necessidades dos nossos semelhantes, e à globocêntrica, que traz a noção da nossa interdependência com toda a sociedade à nossa volta.

Em outras palavras, essas consciências permitem a cada líder conectar-se com seu íntimo e também com o meio envolvente, usando sua inteligência espiritual. Isso porque nós fazemos parte da Natureza, somos um elemento dela, e não um corpo separado. Essa cosmovisão, com o ecológico no centro, por oposição às habituais visões antropocêntricas de mundo, que considera a humanidade o centro do Universo, é que nos leva naturalmente a desenvolver e acreditar em uma ética da sustentabilidade (tema que também aprofundarei na Parte IV).

Há, ainda, outro nível de consciência que transcende o que está visível (natureza e elemento humano). É o da fé e do misticismo. E, mesmo sendo algo difícil de conceituar, líder e empresa também podem acessar essa energia transcendente para compreender a realidade e fortalecer essência, propósito e valores.

Em treze anos de permanência no Brasil, considero que desenvolvi as quatro inteligências que representei nos Modelo de Estágios de Maturidade e no Modelo de Liderança de Impacto, e atravessei os quatro Portais de Compreensão da Realidade, como descrevemos até aqui. Foi mais de uma década de amadurecimento como homem e como profissional. O Brasil me estimulou nessa jornada. O segundo modelo traduz a destilação dessa jornada de transformação pessoal e também da transformação

---

[21] MARINS, J. **A era do impacto**. Belo Horizonte: Voo, 2019.

organizacional, que ocorreu com uma forte conexão de significado entre líder e empresa.

A empresa sustentável

Todos nós reconhecemos que a formação do propósito e dos valores da empresa não ocorre da noite para o dia, tampouco por imposição hierárquica ou apressadamente, atropelando a cultura. Esse patrimônio vai sendo construído ao longo do tempo e da história da empresa; e a liderança pode ajudar a modelar a evolução, juntamente com o restante da organização. É a grande possibilidade de desenvolver quatro vetores que fazem uma empresa ser criadora de valor e sustentável:

- desenvolvimento de negócios e competências;
- engajamento de *stakeholders*;
- transformação cultural;
- ética de sustentabilidade.

Ao abraçar o compromisso de construção de uma empresa de sucesso sustentável, responsável em termos socioambientais, a liderança de impacto consegue abrir espaço para ouvir as pessoas (e a si mesmo) e para mobilizar toda a organização numa construção coletiva. Com sua inteligência socioemocional, promove o engajamento dos *stakeholders* internos e o relacionamento com os externos, formando sua maior alavanca de transformação da cultura.

O passo seguinte é a promoção de uma ética da sustentabilidade, que orienta a empresa para a promoção do "bem maior". A inteligência espiritual propiciará a esse líder maior compreensão do meio envolvente, e de si próprio para orientar a melhor forma de produzir impacto. Somente assim ele poderá desenvolver as condições para que a empresa seja focada nesse propósito superior.

Gosto da definição do filósofo Clóvis de Barros de que "a ética é a inteligência compartilhada a serviço do aperfeiçoamento da convivência[22]". Temos de valorizar as relações e aprimorar essa inteligência compartilhada, pois ela lapida nossa própria existência. Portanto, nessa visão holística do modelo, estou me referindo não apenas à forma como nos relacionamos moralmente no meio social, mas também no ambiental, convocando o líder a refletir o quanto está, de fato, fazendo o que precisa ser feito pelo bem das pessoas e do meio à sua volta.

Nos resultados da empresa transformada do Modelo de Liderança de Impacto estão as mesmas quatro dimensões do Modelo de Estágios de Maturidade: valor, reputação, cultura, culminando com o "bem maior". Quando completa os quatro estágios, é uma empresa que se valoriza e é altamente reputada. Transforma por ter uma cultura inclusiva e engajadora, pratica uma gestão ética e aberta ao desenvolvimento sustentável de negócios e competências. E orienta sua atuação sempre para contribuir para uma sociedade e um meio ambiente melhores.

Reforço que se trata de uma evolução. O valor deve ser em todos os sentidos. Por exemplo, a satisfação dos clientes traz valor aos acionistas e à própria empresa. Reputação também precisa ir além da expectativa básica de relacionamento, relações públicas. Para transformar, o líder passa a olhar mais para a cultura, preocupando-se com os valores e comportamentos que as pessoas têm ali. Depois vem um "bem maior", com uma crescente atenção a tudo isso e ainda mais àquilo que a empresa faz pela sociedade e deixa como legado.

Esse legado é um patrimônio da sua atuação com impactos variados: social, cultural, ambiental etc. Portanto, o "bem maior", nessa visão holística, engloba tudo aquilo que nós deixamos para a Natureza, para as comunidades, para os seres humanos. Uma empresa que evoluiu através dos quatro estágios de maturidade,

---

[22] Fonte: disponível em: https://posdigital.pucpr.br/blog/clovis-de-barros-filho-curso--etica. Acesso em: 10 jul. 2023.

com uma conexão profunda de significado com sua liderança, tem boa chance de ser bem-sucedida na implementação do seu propósito e na produção de impacto positivo à sua volta.

Agora que sobrevoamos o processo de transformação da EDP Brasil, que nos inspirou para o Modelo de Liderança de Impacto, vamos lançar um olhar para o futuro na Parte IV, com a qual concluo este livro. Um futuro que qualifiquei de "pós-ESG", com o entendimento de que os atuais modelos de sustentabilidade são falhos para perspectivarmos uma abordagem integral às necessidades da humanidade.

Defendo que precisamos repensar o desenvolvimento dito sustentável e criar uma nova ética para a vida na Terra, com a qual reformularemos o modelo civilizacional em que o mundo assenta. O Brasil tem um papel central na criação dessa nova visão de desenvolvimento e pode ser o espaço para um novo humanismo, mais ecológico e menos antropocêntrico. Também faremos uma reflexão profunda sobre traços que considero fundamentais para um novo perfil de líder, capaz de empreender uma transformação profunda, nesse contexto de múltiplas crises que enfrentamos na atualidade.

Precisamos desenvolver lideranças preparadas para o novo mundo "pós-ESG", como será apresentado a seguir.

Parte IV

Olhar para um futuro pós-ESG

O Brasil está inexoravelmente no centro das grandes transformações da sociedade contemporânea. Na última década, vivi intensamente as agendas social e ambiental, que marcam tão profundamente a atualidade do país. De um lado, a pressão para um desenvolvimento econômico alicerçado nas riquezas naturais. Do outro, a pressão internacional e da opinião pública para a preservação dos grandes biomas do mundo, como é o caso notório da Amazônia.

Um país jovem e empreendedor, de um lado, berço de modelos de negócio inovadores e de avanços tecnológicos de relevo internacional e, do outro, um conjunto alargado de pautas fraturantes, que dão saliência às desigualdades e cicatrizes sociais da população brasileira, muitas delas com raízes históricas. Tudo isso num território de dimensão continental, que concentra uma parte relevante das riquezas naturais do mundo, o que lhe confere uma posição central no debate dos destinos da humanidade.

Quando olhamos para o futuro, entendemos que aquilo que se passar no Brasil na presente década, como grande potência social e ambiental que é, será um divisor de águas para o mundo, no que toca à forma como lidamos com a emergência climática, a preservação da Natureza e proteção da biodiversidade, o estabelecimento de limites ecológicos, os direitos humanos, a redução das desigualdades sociais, a diversidade e inclusão, entre outras pautas da atualidade.

A jornada de transformação, pessoal e empresarial, que vivi no Brasil me mostrou, com evidências claras, a importância do exercício da liderança na produção de impacto socioambiental, bem como a relevância da iniciativa privada para a tração dessa agenda. Novamente olhando para o futuro, entendemos a responsabilidade que cabe aos líderes empresariais e às suas organizações, nessa travessia para um novo modelo de sociedade.

No entanto, mesmo com as empresas e a nossa sociedade fazendo avanços – e muito se tem conquistado nas últimas décadas, como tão bem ilustra Steven Pinker no seu *O novo iluminismo*[23] – a realidade fática mostra que o modelo malthusiano do "capitalismo fóssil" coloca um sobrepeso insustentável nos recursos e no equilíbrio do Planeta. Por isso, enxergo ter a oportunidade nas próximas páginas de subir o tom quanto à nossa responsabilidade com o futuro. Todos os sinais que estamos recebendo da Natureza e da sociedade nos levam a refletir que muito ainda precisa ser feito para vislumbrarmos um futuro sustentável.

No Capítulo 9, que compõe esta Parte IV, enfatizarei a necessidade de fazermos evoluir o humanismo antropocêntrico, que começou a ganhar forma no Renascimento do século XV, para um humanismo que coloca o ecológico no centro. Um humanismo contemporâneo, que reconheça nossa interdependência com todos os seres viventes à nossa volta, tanto animais como vegetais.

Esse movimento de alargamento de foco da nossa moral e cultura implica a construção de uma nova ética da vida na Terra, não mais restrita ao aprimoramento da nossa convivência em sociedade, mas sim ampliada para a nossa convivência com todos os viventes vicinais.

De acordo com Roman Krznaric, renomado historiador da cultura, doutor em sociologia política e membro fundador da *School of Life*, em Londres, nos próximos 50 mil anos, ainda nascerão mais de 6,75 trilhões de descendentes[24]. Portanto, estamos colonizando o futuro dessas próximas gerações, que não têm condição de se pronunciarem sobre as opções que estão nos levando à atual emergência ambiental e social. Por isso, essa nova ética de vida na Terra conclama por mais responsabilidade intergeracional.

Apercebemo-nos, nas últimas décadas, que a trajetória da humanidade é insustentável e trouxemos o remédio da sustentabilidade. Mais recentemente, o mundo financeiro constatou que seus investimentos correm sérios riscos sistêmicos, decorrentes

---

[23] PINKER, S. **O novo iluminismo**: em defesa da razão, da ciência e do humanismo. São Paulo: Companhia das Letras, 2018.
[24] KRZNARIC, R. **Como ser um bom ancestral**: a arte de pensar o futuro num mundo imediatista. Rio de Janeiro: Zahar, 2021.

das alterações climáticas. E trouxe como remédio o ESG, que passou a ser exigido nos negócios.

Sustentabilidade e ESG são conceitos que geram sérias dúvidas na sociedade, na medida em que podem ser utilizados como meras retóricas para esverdear a atuação das empresas e comportam uma visão restritiva, incompleta da nossa evolução como sociedade. Gosto da noção trazida por alguns povos indígenas que chamam a essa responsabilidade que temos com nosso Planeta simplesmente de "amor à natureza".

Por isso, vou defender que essa nova ética da vida na Terra é, acima de tudo, uma ética de amor à vida em todas as suas formas existentes. E defenderei também que o desenvolvimento sustentável tem de dar lugar a um modelo de desenvolvimento pós-ESG, com uma visão holística, a que darei o nome de Evolução Integral.

Precisamos ressignificar o humanismo, alargando suas fronteiras no espaço e no tempo. Um humanismo ecológico, abarcando Natureza e Sociedade num todo único. Cuidando do presente, como legado histórico dos que nos antecederam e como prenúncio do futuro dos que nos sucederão. Um humanismo com responsabilidade histórica, cultural, social, ambiental e intergeracional. Um novo humanismo que cuida do passado, presente e futuro de todas as formas de vida no Planeta.

No Capítulo 10, defenderei a tese de que o Brasil se encontra numa posição única, pela sua dimensão continental, pelos seus abundantes recursos naturais, pela sua enorme sociodiversidade para ser o epicentro desse novo humanismo. Há uma agenda reconciliatória do homem com a natureza, com os povos e saberes da floresta, do centro com as periferias e do passado de colonização com o presente e futuro do país. A par dessa agenda de reconciliação há uma revolução verde operando na energia, na indústria, na agricultura e no uso dos solos.

No Capítulo 11, vou refletir sobre as implicações desta nova ética, necessária para inverter o rumo da história da humanidade, nas organizações e suas lideranças, que precisam assumir sua responsabilidade nessa travessia para um novo modelo de sociedade.

Além disso, destacarei traços que identifiquei como fundamentais no perfil dos líderes de impacto para navegar no futuro pós-ESG.

Foi essa elevação do nível de consciência, e o chamado para uma transformação, que senti como líder de uma grande empresa privada no Brasil e que reconheço estar em marcha em tantas outras organizações em volta do mundo.

Esse caminho foi certamente estimulado pelo ambiente e pelas pessoas à minha volta, mas só foi possível também porque eu estava aberto à mudança. Aberto ao designado "outramento" de Fernando Pessoa, como essa capacidade de evoluirmos em função da presença do "outro" em nós. A abertura dos líderes à mudança de si próprios é o ponto de partida para as transformações que têm de operar em larga escala. "Temos de ser a mudança que queremos ver no mundo", como nos ensinou Mahatma Gandhi.

Esse é o salto para o futuro que nós temos que dar. Por mais que seja utópico, invoco Eduardo Galeano, escritor uruguaio, quando dizia:

> "A utopia está lá no horizonte. Me aproximo dois passos, ela se afasta dois passos. Caminho dez passos e o horizonte corre dez passos. Por mais que eu caminhe, jamais alcançarei. Para que serve a utopia? Serve para isso: para que eu não deixe de caminhar".

Terminarei esta quarta parte com uma visão desafiadora do arcabouço ESG no Capítulo 12. Apresentarei um manifesto baseado em sete dimensões – 7 Es – que refletem uma perspectiva mais ampla e abrangente do que aquela que é traduzida pelas três dimensões do ESG – ambiental, social e governança. Esse manifesto deve ser visto como um ponto de partida para uma reflexão mais profunda, que se faz necessária para que os atuais modelos de sustentabilidade evoluam.

Vamos, então, à última parte deste livro, que espero que possa inspirar outros líderes na caminhada de transformação da nossa sociedade.

9
EVOLUÇÃO INTEGRAL E UMA NOVA ÉTICA DA VIDA NA TERRA

No último verão que passei em Lisboa, os termômetros já marcavam 30 graus Celsius às 8 horas da manhã. E as previsões apontavam que seria um dia mais fresco do que os anteriores, fruto de uma onda de calor que assolou a região. Tornaram-se cada vez mais frequentes os dias de clima extremo. Julho sempre foi um mês quente na Europa, mas não é normal temperaturas destas logo pela manhã.

Uma vila alentejana, no interior de Portugal, foi notícia por ter chegado aos 50 graus Celsius em 2022, uma temperatura claramente inflacionada relativamente aos níveis típicos do clima temperado da Península Ibérica. Dizem-nos os meteorologistas que os primeiros meses desse mesmo ano foram os mais quentes desde 1880. E que, entre janeiro e maio, as temperaturas combinadas da terra e dos oceanos estiveram 0,68 graus Celsius acima da média do século XX.

Apesar do negacionismo que ainda vamos ouvindo aqui e ali, o aquecimento global é um fenômeno difícil de contestar, de tão evidente que se tornou na rotina de todos. E é apenas um dos muitos efeitos que as mudanças climáticas agravaram nas últimas décadas no nosso Planeta: das ondas de calor ao agravamento das secas, passando pelo desgelo das calotas polares, com a consequente subida dos níveis dos oceanos.

Há ainda as inundações cada vez mais frequentes em zonas costeiras, a própria acidificação dos oceanos com efeitos devastadores na flora e fauna marinhas, os fenômenos climáticos extremos e os incêndios florestais. Esses e muitos outros efeitos vêm se avolumando à nossa volta diariamente, passando a ser o "novo normal" do clima na Terra.

Uma nova superpotência geológica

O Professor Mark Maslin, da University College London, no Reino Unido, em seu livro *How to save our planet*[25], classifica a humanidade como a nova superpotência geológica, mais forte que o movimento das placas tectônicas, que a atividade dos grandes vulcões ou do choque de meteoritos com a Terra. Pela primeira vez na história do Planeta, uma das espécies que nele habita é capaz de mudar o clima.

Esse resultado é a consequência da nossa evolução ao longo de milhares de anos, mas só depois da Revolução Industrial, no século XIX, começamos numa trajetória exponencial de impacto negativo no meio ambiente.

Desde os grandes impérios, a ideia de vitória para o Homem é associada à dominação da Natureza. O próprio descobrimento e a colonização do Brasil acabaram seguindo o mesmo padrão. Sabemos hoje que só restam menos de 8% da Mata Atlântica original[26]. E a história exalta o papel dos Bandeirantes, por penetrarem na densa floresta e desbravarem o novo território. Ao que se sucederam os ciclos de desenvolvimento do Brasil – do pau-brasil, do ouro, da cana-de-açúcar e do café –, e que resultaram na devastação quase integral da Mata Atlântica. Portanto, o modelo mental que presidiu aos últimos séculos da nossa existência é este: o Homem contra a Natureza.

É impressionante a estatística de devastação de árvores desde o início da civilização. Estima-se que mais de 3 trilhões de árvores foram abatidas, ou seja, mais de metade das árvores

---

[25] MASLIN, M. **How to save our planet** – The Facts. London, UK: Penguin Life, 2022.
[26] Mata Atlântica luta pela sobrevivência. WWF-Brasil. Disponível em: https://shre. ink/m6Rm Acesso em: 11 jul. 2023.

existentes no planeta. E essa devastação dos biomas naturais causou também a extinção de centenas de espécies – contam-se atualmente cerca de 800 espécies de animais e plantas extintas desde 1500.

Dez mil anos atrás, o planeta era 99,95% habitado por animais selvagens. Atualmente, os mamíferos que habitam a Terra são 30% humanos, 67% gado para nos alimentar e apenas uns escassos 3% de animais selvagens. Não só causamos a extinção de boa parte da vida selvagem, como multiplicamos nossa pressão demográfica por quase oito vezes em pouco mais de 200 anos: ultrapassamos a marca de 1 bilhão de habitantes em 1804. Em 2020, já éramos perto dos 8 bilhões.

Até hoje, esta superpotência geológica, que somos "nós", já moveu mais solo do que todos os processos naturais combinados. E já produzimos quantidades de concreto que seriam suficientes para cobrir toda a superfície da Terra com uma camada de 2 mm de espessura. Isso significa que, não é apenas o clima, afetado pela concentração de gases que induzem o efeito estufa na atmosfera, que sofre transformação drástica. São todos os sistemas naturais, compostos pela matéria viva e inerte, que estão sendo alterados pela nossa ação.

Mais preocupante ainda é que as soluções postas em marcha para reverter as mudanças climáticas fazem um uso extensivo de recursos do Planeta. Como é o caso das soluções de geração de energia renovável, que necessitam de amplos espaços para implantação e de muitos elementos minerais para a sua produção, quer sejam painéis solares ou turbinas eólicas.

Sem uma visão regenerativa da Natureza, criaremos novos desequilíbrios no meio ambiente. Por isso, é tão importante impormos critérios *nature positive* para a economia do século XXI.

Definitivamente, a humanidade atingiu um ponto insustentável na sua trajetória de desenvolvimento. Arriscamos o chamado "sexto evento de extermínio de vida na Terra"[27]. E ele está acontecendo diante dos nossos olhos, todos os dias progredindo um pouco mais para o precipício.

COVID-19: um alerta para a sustentabilidade

A pandemia de COVID-19, que começou na cidade de Wuhan, em dezembro de 2019, vitimou mais de 6 milhões de habitantes no mundo e infectou mais de 550 milhões de pessoas nos dois primeiros anos, de acordo com a Organização Mundial de Saúde[28]. Podemos iludir-nos pensando que pandemia e mudanças climáticas são eventos descorrelacionados, mas essa não é minha convicção. O próprio jornalista americano David Wallace-Wells, no seu best-seller *A terra inabitável*[29], dedica um capítulo inteiro àquilo que ele designa "pragas do aquecimento", citando cientistas que estimam que o planeta deve abrigar mais de 1 milhão de vírus que o homem ainda desconhece.

Passados setenta dias de isolamento social, escrevi para uma revista semanal brasileira o artigo "Uma nova ética da vida na Terra para o pós-pandemia"[30], que acabou integrando o livro *O mundo pós-pandemia*[31], junto a outros 49 textos de profissionais de diversas áreas refletindo sobre como a crise de COVID-19 forçou o mundo a repensar o futuro. De fato, de um dia para o outro,

---

[27] JAKUB, L. Terra passou por mais extinções em massa do que imaginávamos. **National Geographic Brasil**, 5 nov. 2020. Disponível em: https://www.nationalgeographicbrasil.com/historia/2020/01/terra-passou-por-mais-extincoes-em-massa-do-que-imaginavamos. Acesso em: 11 jul. 2023.

[28] Disponível em: https://covid19.who.int. Acesso em: 11 jul. 2023.

[29] WALLACE-WELLS, D. **A terra inabitável**: uma história do futuro. São Paulo: Companhia das Letras, 2019.

[30] SETAS, M. Uma nova ética da vida na Terra para o pós-pandemia. **Revista Isto É dinheiro**. 12 jun. 2020. Disponível em: https://www.istoedinheiro.com.br/uma-nova-etica-da-vida-na-terra-para-o-pos-pandemia. Acesso em: 11 jul. 2023.

[31] NEVES, J. R. de C. **O mundo pós-pandemia**: reflexões sobre uma nova vida. Rio de Janeiro: Nova Fronteira, 2020.

a maioria de nós ficou retida em casa, mudou radicalmente hábitos e teve de reinventar a forma de viver e trabalhar.

Depois do choque inicial, que nos causou espanto e insegurança, começaram a surgir os clamores por um "novo normal". E começamos a ver autoridades, dirigentes de empresas, consultores invocando a necessidade de redefinirmos o que queríamos que fosse o mundo depois dessa crise planetária. Como nos diria Winston Churchill[32], "nunca desperdice uma boa crise". É obrigação, também, da nossa sociedade reagir influenciando e mudando o rumo da história.

No auge da fase de isolamento social, eu pensava, incrédulo, sobre quão frágil é o mundo do qual fazemos parte. Mesmo os países mais ricos, como Estados Unidos e Reino Unido, não estavam preparados para uma pandemia dessa dimensão. Sistemas de saúde de todo o planeta se revelaram sem condições adequadas para atender a população enferma, tirando honrosas exceções, como a do sistema alemão. E milhões de pessoas com doenças crônicas constituindo grupos de risco e sofrendo com sua vulnerabilidade.

Tudo isso numa era de *big data*, inteligência artificial, robótica, biogenética, nanotecnologia e todas as outras ramificações do nosso apogeu tecnológico. Era quase inconcebível que estivéssemos passando por isso. Não fossem os milhares de mortes registradas, eu diria que a sociedade estava tendo um alerta para parar e ter tempo de mudar o rumo da história que está escrevendo.

Sem a pretensão de ter respostas definitivas, muito menos categóricas, passei a me interrogar se as empresas não poderiam ter tido uma atuação mais proativa e diligente, por meio de seus investimentos sociais. E, dessa forma, contribuírem para a prevenção desse cenário: com as parcerias público-privadas sendo assertivas, ao endereçar os desafios da sociedade contemporânea,

---

[32] ALVES, R. Já dizia Winston Churchill: nunca desperdice uma crise. **Monitor Mercantil**. Disponível em: https://monitormercantil.com.br/ja-dizia-winston-churchill-nunca-desperdice-uma-boa-crise/>. Acesso em: 11 jul. 2023.

e os organismos multilaterais, como é o caso da ONU, cumprindo sua missão de zelar pelo bem da humanidade.

Meu olhar recaiu inevitavelmente sobre a sustentabilidade, que pode ser definida pela busca do equilíbrio entre o suprimento das necessidades humanas e a preservação dos recursos naturais, não comprometendo as próximas gerações e atentando ao tripé econômico, social e ambiental.

É notório que se trata de uma abordagem segmentada, violando, desde logo, uma visão sistêmica indispensável, segundo a teoria da complexidade do humanista francês Edgar Morin. A pandemia que enfrentamos nos deu a consciência de haver uma lacuna fundamental nesse conceito: não carregar um foco explícito na preservação da vida de uma maneira mais abrangente. O ESG incentiva políticas de perenidade econômica, de preservação do meio ambiente, de bom relacionamento com a sociedade à nossa volta. Até comporta uma perspectiva intergeracional. No entanto, falta dar primazia à vida humana e demais formas de vida na Natureza, entre outras limitações desse modelo.

E foi a partir de uma crise sanitária de dimensão planetária que muitas empresas se desdobrariam em ações solidárias para ajudar a aliviar o sofrimento humano. Impressionou-me o volume de doações com que uma boa parte das empresas contribuiu para combater essa crise. Somente o estado de São Paulo anunciou, em julho de 2020, uma coleta de mais de 800 milhões de reais em doações privadas[33], das quais a EDP fez parte.

Ora, se esses recursos existiam em muitas das economias mundiais, não poderiam já ter sido aplicados em prevenção, em reforço atempado dos sistemas de saúde, em projetos estruturantes de saúde pública, o que colocaria a saúde no centro do debate público e dos ditos objetivos empresariais? Não o fizemos a tempo.

---

[33] São Paulo arrecada 816,4 milhões de reais em doações da iniciativa privada para combate ao coronavírus. **Gazeta Regional**, 14 jul. 2020. Disponível em: https://www.leiaogazeta.com.br/sao-paulo-arrecada-r-8164-milhoes-em-doacoes-da-iniciativa-privada-para-combate-ao-coronavirus. Acesso em: 11 jul. 2023.

São válidos os esforços em criar políticas de perenidade econômica conciliando com as de preservação do meio ambiente e de bom relacionamento com a sociedade à nossa volta. Entretanto, uma abordagem holística é necessária para encararmos desafios de escala global. A segregação dos saberes é totalmente artificial, está apenas no nosso intelecto. A integração é que transforma.

Frequentemente, a sustentabilidade nas empresas surge no âmbito das atividades de marketing ou como extensão de uma área de meio ambiente. Não é comum, nas empresas, as áreas de sustentabilidade serem autônomas, fortes e respeitadas, e participarem diariamente na tomada de decisão. São frequentemente áreas de apoio, com grande competência no preenchimento de questionários, para responderem aos longos quesitos dos índices de sustentabilidade, que foram surgindo e colocando pressão sobre as empresas.

As políticas relacionadas surgem frequentemente como recomendações de boas práticas, como orientações que as levam a subir nos rankings de empresas sustentáveis, mas que não são encaradas como imperativos. Ou seja, são importantes, mas não são "de vida ou morte". Entretanto, desastres ambientais e outros fatos chocantes como a pandemia, mostram-nos que precisamos subir o tom da sustentabilidade.

A corrida para zero e a agenda ESG

O influente mundo financeiro parece que acordou para esse problema e colocou a sustentabilidade no centro do diálogo dos investidores – com uma nova roupagem. Passamos a ouvir a recém-criada sigla ESG como um novo tripé da sustentabilidade, com a substituição da dimensão econômica pela da governança. Por efeito, investidores apontam suas atenções para os órgãos de decisão das corporações, nomeadamente ao CEO e Conselhos de Administração das empresas; e a governança assume um destaque especial na responsabilização dos decisores.

Executivos globais como Larry Fink, CEO do fundo BlackRock, que gere uma carteira de investimentos superior a 10 trilhões de dólares, passaram a se posicionar com assertividade sobre as responsabilidades das grandes corporações no domínio da sustentabilidade, cobrando ação determinada por parte dos governos, sociedade e indivíduos e canalizando suas decisões de investimento para setores e empresas que estejam numa trilha sustentável.

Nas COP26 e COP27, sessões da importante Conferência do Clima organizada pelas Nações Unidas, realizadas respectivamente em Glasgow (2021) e em Sharm el-Sheikh (2022), onde tive a honra de encabeçar a delegação da EDP, assistimos a uma mobilização inédita do mundo financeiro em torno dos objetivos de desenvolvimento sustentável. Um dos mais relevantes movimentos lançados na COP26 foi a "Glasgow Financial Alliance for Net Zero (GFANZ)", uma coalização de mais de 450 membros com mais de 130 trilhões de dólares em ativos, que partilham o compromisso de tomar ações imediatas para reduzir pela metade as emissões de carbono até 2030 e de atingir a neutralidade carbônica (net zero) até 2050.

Essa corrida na redução das emissões dos gases que produzem efeito estufa é posta pela ciência como um requisito indispensável para assegurarmos 50% de probabilidade de chegarmos ao fim do século XXI com um aumento de temperatura inferior ou igual a 1,5 grau Celsius, face aos níveis pré-industriais. Atualmente, como é sabido, já temos um aumento superior a 1,0 grau Celsius com base nesse referencial.

Na era pré-industrial, antes de 1880, tínhamos uma concentração de CO_2 de cerca de 280 partes por milhão. O relatório de 2022 do Painel Intergovernamental sobre Mudanças Climáticas (na sigla em inglês, IPCC)[34] recomendou que o limite para conter os efeitos do aquecimento global se situe em 485 partes

---

[34] Report Climate Change 2022: impacts, adaptation and Vulnerability. **IPCC**. Disponível em: https://www.ipcc.ch/report/sixth-assessment-report-working-group-ii. Acesso em: 11 jul. 2023.

por milhão. O problema é que já ultrapassamos as 500 partes por milhão. Por isso, a única forma de reverter o agravamento das alterações climáticas é atingindo rapidamente a neutralidade carbônica – numa autêntica "corrida para zero emissões".

As emissões mundiais estão em quase 60 gigatoneladas de CO2 por ano, com um peso de mais de 60% do setor energético e industrial. Há cinco regiões do globo que representam cerca de dois terços dessas emissões: China, Estados Unidos, União Europeia e Reino Unido, Índia e Rússia.

No caso dos Estados Unidos, da União Europeia e do Reino Unido há compromissos públicos assumidos de atingir a neutralidade carbônica até 2050. A China se comprometeu com 2060. A Índia e a Rússia ainda não tinham estabelecido compromissos oficiais, até meados do ano de 2022. Quanto ao Brasil, as implicações da devastação da Amazônia extrapolam a aritmética das emissões carbônicas. Mas sobre isso falaremos adiante, quando olharmos em mais profundidade para sua importância global no equilíbrio do clima e na preservação da biodiversidade do Planeta.

Efetivamente, a comunidade internacional subiu o tom da sustentabilidade. Os fluxos financeiros passaram a buscar investimentos sustentáveis; e o mundo corporativo, pelo menos nas praças ocidentais, passou a não ter alternativa que não seja uma agenda de sustentabilidade clara, com objetivos e compromissos assumidos, que serão cobrados pelos acionistas.

Apesar das graves consequências humanas e econômicas da guerra deflagrada na Ucrânia, o sentido global do mundo segue sendo o de uma corrida para a descarbonização da economia. Verificaram-se alguns recuos por conta da perturbadora crise energética europeia, mas sentimos que está preservado o senso de urgência e direção global da transformação necessária.

A grande discussão que emerge em torno do ímpeto para uma transição justa para uma economia de baixo carbono prende-se à transparência do reporte das metas e dos planos de sustentabilidade. Alguns casos notórios de multinacionais

192 · Gigante pela própria natureza

acusadas de *greenwashing*[35] têm manchado a reputação desses planos.

Neste livro, defendo que não é apenas no *reporting* que está o calcanhar de Aquiles. Diria que são os próprios modelos de sustentabilidade, por comportarem uma visão limitada das variáveis fundamentais para se operar uma transformação profunda da sociedade. Compreendo a gênese do modelo ESG e sua importância nesse momento para criar uma mobilização global. No entanto, como veremos mais à frente, considero esse conceito incompleto e limitado na sua capacidade de criarmos uma consciência ecológica global e uma nova ética da vida na Terra.

A necessidade de uma refundação ética

Não há dúvida, estamos diante de um paradoxo. Por um lado, queremos limitar nosso impacto no meio ambiente e "zerar" emissões carbônicas. Por outro, todo o nosso modelo de desenvolvimento atual assenta na expansão ilimitada dos negócios e do crescimento econômico. Esse paradoxo, de aparente impossível resolução, convoca-nos para uma refundação do nosso modelo de sociedade. Efetivamente, o salto para um futuro sustentável implica um novo humanismo – do modelo antropocêntrico, que coloca o homem no centro de tudo, para outro que traz a ecologia para o centro.

O humanismo que conhecemos até hoje ganhou forma a partir das concepções do Renascimento entre os séculos XIV e XVI, na Itália, focado nos atributos e realizações humanas. Os cientistas dizem-nos que, desde o século XVIII, entramos no chamado Antropoceno, período geológico mais recente no qual as nossas ações passaram a ter impactos significativos no clima da Terra e no funcionamento dos seus ecossistemas, com redução dramática da biodiversidade, entre outros danos.

---

[35] Termo em inglês também conhecido por "maquiagem verde".

Está visto o resultado que nós mesmos (indivíduos, empresas e sociedade) criamos ao cuidar somente do Homem. Por nós e especialmente pelas próximas gerações, precisamos converter esse humanismo antropocêntrico num outro que coloque a ecologia no centro de tudo – a que podemos nominar "ecologismo" ou "humanismo ecológico".

Mudar as fundações da nossa sociedade, que se desenvolveu nos últimos 500 anos focada primordialmente em atender às necessidades crescentes do Homem, implica repensar o modelo mental e os valores que formam o edifício ético contemporâneo. Em suma, implica uma *nova ética para a vida na Terra*.

A evolução necessária para essa nova ética é considerarmos que esse conhecimento compartilhado não incide apenas nos valores da vida em sociedade, mas contempla, acima de tudo, os valores da vida na Natureza, com a noção clara de que "nós" somos parte dela e que não existimos fora dela.

Refundar um modelo de sociedade e a ética com que nos governamos exige trabalhar nossa vivência moral e espiritual. Uma boa referência traz a primatologista e etóloga britânica Jane Goodall. Em *O livro da esperança*[36], ela define que, enquanto espécie, estamos no caminho da evolução moral: a discutir o certo e o errado, a compreender a justiça e como devemos nos comportar para com os outros e a sociedade, e nos esforçando para criar formas democráticas de governar.

"E algumas pessoas também estão no caminho da evolução espiritual", acrescenta Jane, explicando ter relação com meditar sobre o mistério da criação e o Criador, perguntar quem somos e o motivo de estarmos onde estamos, bem como perceber o modo como fazemos parte do maravilhoso mundo natural, acreditando existir inteligência por detrás da criação do Universo.

São valores que deixam de ser somente da humanidade para se expandirem à ecologia. Condizem com essa necessidade

---

[36] GOODALL J.; ABRAMS, D. **O livro da esperança** – um guia de sobrevivência para tempos difíceis. Lisboa, Portugal: Nascente, 2022.

urgente de passarmos de uma ética antropocêntrica a uma ética ecológica, que exige a consciência de que todos nós fazemos parte de uma única realidade. É um salto importante, considerando que as ações humanas na atualidade estão ameaçando a vida em sociedade e o futuro.

Amor à natureza

"Se o humanismo tradicional falhou na função de reduzir as iniquidades humanas, cabe hoje lutar por *outro humanismo*" – reforça o professor de filosofia Evando Nascimento em *O pensamento vegetal*[37], indicando que esse *outro humanismo* deve ser instaurador de novas relações com todas as formas de vida. "Sem isso, nossa humanidade terá fracassado na árdua tarefa da sobrevivência, deixando-se arrastar por suas piores pulsões (auto)destrutivas", ele avalia.

Nos últimos parágrafos do seu livro, Evando Nascimento faz a defesa contundente de uma "hiper-ética", conceito bem alinhado ao da nova ética da vida na Terra. Seu questionamento vai no sentido de liberar as plantas e demais formas não humanas de uma "fatura colonizadora", como ele chama, conferindo dignidade e cidadania; respeitando sua beleza, sensibilidade e sensorialidade; aprendendo com elas.

É antiético tratá-las de forma utilitária. Vale ressaltar que representamos uma parte ínfima da biomassa da Terra: 0,01% dos seres vivos, em contraste com os vegetais, responsáveis por 82% da biomassa total, segundo estudo conduzido pelo professor Ron Milo e equipe do Instituto Weizmann de Ciência, em Israel[38],

---

[37] NASCIMENTO, E. **O pensamento vegetal**: a literatura e as plantas. Salvador: Civilização Brasileira, 2021.

[38] The biomass distribution on hearth. PNAS – **Proceedings of the National Academy of Sciences**, may, 12, 2018. Disponível em: https://www.pnas.org/doi/10.1073/ pnas. 1711842115. Acesso em: 11 jul. 2023.

referência próxima da citada pelo professor Stefano Mancuso, botânico e fundador da neurobiologia vegetal.

Evando nos lembra ser importante preservar o solo, o clima, os animais e os humanos que interagem com as plantas. Por essa relação íntima entre as espécies, devemos nos ver como jardineiros das outras espécies e percebermos que estamos no mundo porque existe esse cultivo recíproco. Então, não podemos transformar as plantas em meros objetos de consumo, mas sim aprender com elas "a melhor forma de crescimento e reprodução", já que influenciam e protegem toda a vida no Planeta.

Gosto do sentido potente que Evando, um estudioso brasileiro das relações do humano com o não humano e também da literatura com as plantas, dá à palavra *pensar*:

> vibrar como matéria viva, vinculada desde sempre ao não vivo que a sustenta e por ela é sustentado. Pensar é acolher as alteridades distantes ou próximas em sua mais radical diferença, sabendo que algo nelas de muito familiar também nos habita. Nós também somos o vegetal que negamos.

Todo esse cenário me leva à proposta do pensamento vegetal, de olhar não apenas para o que é a nossa vivência, como seres humanos, mas para os viventes vicinais, que são como vizinhos, abrangem o que está à nossa volta. Podemos nominar de sustentabilidade ou ESG, como já vimos. Os indígenas chamam de "amor à natureza". Gosto muito dessa maneira simples e sábia, porque sintetiza o fundamento de um comportamento sustentável.

Essa é a essência da nova ética da vida na Terra. É uma ética do amor global, holístico, por tudo que está à nossa volta, em especial a natureza. Não é na perspectiva de *eros* (desejo), nem de *philia* (na forma de amizade) ou *agaphé* (pela humanidade, *segundo Santo Agostinho*). É um amor mais abrangente, imbuído do respeito e da consciência de que a natureza está dentro de nós. Essa nova ética traz esse complemento da relação amorosa com o humano e o não humano.

De novo, são novos valores, que levam em conta o que não é humano, tratando com dignidade, promovendo o conceito da "florestania", ou cidadania dos povos da floresta, contemplando a vida na sua plenitude. Por que os indígenas estão em harmonia com a natureza? Porque a amam, e eu penso que está faltando hoje à sociedade essa sabedoria e conexão.

Quem ama, cuida. Temos o privilégio de estarmos na Terra, e viveremos melhor quanto mais nos relacionarmos com a natureza de maneira carinhosa, afetiva, cuidadosa. Que não seja simplesmente uma coexistência sem sentimento, nem gratidão. Deixemo-nos ficar surpresos, extasiados, encantados diante do mundo que nos rodeia.

Vamos decidir como queremos (con)viver

Repito que esse é o momento para escolhermos, sem hesitação, sem retórica evasiva, um novo modelo de vida na Terra, que queremos construir coletivamente. Quando designamos "nova ética" é porque entendemos que a ética é uma questão contemporânea, de inteligência compartilhada, não é um saber acabado. Está intimamente ligada à noção de liberdade e à possibilidade que nós temos de decidir como queremos viver e como queremos conviver.

Ética é também uma questão de cada tempo, e uma nova era exige uma nova ética. Devemos estar disponíveis para reformar o conjunto de princípios e valores que nortearão a nossa vivência futura, ou ficaremos aprisionados num destino trágico. Projeções citadas por David Wallace-Wells colocam, forçosamente, o aquecimento do planeta até ao fim deste século entre os 2 graus Célsiuse os 8 graus Célsius.

Como sociedade, temos que tentar travar a escalada exponencial da emergência climática e as consequências desastrosas para a vida como a conhecemos hoje. Contrariamente à sustentabilidade, que por desenho ficou confinada aos três pilares econômico, ambiental e social, a ética traz-nos uma visão policromática sobre todos os ângulos da vida.

A propósito, os avanços tecnológicos e a sua intersecção com a vida, nomeadamente na biotecnologia, têm trazido à tona debates interessantes sobre os dilemas éticos que serão (ou já estão) colocados nessa nova era.

A chamada bioética é um desses novos domínios da ética, que surge como consequência dos novos tempos na relação do homem com a tecnologia. Mas não é só nesta área que devemos nos municiar com as perguntas certas para fazermos as escolhas certas. Será igualmente na ética ambiental, na ética do desenvolvimento, na ética empresarial e em muitos outros domínios da nossa vida na Terra.

Desde a Declaração Universal dos Direitos Humanos, editada em 1948 pela ONU, a exigência ética do respeito à vida pressupõe a existência de uma dignidade essencial e intrínseca, inerente à condição humana. Por isso, "ética da vida na Terra" traz implícita a esperança de uma vida com dignidade e bem-estar, "verdejando" nossos dias, "florestando" nossas cidades, criando novas paisagens urbanas – menos secas, menos estéreis.

Como esperar que um planeta finito tenha recursos infinitos? De fato, também devemos repensar profundamente nossa concepção de cidades, posto que sua expansão ocorre à custa dos recursos naturais do planeta, e estabelecer um limite de tamanho, mais cedo ou mais tarde.

"Se elas se tornaram o único lar da humanidade, não podemos continuar a imaginá-las como algo separado da natureza ao seu redor", defende o professor Stefano Mancuso, na obra A *planta do mundo*[39], que traz dados interessantes para caracterizar a situação atual de pressão nos ecossistemas e comprovar a inviabilidade do nosso modelo atual.

Além disso, ignorar as plantas, "acreditando que estamos acima da natureza, é um dos perigos mais graves à sobrevivência da nossa espécie", declara. Concordo com ele que "não temos refletido o bastante sobre a vasta quantidade de recursos de que se lança mão para manter as cidades e sobre a velocidade com a qual o fenômeno da urbanização avança... Estudar e planejar cidades visando somente as necessidades imediatas das pessoas que vivem nelas é a forma mais direta para que essas mesmas necessidades, em pouco tempo, não possam ser atendidas."

É essencial considerar o funcionamento de seu ecossistema, como já ensinava o visionário professor de botânica escocês Patrick Geddes (1888-1920). No setor em que atuo, posso dizer que é impossível abordar temas ligados ao setor elétrico como inovação e responsabilidade social sem agregar a sustentabilidade. Sobre essa questão crucial, temos que focar em como as cidades serão mais sustentáveis, investindo incansavelmente na descarbonização.

Estamos vivendo uma emergência climática.

"Se as cidades são particularmente vulneráveis ao aquecimento global, a boa notícia é que isso acontece onde o aquecimento global pode ser combatido com mais eficácia",

pondera Stefano Mancuso, começando por uma ação acessível a todos: plantio de árvores, cultivo de plantas dentro e fora dos imóveis, para retirar a maior quantidade possível de dióxido de carbono da atmosfera.

Como estímulo extra, podemos nos apegar às palavras de Jane Goodall, em *O livro da esperança*:

---

[39] MANCUSO, S. **A planta do mundo**. São Paulo: Ubu, 2021.

 "De certo modo, a nossa falta de ligação à natureza é muito perigosa. Achamos que podemos controlar a natureza; esquecemo-nos de que, no final, é a natureza que nos controla."

Sejamos guardiões, não colonizadores do futuro

Essa nova ética também abarca responsabilidade intergeracional, como bem coloca Roman Krznaric. Em *Como ser um bom ancestral*[40], ele mostra que a Terra já foi a "casa" de 100 bilhões de pessoas e é onde atualmente vivem 7,7 bilhões, que vão gerar nos próximos 50 mil anos 6,75 trilhões de descendentes.

O autor nos faz pensar no longo prazo: como essas gerações futuras vão nos julgar? Como vão nos olhar pelo que fizemos ou deixamos de fazer quando tivemos oportunidade? No passado, os portugueses colonizaram o chamado novo mundo. O que nós estamos a fazer hoje também pode ser visto como colonização do futuro. Tomamos decisões que influenciam as próximas gerações, sem que elas possam intervir – o que se revela uma antidemocracia profunda, apontada por Roman Krznaric.

Conscientemente ou não, estamos condicionando a vida que terão nossos netos e bisnetos, os amigos e as comunidades de nossos descendentes. No lugar de nos posicionarmos como guardiões do futuro e protetores dos direitos intergeracionais de bem-estar e equidade, colonizamos o futuro se insistirmos em colocar dióxido de carbono na atmosfera, destruir a biodiversidade, poluir os oceanos, esgotar os recursos naturais...

Como o número de nascimentos superará todo o contingente que já viveu até então, significa que a dimensão humana de sofrimento que nós estamos pondo à frente é gigantesca. Precisamos elevar nossa responsabilidade intergeracional, conscientes de que, para cuidar do futuro, precisamos fazer mudanças no presente.

---
[40] KRZNARIC, 2021.

Do desenvolvimento sustentável para a evolução integral

A nossa sociedade, cada vez mais consciente da emergência ambiental que se agrava a olhos vistos, tem exigido um modelo de desenvolvimento que seja sustentável. O problema é que o próprio conceito de desenvolvimento é intrinsecamente insustentável.

O professor Armando de Melo Lisboa, da Universidade Federal de Santa Catarina, em sua "Moção sobre o conceito de desenvolvimento"[41], ajuda-nos a entender a etimologia da palavra "des-envolvimento". O prefixo *des* é uma negação, ou seja, no sentido literal, "desenvolvimento" é o desvelar daquilo que está envolvido, protegido, precisando ser visto como processo de superação de entraves para a realização de um potencial. Conforme ele coloca, "o entendimento de que para crescer é necessário negar os condicionamentos naturais ou construídos culturalmente que impedem o progresso".

Ele segue com uma visão ainda mais crítica quando afirma no seu texto que:

> o desenvolvimento é uma violação dos povos pela sedução, é um olhar colonizador sobre o Outro, julgado miserável antes de o ser. É uma construção mental possuída por um juízo de valor, por um preconceito profundo onde se despreza países chamados de rudes e bárbaros no século XVIII, depois de atrasados no século XIX e, finalmente de subdesenvolvidos em nossos dias.

Infelizmente, sabemos que essa corrida está causando desequilíbrios acentuados no clima, na natureza e na própria

---

[41] **Fórum Brasileiro de Economia Solidária**. Disponível em: https://fbes.org.br/wp-content/uploads/Acervo/Publica%C3%A7%C3%B5es/mocao_desenvolvimento_conf_sc.pdf. Acesso em: 29 jun. 2023.

sociedade, porquanto a riqueza não está equitativamente distribuída e têm crescido os fossos e clivagens sociais. Entre o hemisfério Norte e o hemisfério Sul. Entre países chamados de desenvolvidos e os países pobres. Entre o centro e as periferias.

A vivência na América Latina me fez entender com lucidez que os modelos de desenvolvimento sustentável que saem das universidades norte-americanas e europeias, das grandes organizações mundiais como as Nações Unidas ou das instituições regulatórias do chamado primeiro mundo têm um distanciamento muito grande da realidade vivida no continente sul-americano.

Fico, por isso, convencido de que não só o humanismo ecológico caracterizado pela nova ética da vida na Terra exige um novo conceito de desenvolvimento, mas também que a América Latina merece uma visão particular da sua realidade. O modelo de desenvolvimento dos países latino-americanos é, inevitavelmente, fruto das circunstâncias históricas e das condicionantes regionais, um modelo diferente do adotado nos países do Norte.

Outro ponto que, para mim, ficou evidente neste percurso todo é o de que os modelos de desenvolvimento sustentável subestimam na sua concepção as dimensões intangíveis da existência humana, como são a espiritualidade e a moralidade. Até os 17 Objetivos de Desenvolvimento Sustentável (ODS) das Nações Unidas, que são hoje a referência internacional mais completa para orientação de políticas públicas e empresariais, falham nesse domínio.

Não há nenhum ODS que verse sobre a necessidade que temos de fazer progredir moralmente e espiritualmente nossa sociedade. Ora, não vejo como ultrapassar essa crise da humanidade sem tocar no âmago da nossa existência. Na minha experiência como executivo, pude constatar que só quando amadureci minhas inteligências cultural e espiritual, ao longo de mais de uma década, é que pude operar uma profunda transformação na minha visão de mundo e da organização que liderei.

Não tenho dúvidas, assim será também para o grande desafio que coletivamente a sociedade enfrenta na reprogramação do modelo de sociedade e desenvolvimento. Aliás, o professor James Marins explica-nos bem esse processo com a necessidade de fazermos evoluir nosso nível de consciência para aquilo que ele designa de "consciência holocêntrica". A criação dessa consciência global, como parte integrante de um Todo ao qual pertencemos, será o resultado de um movimento de evolução espiritual da sociedade.

Se quisermos ser ainda mais exigentes com o significado das palavras, não é apenas o conceito de "desenvolvimento sustentável" que teremos de considerar datado. A própria noção de "sustentabilidade" choca com uma visão contemporânea de respeito e preservação do nosso habitat natural. Ao analisarmos novamente a etimologia da palavra, entendemos que a origem do latim "*sustentare*" (significa sustentar, defender, favorecer, conservar, cuidar) nos conduz ao significado de uma habilidade, ou capacidade, para nos sustentarmos... à custa da Natureza. Voltamos ao mesmo problema. O Homem assumindo-se como um elemento externo à Natureza e utilizando-a para seu exclusivo benefício.

O conceito que proponho para substituir a visão ultrapassada, datada e incompleta de "desenvolvimento sustentável" é o de uma **Evolução Integral**. "Evolução" porque não queremos um crescimento que se faz pela negativa, à custa da depredação da natureza, mas sim por um caminho de aprimoramento como espécie, um caminho de melhoramento contínuo. Uma evolução que se faz em função do contexto que nos rodeia e que nos impulsiona para nos adaptarmos e sobrevivermos.

"Integral" porque não queremos uma visão redutora do homem a "sustentar-se insustentavelmente" nos recursos naturais, mas sim um modelo de evolução que nos considere na nossa integralidade. Que nos considera como parte do Todo. Que nos considera como seres físicos, emocionais e espirituais que somos. Que nos considera como herdeiros de uma história e portadores de um legado para as próximas gerações.

Entendo que o novo conceito de **Evolução integral** deveria ter pelo menos 21 vetores de evolução, organizados em sete dimensões que incluem, todas elas, três vetores fortemente relacionados:

1. **Saúde + Alimentação + Água** – Este primeiro trio remete à dimensão da **sobrevivência**. Vimos durante a pandemia de COVID-19 a importância da saúde pública para o bem-estar geral da sociedade. Infelizmente, a falta de preparo da maioria dos sistemas públicos de saúde agravou as grandes perdas humanas. Alimentação e água são obviamente dois elementos fundamentais para a sobrevivência da espécie humana – tanto quanto o ar que respiramos, incluído também no trio seguinte.

2. **Energia + Clima + Ecologia** – Nesta segunda dimensão, a que designamos **Planeta**, incluímos o importante trio que faz mover o mundo e que está no centro da emergência climática. Começando com a energia como conceito que propulsiona a sociedade atual e a sua transição inevitável para as fontes renováveis, a fim de preservar o clima e proteger a ecologia. Por mais que nós trabalhemos nas próximas décadas para reduzir a utilização de combustíveis fósseis, a verdade é que a nossa sociedade continua profundamente dependente deles. Com mais de três quartos da energia primária mundial provenientes de fontes fósseis, a transição será tudo... menos simples.

3. **Ciência + Tecnologia + Indústria** – A terceira dimensão traz todo o **sistema produtivo** que sustenta nossa sociedade. Desde a revolução industrial do século XVIII, a ciência e a tecnologia sustentaram uma evolução exponencial da capacidade humana de transformar matéria em energia e produtos para que tenhamos uma vida segura, digna e saudável. Estão depositadas, portanto, muitas esperanças nesse trio para ajudar a humanidade a melhorar sua inserção equilibrada no meio ambiente. De acordo com o cientista e professor Vaclav Smil, o mundo moderno

sustenta seu desenvolvimento em quatro matérias principais: cimento, aço, plástico e fertilizantes. Reduzir a dependência de combustíveis fósseis na produção desses materiais é um desafio, dentro de um pacote maior envolvendo metas de descarbonização e a utilização racional de recursos naturais.

4. **Cidade + Transportes + Comunicações** – Na quarta dimensão, incluímos os sistemas que sustentam a vida na cidade. É um trio da infraestrutura e do mundo construído. Como eu disse anteriormente, a maioria da população mundial vive em cidades, onde se produz a maioria das emissões de gases que provocam efeito estufa e se consome o maior quinhão de energia. A equação da sustentabilidade joga-se fundamentalmente na **urbanização** e em todos os sistemas que servem a esse fenômeno. Comunicações e transportes figuram entre os mais importantes.

5. **Política + Social + Econômica** – A quinta dimensão traz o tripé da administração pública necessária à **vida em sociedade**. Desde os sistemas políticos à organização social e aos modelos de desenvolvimento econômico. Aqui, não podemos esquecer particularidades dos países da América Latina, como a estabilização política e as grandes desigualdades sociais, elementos centrais desse tripé.

6. **Memória + Cultura + Conhecimento** – A partir desta dimensão, destaco elementos fundamentais para a evolução da humanidade e que são ignorados nos tradicionais modelos de desenvolvimento sustentável. Nesta sexta dimensão, que apelido de **legado civilizacional,** incluo o tripé que diferencia o Homem de qualquer outro ser vivo, nossa história, o conhecimento que desenvolvemos em múltiplos

domínios, a cultura e arte que produzimos. Não tenho dúvida, é uma dimensão fundamental para o progresso da América Latina. Começando pela rica história dos povos ancestrais, que povoa a memória dos povos latino-americanos, passando pelos desafios da educação e da cultura. Recordo-me de uma frase que li na Cidade do México, da cientista mexicana Julieta Fierro[42]: *"La cultura civiliza, y si no somos pueblo civilizado, seguirá habiendo tanta pobreza y violencia como ahora"*. Destaca a cultura como desígnio para o mundo, mas muito especialmente para a realidade da América Latina. Também recordo, na mesma cidade, de tomar conhecimento do Museu Nacional das Culturas do Mundo e do Museu da Memória e Tolerância, dois sinais de respeito pela história e pela sociodiversidade dessa região do globo.

7. **Moralidade + Religiosidades + Espiritualidade** – A sétima e última dimensão desse conceito de Evolução Integral, que designo de **transcendência**, pode parecer inusitada. Considero que ela está omissa em todos os modelos que conheço que postulam o chamado desenvolvimento sustentável. Seja o já citado paradigma dos 17 ODS das Nações Unidas, seja outro que admiro, da Economia Donut, proposto pela economista britânica Kate Raworth em livro homônimo[43], nenhum faz alusão à necessidade de cuidar da dimensão ética da sociedade, que se traduz no seu progresso moral. Muito menos faz referência aos vetores

---

[42] GÓMEZ-ROBLEDO, M. Julieta Fierro: "La cultura civiliza y sin ella seguirá habiendo violencia". **El País**, 31 ago. 2015. Disponível em: https://elpais.com/cultura/2015/08/28/actualidad/1440733112_055622.html. Acesso em: 11 jul. 2023.

[43] RAWORTH, K. **Economia donut** – Uma alternativa ao crescimento a qualquer custo. Rio de Janeiro: Zahar, 2019.

transcendentais das religiosidades ou da espiritualidade. Não tenho dúvida de que esses vetores de evolução nos ajudam, como sociedade, a ganhar uma consciência abrangente e holística, o que nos torna mais sintonizados com o caminho que faz sentido para a espécie humana no Planeta Terra.

Figura 6 – Modelo de evolução integral

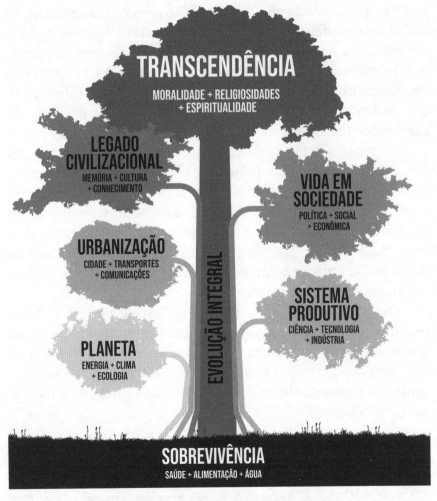

Fonte: elaborada pelo autor.

Os 21 vetores do modelo de "Evolução integral", desde o essencial da "Sobrevivência" até o patamar superior da "Transcendência", não deixam de fora nenhum dos 17 ODS e acrescentam uma visão contemporânea do que é necessário num nível mais profundo para operar uma transformação na sociedade, em especial nas 6ª e 7ª dimensões.

Ressalte-se que os Objetivos de Desenvolvimento Sustentável da ONU constituem um modelo robusto de análise do que está em jogo na construção de uma sociedade mais sustentável, justa e equitativa. No entanto, a criação de uma classe ecológica global, como defendem Bruno Latour e Nikolaj Schultz no seu *Memorando sobre a nova classe ecológica*[44], depende de uma "reprogramação" da nossa sociedade e da ética que a rege. Este movimento de conscientização opera fundamentalmente nas camadas 6ª e 7ª do Modelo de Evolução Integral, em conceitos que não são capturados nos ODS.

Temos consciência de que é necessário fazer evoluir a maneira como pensamos e projetamos a nossa caminhada como sociedade. Somos a única espécie animal capaz de mudar o sentido da sua evolução. O potencial de crescimento da espécie humana é ilimitado. Cabe-nos, como geração responsável pela emergência climática, a obrigação de repensarmos e reorientarmos a nossa atuação coletiva. Exige uma visão holística, profunda, pragmática e inteligente.

No capítulo seguinte, defenderei a tese de que o Brasil tem uma centralidade inalienável nessa caminhada. Com seus imensos recursos naturais, sua megadiversidade e a escala da sua população, o país tem as condições certas para ser um epicentro da mudança de modelo mental e da forma como habitamos nosso Planeta.

---

[44] LATOUR, B; SCHULTZ, N. **Memorando sobre a nova classe ecológica**: Como fazer emergir uma classe ecológica, consciente e segura de si. São Paulo: Vozes, 2022.

10
BRASIL: O EPICENTRO DO NOVO HUMANISMO ECOLÓGICO

Se em termos econômicos, geográficos e demográficos o Brasil é uma das grandes potências mundiais, em termos naturais, o país figura como uma verdadeira superpotência, liderando em muitas dimensões que lhe conferem um estatuto único no cenário global.

No primeiro trimestre de 2022, o Brasil posicionou-se como a décima maior economia mundial, a quinta maior nação em dimensão territorial e sétima em população. Se nessas dimensões já nos impressionamos, mais impressionados ficamos quando sabemos que é considerado o país com a maior floresta tropical e a maior a biodiversidade do mundo, concentrando 20% de toda a biodiversidade à escala do Planeta, ou o país que detém a maior reserva hidrológica da Terra, um gigante pela própria natureza.

Estes e muitos outros indicadores qualificam o Brasil como a superpotência natural do mundo. Não temos como não reconhecer seu papel central no debate e nas soluções necessárias para a revolução ecológica, papel fundamental para reverter os efeitos da crise climática e ambiental que estamos vivenciando.

Efetivamente, o país que concentra os maiores biomas tropicais do mundo é um país estratégico para o grande plano de salvação do planeta como o conhecemos hoje. Dito de outra maneira, o mundo precisa do Brasil para regular seu clima e se salvar do desastre anunciado com o aquecimento global.

Há que entender que o Brasil precisa de desenvolvimento econômico para melhorar as condições de vida e o desenvolvimento humano da sua população. Nesse sentido, até compreendo a justificativa do país, assumida no cenário internacional, de que o desmatamento da Amazônia seria forçoso para esse ambicionado desenvolvimento econômico. Minha convicção, e de muitos setores da sociedade, nomeadamente de organizações como o Instituto do Homem e Meio Ambiente da Amazônia (Imazon), é de ser possível promover um desenvolvimento econômico sustentável dessa região, evitando dizimar a floresta, com sua exuberante biodiversidade e riqueza sociocultural dos povos indígenas.

No Brasil, a Amazônia ocupa 4,2 milhões de quilômetros quadrados, ou seja, quase 50% do território nacional. Cerca de 10% de toda a biodiversidade do planeta está concentrada nesta região, em que já foram identificadas mais de 170 etnias diferentes de povos indígenas, ou seja, um verdadeiro tesouro natural e social fazendo parte dos seis biomas brasileiros, que constituem um ativo estratégico do Brasil para se posicionar no século XXI.

O estoque dos chamados serviços ecossistêmicos – nomeadamente associados à biodiversidade, à sociodiversidade dos povos indígenas, à reciclagem da água e ao armazenamento de carbono como forma de mitigação das mudanças climáticas – são de uma riqueza incalculável. Alguns desses serviços são de natureza ética e de justiça social, como é o caso da preservação da sociodiversidade dos povos da floresta. No entanto, os outros têm de ser valorizados e fornecer sustento à região, a ponto de evitar o desmatamento predatório a que assistimos nos últimos anos.

O desafio é, naturalmente, como transformar esses serviços socioambientais em fluxos econômicos. É uma valoração que tem implicações políticas, diplomáticas e técnicas, como explica o professor Philip Martin Fearnside no artigo "Valoração do estoque de serviços ambientais como estratégia de desenvolvimento no Estado do Amazonas"[45].

---

[45] Disponível em: http://philip.inpa.gov.br/publ_livres/2018/Valoracao_do_estoque_de_Servicos_ambientais-Inclusao_social.pdf. Acesso em: 11 jul. 2023.

Não poderia me omitir sobre a questão das hidrelétricas na região Amazônica. A EDP Brasil participou da construção de usinas (Santo Antônio do Jari, Cachoeira Caldeirão e São Manuel) na região, como contei no Capítulo 6. Visitei a construção das três. Foi meu encontro com a floresta amazônica. Nunca tinha fincado pé na região antes, foi uma experiência quase mística. São locais que nos fazem sentir insignificantes à escala do universo. Têm um ambiente quase sobrenatural, avassalador na sua dimensão, na sua beleza e na sua força vital.

A EDP sempre seguiu as mais rigorosas políticas de preservação dos biomas e no relacionamento com os povos indígenas. Recordo que para a construção de São Manuel (700 MW na divisa entre o Mato Grosso e o Pará), por exemplo, implantamos vários programas com mais de sessenta medidas socioambientais para mitigar o impacto da nossa presença na região.

Ainda assim, subsistem diferendos, nomeadamente no relacionamento com três povos indígenas. Quando terminamos nosso plano de construção de usinas hidrelétricas na região amazônica, em 2018, já tínhamos tomado a decisão de expandir outros segmentos de negócio. Foram os casos da transmissão e da produção de energia solar, entre outras razões, pelo impacto socioambiental dos empreendimentos hidrelétricos.

Um laboratório social de escala global

Não é apenas na dimensão ambiental que o Brasil se posiciona como uma superpotência mundial. Quando analisamos o quadro social da sétima maior população do mundo, reconhecemos que os grandes desafios da humanidade encontram na pulsante sociedade brasileira um terreno fértil. O país tem uma das mais complexas e instigantes realidades sociais do mundo. Desde as questões relacionadas com a desigualdade social, passando pela pauta racial, pelo relacionamento com os povos originários e por toda a temática de identidade de gênero, apresenta uma agenda de temas complexos, como um autêntico caleidoscópio de grandes preocupações mundiais.

De acordo com um estudo realizado pela Rede Brasileira de Pesquisa em Soberania e Segurança Alimentar e Nutricional (Rede Penssan)[46], divulgado em junho de 2022, mais de metade dos brasileiros (58,7%, 125 milhões de pessoas) convivia com insegurança alimentar em algum grau. A fome é, sem dúvida, uma das questões sociais mais urgentes da agenda social brasileira, um dos sinais da profunda desigualdade social que marca o país. Essa realidade transpõe-se, naturalmente, para elevados níveis de insegurança e violência. Dada a escala do desafio, entendo que as soluções são inevitavelmente sistêmicas e na confluência dos esforços públicos e privados. Cada um de nós tem a sua parte a fazer.

Também entendo que muitas das soluções brasileiras têm seguramente aplicabilidade internacional, pois são escaláveis e exportáveis. Na geração de renda local e familiar, na formação e capacitação das populações, na educação dos jovens, na criação de emprego, nas soluções de habitação digna e saneamento, na saúde pública etc.

Embora ainda exista muito para se fazer, não faltam exemplos de como o Brasil tem capacidade e engenho para lidar de forma efetiva com seus desafios sociais. Cito o papel do SUS no processo de vacinação contra a covid-19 e a própria produção de vacinas em centros de pesquisa nacionais, como o Instituto Butantan (mais de 110 milhões de doses entre janeiro e outubro de 2021[47]).

---

[46] GANDRA, A. Pesquisa aponta que fome atinge 33,1 milhões de pessoas no país. **Agência Brasil**, 8 jun. 2022. Disponível em: https://agenciabrasil.ebc.com.br/geral/noticia/2022-06/pesquisa-aponta-que-fome-atinge-331-milhoes-de-pessoas-no-pais. Acesso em: 11 jul. 2023.

[47] FIGUEIREDO, Ana Luiza. Butantan suspende produção de Coronavac; entenda. **Olhar Digital**, 25 jun. 2022. Disponível em: https://olhardigital.com.br/2022/06/25/coronavirus/butantan-suspende-producao-da-coronavac-entenda. Acesso em: 11 jul. 2023.

Outro sistema de escala nacional que me impressiona é o Sistema S, em particular o Senai, que formou entre a sua fundação na Era Vargas (1942) e 2020 mais de 70 milhões de jovens, com capacitação para a indústria brasileira[48]. É o maior sistema educativo da América Latina, com um papel determinante na formação profissional dos brasileiros. Minha esposa Greta, que trabalha no Senai Bahia, relata-me com orgulho casos de tantos jovens cujas vidas foram profundamente transformadas com a formação recebida, e que nutrem muita gratidão pela instituição.

Lembro-me também do trabalho excepcional que tantas organizações sem fins lucrativos desenvolvem nas comunidades mais carentes. Destaco a Gerando Falcões, que desafia o futuro construindo uma nova geração de tecnologias sociais para combater a pobreza de maneira inteligente e autossustentável. Seu fundador, o empreendedor social e ativista Edu Lyra, vem conquistando apoios globais para concretizar o sonho do que ele chama de Favela 3D – Digna, Digital e Desenvolvida. Seus projetos – e há um em curso com a EDP em uma favela no município paulista de Ferraz de Vasconcelos – entregam serviços de educação, desenvolvimento econômico e cidadania. Mais de 200 mil pessoas[49] já foram impactadas em uma década de atuação.

Por essa centralidade na equação da sustentabilidade, defendo a tese de que o Brasil, superpotência natural e social do mundo, tem tudo para ser o centro do novo humanismo ecológico. Assim como a Itália foi o berço do Renascimento, nas suas cidades de Gênova, Florença e Veneza, o Brasil pode ser o berço desse novo humanismo ecológico do século XXI, nas suas cidades-mundo, como São Paulo ou Rio de Janeiro, e nos seus ricos biomas, como a Amazônia ou a Mata Atlântica.

---

[48] LISBOA, Vinícius. **Agência Brasil** explica: o que é o Sistema S. Agência Brasil, 21 set. 2020. Disponível em: https://agenciabrasil.ebc.com.br/economia/noticia/2020-09/agencia-brasil-explica-o-que-e-o-sistema-s. Acesso em: 11 jul. 2023.

[49] Disponível em: https://gerandofalcoes.com. Acesso em: 11 jul. 2023.

Entendo que esse movimento de reconversão do humanismo contemporâneo por meio do que poderíamos chamar de um "Renascimento Ecológico" é acima de tudo um movimento reconciliatório, em várias dimensões da nossa vivência: 1. entre a humanidade e a natureza; 2. com os povos e saberes da floresta; 3. entre o centro e a periferia; 4. entre o passado e o futuro.

Reconciliação entre a humanidade e a natureza

O Brasil poderá ser um caso de estudo e referência internacional no que toca à reconciliação da humanidade com a natureza. Concentra simultaneamente uma proporção relevante da floresta mundial (cerca de 30%), os maiores níveis de biodiversidade do planeta e uma das taxas mais elevadas de urbanização do mundo. O país lidera a lista dos 16 países megabiodiversos (com os maiores níveis de biodiversidade). Responde por cerca de 20% de todas as espécies de fauna e flora, em todo o mundo.

Fiquei impressionado quando vi o mapa-múndi da diversidade, apresentado pelo mestre em botânica e paisagista Ricardo Cardim em seu livro *Paisagismo sustentável para o Brasil*[50]. É do conhecimento comum que a América do Sul é o continente mais privilegiado em termos de diversidade biológica, mas não tinha percebido que a diferença para a maioria dos outros continentes fosse abissal.

Como nos explica o autor:

> a diversidade de vida no planeta não está uniformemente distribuída pelo mundo e é muito concentrada nas áreas tropicais, sendo um dos padrões mais evidentes o aumento da riqueza das espécies com a diminuição da latitude. O clima constitui um dos motivos de tamanha biodiversidade no Brasil.

---

[50] CARDIM, R. **Paisagismo sustentável para o Brasil** – Integrando natureza e humanidade no século XXI. São Paulo: Olhares, 2022.

No entanto, os cenários de desenvolvimento do país apontam para uma perda de 20% a 25% da biodiversidade até 2050, comparativamente com os níveis de 1970. E se essa trajetória não for invertida, o Brasil ficará mais pobre em termos ecológicos, enfraquecendo sua grande vantagem comparativa. Uma vantagem que nenhuma outra região do globo conseguirá igualar.

Porém, o Brasil tem uma das mais elevadas taxas de urbanização do mundo, com aproximadamente 85% da população brasileira vivendo em cidades, o que explica também que mais de dois terços do território ainda estejam cobertos por florestas e campos naturais. Essas cidades estão em sua maioria na zona da costa brasileira, onde também se concentra um dos mais importantes biomas – a Mata Atlântica.

Atualmente, cerca de 70% da população brasileira, incluindo a parcela que vive nas megacidades de São Paulo e do Rio de Janeiro, habitam na zona desse bioma, do qual já só resta uma pequena parte da expressão original, como já mencionamos. Literalmente, a Mata Atlântica foi consumida na formação do Brasil, a partir do século XVI até nossos dias, com um pico no século XIX e início do século XX para alimentar o ciclo de exploração do café.

Foi esse o modelo de crescimento até hoje. Consumir recursos naturais para produzir desenvolvimento econômico e social. O homem *versus* a natureza. A economia *versus* a ecologia. Sem dúvida, o novo humanismo ecológico exige de nós um novo modelo de evolução integral, como vimos no capítulo anterior. Que respeite o equilíbrio dos ecossistemas e preserve a biodiversidade.

Curioso é que nas cidades brasileiras foi progressivamente suprimida a vegetação nativa, associada à produção de pestes e enfermidades. Mais tarde, junto com as tendências que o país foi importando do velho mundo, foram introduzidas espécies exóticas, trazidas do estrangeiro. Atualmente, na maioria das grandes capitais, menos de 20% das espécies usadas no paisagismo urbano são nativas. Esta é uma tendência possível de se inverter, conforme Ricardo Cardim defende na sua apologia de um paisagismo sustentável, com predomínio de espécies nativas.

 Em suma, o Brasil precisa indubitavelmente frear o desmatamento predatório dos seus valiosos biomas e monetizar os serviços ecossistêmicos, em particular da região Amazônica. No litoral, em que foi devastada a Mata Atlântica, o desafio é de reflorestamento.

A criação de um mercado de carbono é um dos instrumentos necessários para a valorização dos serviços prestados pela natureza, nomeadamente o armazenamento de carbono na floresta, e também para acelerar o ritmo de descarbonização. Nesse ponto, temos de reconhecer que o Brasil tem uma pretensão legítima de continuar explorando suas ricas reservas de petróleo e gás do pré-sal.

Obviamente que tal intenção coloca um desafio à trajetória de neutralidade carbônica com que o Brasil se comprometeu internacionalmente. Uma redução drástica do desmatamento da Amazônia criaria espaço no inventário nacional de emissões para permitir que setores estratégicos para a economia brasileira, como é o caso do óleo e gás, tenham o seu desenvolvimento viabilizado na presente década.

No planejamento urbano, o desafio também é gigantesco. Sabemos que as emissões de gases que geram efeito estufa são produzidas, em sua maioria, nas cidades. Por isso, não é errado dizer que o desafio da sustentabilidade é uma batalha que também se trava, em grande medida, na vida urbana.

Criar cidades sustentáveis passa obviamente pelo paisagismo que Cardim defende, mas vai muito mais longe do que isso. Passa por expandir o nível de eletrificação, reduzindo a queima de combustíveis fósseis para a mobilidade e para climatização ou aquecimento. Passa pela pauta do consumo consciente. Passa pela utilização racional e eficiente de água. Passa pela implantação de uma economia circular, para reduzir a pressão na utilização de recursos.

Gosto também da noção de "cidades-jardim" trazida por alguns pesquisadores e apresentada pelo documentarista brasileiro

João Moreira Salles em seu artigo "A floresta como pirâmide"[51]. Seria um "padrão urbano de baixa densidade demográfica marcado pela transição sutil entre cidade, campo e floresta". Teria sido o modelo adotado pelos povos da floresta ao longo de vários milênios de ocupação na Amazônia, que previa a manipulação de plantas e a lavoura em consórcio com a mata, garantindo passagens suaves entre o mundo humano e o natural.

Trata-se do conceito de uma floresta manipulada, em que a presença humana estabelece uma simbiose com o meio natural à sua volta. Modelo distinto do plantio extensivo, como o da soja, que é totalmente incompatível com a presença da floresta. É um modelo "mesclado", em que a cidade – entenda-se presença humana – está integrada à floresta e vice-versa. Na prática, constituindo-se a floresta manipulada como uma relação simbiótica entre humano, animais, vegetais, fungos, líquenes...

As evidências históricas e científicas parecem apontar no sentido de que a hiperdominância de algumas espécies – posto que apenas 227 (1,4% do total) respondem por 50% de todas as árvores da floresta Amazônica – não pode ser dissociada da presença humana. Esse conceito leva o historiador Eduardo Neves a apelidar a floresta Amazônica de "pirâmides brasileiras". Algo que nos causa grande espanto e que engrandece o papel dos povos originários na formação desse bioma.

Temos, assim, duas abordagens distintas em contexto: o "paisagismo sustentável" e a "floresta manipulada". O primeiro, para inverter o desmatamento da mata originária e tornar as cidades mais verdes. O segundo, para estabelecermos modelos de convivência com a floresta que a conciliem com a presença do homem e da lavoura necessária à sua subsistência.

Enfim, a agenda de compatibilizar natureza e humanidade é extensa e deve mobilizar todas as esferas de poder público e a iniciativa privada numa corrida sustentável. Tenho plena

---

[51] SALLES, João Moreira. A floresta como pirâmide. **Revista Brasileira**, edição Amazônias, jan. a jun. 2022, fase X, ano I, n. 110/111. Rio de Janeiro: ABL, 2022.

consciência de que o Brasil quer continuar sua rota de desenvolvimento, e não admite ficar para trás na conquista de melhores condições de vida para a sua população. Minha convicção é que o país será um campeão do "crescimento verde", preservando sua riqueza natural e posicionando-se mundialmente como a superpotência da sustentabilidade. Abordarei mais à frente o caso concreto do setor energético, que é um dos motores inevitáveis de uma agenda de renascimento ecológico.

Reconciliação com os povos e saberes da floresta

Estima-se que, quando os portugueses chegaram ao território que hoje é o Brasil, em 1500, havia uma população indígena de cerca de 3 a 5 milhões de habitantes. Não existe um registro exato dessa população. Ao longo dos séculos em que os colonizadores europeus ocuparam o Brasil, os povos indígenas foram escravizados e dizimados pelas doenças importadas do velho continente. Atualmente, estima-se em menos de 400 mil indígenas em todo o território. Esse número já chegou a níveis muito mais baixos: 70 mil, na década de 1950, configurando uma situação de extermínio eminente.

Como português, não me é fácil escrever estas linhas. Não me orgulho das implicações que a colonização portuguesa produziu na natureza e na realidade humana brasileira. Estou firmemente convicto de que há que exaurir a análise da História, reconhecer o que foi positivo e lamentar o hediondo, abrindo os braços e o coração para construir um futuro melhor, em conjunto.

Políticas de preservação das culturas e respeito aos direitos indígenas, nomeadamente por meio da demarcação de territórios protegidos, conseguiram inverter essa tendência. De acordo com um levantamento realizado pelo Instituto Socioambiental (ISA), citado pelo Museu da Língua Portuguesa, estima-se que vivam atualmente mais de 250 etnias diferentes no Brasil, falando mais de 170 idiomas diferentes. Essa impressionante sociodiversidade confere à nação uma imensa riqueza humana, traduzida não só em distintos idiomas, mas em distintas formas de ser, tradições, culturas, expressões artísticas, gastronomias, religiões etc.

Impressionou-me o relato da minha amiga Isa Ferraz, brilhante curadora do Museu da Língua Portuguesa, sobre a visita de uma das mais importantes lideranças indígenas, o escritor Davi Kopenawa, que chegou com certo receio de visitar um espaço dedicado à língua do povo que escravizou e dizimou seus antepassados. Mais impressionado fiquei ao saber da sua vontade de trazer as crianças da sua aldeia para visitar o Museu e de reconciliar sua tribo com a língua portuguesa.

A população lusófona, em sua maioria, não tem ideia do sofrimento a que a sua língua está associada junto aos povos indígenas. Para nós, é um exercício de humildade reconhecer que a língua de Camões, da "Ode Marítima" portuguesa – Os Lusíadas –, é receada pelos povos originários do Brasil. Nunca tinha pensado desta forma e fiquei ainda mais sensibilizado para a necessidade de uma atuação reparadora da sociedade.

As vivências que Greta e eu temos tido, de proximidade com o povo Mehinaku do Alto Xingu, tem-nos mostrado ser possível estabelecer relações de cumplicidade e amizade entre povos com culturas tão distintas e um passado carregado de mágoas históricas. Imagine que, certa vez, o talentoso artista Uruhu nos ligou dando conta do nascimento do seu último filho. Explicou ainda não saber qual nome lhe daria, mas prometendo nos informar quando "descobrisse". Surpreendeu-nos.

No caso dos Mehinaku, julgo que é notória a ponte efetiva e saudável que conseguiram estabelecer com a urbanização, inclusive aprendendo o português, mas preservando sempre as suas raízes culturais. Esse, e tantos outros episódios que presenciei no Brasil, como o das atrocidades cometidas contra o povo Yanomami, me levam a concluir que um movimento reconciliatório é fundamental para se criar uma harmonia edificadora do novo Brasil. Um Brasil da fraternidade com diversidade inclusiva.

A sociodiversidade brasileira, com as influências indígenas, africanas e europeias, constitui mais uma das grandes vantagens comparativas do Brasil. O historiador e antropólogo Darcy Ribeiro, já em 1972, via a América Latina, e o Brasil em especial, como o berço do homem do futuro, não obstante a sua visão extremamente crítica sobre o processo de colonização do Novo Mundo pelos povos europeus. Dizia no seu texto "O abominável homem novo"[52] – em resposta a um jornalista italiano sobre como seria esse futuro – "nossos povos morenos, nossos países ensolarados se revelam de repente, para nós, como a gente melhor e como a província mais privilegiada da Terra, para aqui reedificar o humano".

É nesse contexto que defendo que esse novo humanismo ecológico implica um movimento reconciliatório da dita sociedade urbana com os povos originários. De aproximação, de intercâmbio e de respeito pelos territórios indígenas demarcados (representam cerca de 13% do território brasileiro), mas não só. Acima de tudo, de respeito e valorização das suas culturas, dos seus idiomas, costumes e tradições. Encantou-me saber que o Museu da Língua Portuguesa abraçou o desafio de fazer uma grande exposição das línguas indígenas, assim como valoriza as africanas e europeias. São passos como esses que entrelaçam culturas, celebram as diferenças e nos aproximam.

Reconciliação entre o centro e a periferia

A terceira dimensão de reconciliação para um novo humanismo é entre o que representa o centro e a periferia dos grandes agregados populacionais. As grandes cidades são o lócus de um dos principais problemas do nosso tempo – a desigualdade social.

Pelo Coeficiente de Gini, principal indicador para medir a desigualdade na distribuição de renda, o Brasil faz parte da

---

[52] RIBEIRO, D. **Os futuros de Darcy Ribeiro**. São Paulo: Elefante, 2022.

lista dos dez países com maior assimetria entre as faixas de população mais abastadas e as menos favorecidas. E pelo relatório da ONU[53], é o segundo país do mundo, depois do Catar, com maior concentração de riqueza. O 1% mais rico detém 28,3% e os 10% mais ricos auferem 41,9% da renda total, ou seja, 90% da população aufere menos de 60% da renda nacional. Indicadores muito notórios da deformação da pirâmide social brasileira.

O seu nível de urbanização também é dos mais elevados do mundo. Já alcança cerca de 85% de toda a população, como mencionei anteriormente. Algumas das áreas metropolitanas brasileiras, como é o caso de São Paulo e Rio de Janeiro, e o de muitas outras capitais de estado, são a expressão mais cruel da grande distância social entre o "conforto dos centros urbanizados" e a "precariedade das extensas periferias".

A professora Raquel Rolnik, da Faculdade de Arquitetura e Urbanismo da USP, em seu livro *São Paulo: o planejamento da desigualdade*[54], explica claramente como a cidade de São Paulo se formou ao longo do último século e meio, acolhendo imigração de vários países do mundo, entre os quais de Portugal, e a forte migração interna dos outros estados da União, ao ponto de se transformar na maior megalópole da América do Sul – ou "cidade-mundo", como ela designa.

Seu rápido desenvolvimento econômico e sucessivas políticas urbanas não permitiram que o planejamento se fizesse de forma ordenada. Em muitas zonas, populações instalaram-se antes de a "cidade chegar" com saneamento, energia elétrica, transporte público. Como coloca Raquel Rolnik: "ainda produzimos cidades sem urbanização prévia, o que nos condena a eternamente consolidar o precário..."

---

[53] **Portal G1**, 9 dez 2019. Disponível em: https://g1.globo.com/mundo/noticia/2019/12/09/brasil-tem-segunda-maior-concentracao-de-renda-do-mundo-diz-relatorio-da-onu.ghtml. Acesso em: 11 jul. 2023.

[54] ROLNIK, R. **São Paulo**: o planejamento da desigualdade. São Paulo: Fósforo, 2022.

Minha vivência pessoal em São Paulo levou-me a contactar diretamente com muitas situações de moradores de rua, tendo chegado a custear o alojamento de uma mãe e filha que haviam "caído" na rua por ocasião da pandemia de covid-19. Emociona-me o trabalho de uma vida inteira do filantropo e médium espírita Divaldo Franco, com seu projeto "Mansão do Caminho", que serve, educa, cuida de uma comunidade de mais de 5.000 pessoas em Salvador, na Bahia. Escalar projetos como este ajuda-nos, sem dúvida, a dar dignidade e oportunidades às populações mais vulneráveis.

No entanto, por mais que tentemos ajudar casos pontuais ou que desenvolvamos projetos sociais relevantes de relativa escala, como é o da "Mansão do Caminho", ainda assim são gotas num oceano de necessidades. Existe uma realidade transversal, que carece de uma abordagem sistêmica, amparada por políticas públicas de pendor redistributivo.

À escala mundial, essa agenda encontra eco no planejamento da transição para uma economia mais sustentável. A associação internacional World Business Council for Sustainable Development (WBCSD), que reúne grandes empresas multinacionais na busca por um futuro mais equilibrado, elegeu três grandes problemas da humanidade como foco das suas recomendações: comida, energia e desigualdade social.

No caso brasileiro, as periferias são muito mais do que apenas um testemunho vivo da desigualdade. Elas constituem uma tremenda oportunidade de transformação, pela sua capacidade de resiliência e de produzir soluções e alternativas para tantos desafios e dificuldades que têm de ser superados. As das grandes cidades, sendo São Paulo o exemplo mais impressionante, são um caldeirão de diversidade e juventude, uma enorme fonte de criatividade, empreendedorismo e culturalidades.

As periferias podem ser um motor de progresso social e econômico no Brasil. E clamam, com justiça, por igualdade e ampliação de oportunidades.

Já são múltiplos os exemplos de projetos que visam aproveitar essa energia pulsante nas periferias. Na própria EDP, lançamos em 2022 um projeto com o Instituto das Pretas de empreendedorismo periférico, para estimular oportunidades de geração e circulação de renda entre mulheres dos estados do Espírito Santo e de São Paulo – priorizando negras, indígenas, acima de 35 anos, mães solo e população LGBTQIAP+.

Não tenho dúvida de que a sociedade do novo humanismo que queremos construir é mais justa, mais equilibrada e mais equitativa do que a atual. Este, novamente, é um desafio para o poder público e a iniciativa privada, de combaterem as fragilidades e os déficits estruturais e valorizarem o potencial da força trabalhadora e energia criadora das comunidades carentes, dialogando e aprendendo com a sua densidade demográfica. O Brasil tem aqui mais uma oportunidade de ser uma vitrine para o mundo.

Reconciliação do passado com o futuro

No momento em que escrevo estas linhas acaba de se comemorar o Bicentenário da Independência do Brasil. Mais do que uma simples efeméride histórica, este dia assinala, com um simbolismo singular, um marco na jornada de soberania e amadurecimento da democracia brasileira. Sabemos que a história que antecedeu o 7 de setembro de 1822 foi pautada por inúmeras circunstâncias que deixaram marcas profundas na sociedade brasileira atual. O legado do Brasil-colônia é pesado do ponto de vista sociológico.

Considero que Portugal, tal como os outros países europeus que protagonizaram a colonização quinhentista, deveria assumir com frontalidade a responsabilidade pelas consequências brutais dessa ocupação do território brasileiro, nomeadamente o extermínio dos povos originários e a escravatura dos milhões de pessoas trazidas dos países africanos para trabalhar nas lavouras e engenhos da altura.

No entanto, julgo que também devemos reconhecer a valia da ocupação portuguesa no que toca à coesão da nação brasileira, traduzida pela consolidação das suas fronteiras – naquilo que é hoje o quinto maior país do mundo – e pela implantação de uma língua, que consolida a cultura dos mais de 210 milhões de brasileiros.

Há um valor incalculável nessas circunstâncias, efetivamente. Mas os meios que foram utilizados para produzir esse resultado causaram muito sofrimento humano e são totalmente reprováveis, à luz do nosso olhar contemporâneo. Há que se assumir isso, lamentar e seguir com uma agenda reparadora.

Por isso, na minha opinião, a quarta dimensão de reconciliação é a da história com o futuro. Muito à semelhança do que se passa com o ser humano, que só consegue prosseguir na sua vida, no seu crescimento, quando consegue aceitar e ultrapassar os seus traumas passados.

Brasil e Portugal possuem um espaço de potencial cooperação que é magnífico. Há três ativos que nos unem para sempre: a genética partilhada, a língua portuguesa e o oceano Atlântico.

Pela genética, Brasil e Portugal estão irremediavelmente unidos para sempre. De acordo com o professor Sérgio Pena[55], "Se 90 por cento dos cromossomas Y do Brasil são europeus, 50 por cento serão portugueses". Significa que metade das mães brasileiras carrega os cromossomas que resultaram da miscigenação dos antepassados portugueses com as mães ameríndias e negras.

Com muita perspicácia, o professor acrescentou, numa conferência no ano de 2009, "que os portugueses precisam olhar para o Brasil para se conhecerem". Essa ligação entre os dois países é a esteira de uma intrincada teia de relações familiares e de fortes laços de afeto que unem lusitanos e brasileiros. É inquestionável o quanto esses laços nos têm aproximado e o quanto

---

[55] Estudo demonstra herança portuguesa no mapa genético do Brasil. **Embaixada de Portugal no Brasil**, 4 nov. 2009. Disponível em: http://labs.icb.ufmg.br/lbem/reportagens/heranca-portuguesa-nobrasil.html. Acesso em: 11 jul. 2023.

têm contrabalançado o ressentimento histórico gerado pela colonização.

No que tange à língua, a união entre os dois países não é menos significativa. Falada com muitos sotaques, com regionalidades que lhe conferem uma riqueza incomensurável, a lusofonia – abrangendo mais de 260 milhões de falantes pelo mundo fora – é uma valiosa plataforma cultural e econômica. Não cabe aqui fazer uma apologia da nossa língua, mas é certo que preenche nossas vidas de poesia, por meio da palavra falada, escrita e cantada. Confesso que não sou um adepto do chamado Acordo Ortográfico. A diversidade confere uma beleza sublime ao nosso idioma.

O último desses três ativos que nos unem é o mar. Um oceano que nos divide e nos une ao mesmo tempo. O Brasil possui a 10ª maior zona econômica exclusiva do mundo e Portugal, apesar de ser um país geograficamente pequeno, possui a 20ª maior. No caso brasileiro, esta zona já foi apelidada de Amazônia Azul, dela se retirando "85% do petróleo, 75% do gás natural e 45% do pescado produzido no país", de acordo com a Marinha Brasileira[56].

Muitas vezes é subestimada a importância dos oceanos no equilíbrio da bioesfera, sendo importante relembrar que mais de 80% do oxigênio que respiramos é produzido nos oceanos e que mais de 30% do carbono é retido também debaixo de água. Para além do fundamental papel das correntes oceânicas nos fluxos de regularização da temperatura do globo, o futuro exige essa nova e ampla percepção.

Os dois países juntos têm uma responsabilidade relevante sobre o Atlântico. Esta circunstância é seguramente uma porta aberta para uma forte avenida de crescimento econômico e social conjunto. Para além do domínio óbvio das energias renováveis oceânicas, no qual ambos os países possuem créditos

---

[56] PEREIRA, R. O que é a Amazônia Azul e por que o Brasil quer se tornar potência militar no Atlântico. **Gazeta do Povo**, 1º nov. 2019. Disponível em: https://www.gazetadopovo.com.br/republica/amazonia-azul-brasil-potencia-militar-atlantico. Acesso em: 11 jul. 2023.

internacionais e pretendem crescer nos próximos anos, destaco a relevância futura dos serviços ecossistêmicos associados à gestão dos oceanos.

Por essas e tantas outras razões, sou um admirador dos ideais professados pelo pedagogo e filósofo Agostinho da Silva[57]:

> Mas há outra coisa importante: é que esta nossa cultura portuguesa (eu digo portuguesa no sentido geral de Cultura dos povos que falam português, não os de Portugal ou do Brasil só, ou de Angola ou de Macau), esta nossa cultura portuguesa tem que entrar no mundo com a sua candeiazinha espantando treva. É a única que o pode fazer. Não há nenhuma hoje das culturas do mundo, nenhuma, que possa realmente resolver os problemas do mesmo mundo. Nós podemos. Nenhum dos países que hoje tem a liderança tem solução para coisa nenhuma a não ser fazer mais máquinas que rendam mais obras. Nós, porém, temos solução para os problemas mais graves do mundo.

Agostinho da Silva defendia:

> [...] ser do Brasil que poderia partir a salvação da humanidade, entendida como cumprimento do plano divino e realização terrena de todas as superiores possibilidades da existência humana, num novo Paraíso reconciliador de tempo e eternidade,

como explica o pensador português e professor da Universidade de Lisboa Paulo Borges, na sua coletânea de textos do filósofo luso-brasileiro[58].

---

[57] SILVA, A. **Ensaios sobre cultura e literatura portuguesa e brasileira I**. Lisboa: Âncora, 2000.

[58] BORGES, P. **Agostinho da Silva** – uma antologia temática e cronológica. Lisboa: Âncora, 2016.

Tenho consciência de que podem soar utópicas essas reflexões. Mas, como já referimos, a utopia é um alvo no horizonte do porvir. Faz-nos avançar. O Brasil é seguramente um elemento central da solução para o novo mundo em formação. Para esse mundo que clama por um novo humanismo centrado na ecologia.

E a lusofonia é a língua da sustentabilidade, por excelência. Portadora de um sentimento universal de fraternidade. Brasil e Portugal podem encontrar um espaço profícuo para construir esse futuro sustentável.

A energia no centro do renascimento ecológico

O setor energético, onde trabalhei por mais de duas décadas, é uma peça fundamental na chamada "corrida para zero". De acordo com as estimativas da ciência, as emissões de gases que induzem o efeito estufa deveriam reduzir-se cerca de 50% até 2030 e atingir a neutralidade carbônica até 2050 (chamado cenário "net zero" da Agência Internacional de Energia) para assegurar uma probabilidade de 50% de a temperatura do planeta não ultrapassar um aumento de 1,5°C até 2100, face aos níveis pré-industriais. Na viragem da segunda década do século XXI já temos mais de 1°C, e a ciência indica-nos que devemos terminar o século com um aumento superior a 2,4°C.

As implicações para a vida na Terra de um aumento de temperatura acima de 4,0°C são, de acordo com os climatologistas, verdadeiramente devastadoras, com custos de adaptação e reparação bilionários. Há cenários que indicam que os custos da emergência climática podem ascender a 30% do PIB per capita em 2100 – um impacto avassalador.

Em nível global, o setor energético (eletricidade, petróleo e gás) representa cerca de 32% (2019) das emissões de gases que induzem o efeito estufa, de acordo com dados da consultoria Boston Consulting Group (BCG) do seu relatório climático de 2022[59]. No Brasil, representa apenas 8% das emissões nacionais. No entanto, apesar de ter uma das matrizes energéticas mais limpas do mundo, apresenta uma elevada proporção de emissões provenientes do desmatamento e da utilização dos solos. A realidade é que das 2,4 bilhões de toneladas (Gton) de CO2 equivalente emitidas em 2020, 70% foram relativas ao desmatamento da floresta (49%) e ao uso dos solos (21%), colocando o Brasil como quinto maior emissor do mundo, só atrás de China, Estados Unidos, Índia e Rússia.

Brasil e Portugal têm créditos no setor energético que são determinantes para a revolução da sustentabilidade. Portugal está entre os países da Europa com maior penetração de energias renováveis na matriz energética e foi um dos primeiros de seu continente a cessar a produção de energia com base em carvão. As últimas duas centrais com esta tecnologia foram encerradas em 2021, uma delas da EDP – a central de Sines, com 1.200 megawatts de capacidade instalada. O Brasil, como veremos, ocupará cada vez mais uma posição central na geração de energia limpa em larga escala.

Destaco estes cinco pontos:

1. Uma das energias mais verdes do mundo

Enquanto na matriz elétrica mundial as fontes renováveis pesam apenas 26% da energia produzida (2020), no Brasil, a geração limpa atinge cerca de 85% (2021). A matriz elétrica brasileira é essencialmente hidrotérmica, baseando-se na hidreletricidade, complementada por energia térmica baseada em carvão ou gás natural.

Até 2030, o peso das renováveis no *mix* de geração no mundo deverá ultrapassar os 45%, já no Brasil deverá atingir entre 85% e 90%, ou seja, o Brasil detém uma posição de partida para essa transição energética que o mundo, como um todo, levará muitos anos para atingir. Seu setor elétrico, que representa menos de 1%

---

[59] **BCG**, 16 set. 2022. Disponível em: https://www.bcg.com/en-br/brazil-climate-report-2022-seizing-brazils-climate-potential. Acesso em: 11 jul. 2023.

das emissões globais, continuará nas próximas décadas a se esverdear ainda mais, com a penetração crescente de eólica e solar.

Mesmo no balanço da energia primária, contemplando todos os setores de atividade que consomem energia – como transportes e indústria –, tem vantagem competitiva em relação às outras grandes economias. No mundo, apenas 14% da energia consumida é renovável, enquanto no Brasil chega aos 46% (2020).

2. Crescente penetração de alternativas renováveis

Quando cheguei ao Brasil, em 2008, as energias renováveis alternativas – eólica e solar – eram apenas planos futuros. Seu principal parque eólico situava-se em Osório, no Rio Grande do Sul, do programa PROINFA de incentivo às energias renováveis. Tinha 150 MW de capacidade instalada.

Passado um ano, realizava-se o primeiro leilão de energia eólica no país. A partir de então, começava um trajeto acelerado de desenvolvimento de fontes limpas de energia, que posicionou o Brasil entre os 10 maiores produtores de energia renovável no mundo. Lembrando que já constava na lista dos maiores produtores de energia hidrelétrica no mundo – o segundo, a seguir ao Canadá, que é o primeiro do mundo –, com um peso que chegou a ser superior a 70% da capacidade instalada no país.

Um pouco mais de uma década depois, no início de 2022, o Brasil já tinha ultrapassado os 21 GW (21.000 MW) de capacidade instalada de energia eólica e os 13 GW (13.000 MW) de energia solar (centralizada e descentralizada) em todo o país. Portanto, tais fontes inicialmente insignificantes, representando menos de 1% da matriz elétrica brasileira em 2008, já ultrapassavam 11% no ano de 2020. Os objetivos de longo prazo do governo brasileiro apontam para um peso que deve ultrapassar os 30% em 2030, resultante das novas adições de capacidade com eólica e solar.

3. Uma das energias mais competitivas do mundo

Os ventos no Nordeste brasileiro propiciam que uma usina eólica possa chegar a produzir energia durante mais de seis meses do ano (fator de capacidade superior a 50%), enquanto tipicamente na Europa ou nos Estados Unidos essa proporção de tempo fique entre 25% e 30% do ano. Também o número de horas de insolação na sua região central atinge valores que podem ser o dobro dos registrados na Alemanha, país percursor na instalação de energia solar na Europa.

Essa disponibilidade de recursos renováveis abundantes confere inigualável destaque. Na última década, desde 2012, o crescimento do setor renovável foi exponencial e atraiu mais de 300 bilhões de reais de investimento. Há mais um fator relevante para sua posição competitiva no cenário internacional: o custo unitário das tecnologias renováveis (solar e eólica) no Brasil é tipicamente, sem incluir taxas e impostos, cerca de 20% e 40% mais barato do que nos Estados Unidos da América, segundo país com maior capacidade renovável instalada depois da China.

4. Uma matriz energética diversificada

Para além de renovável, abundante e competitiva, a energia deste país de dimensão continental provém de fontes muito diversificadas. Desde a impressionante reserva hidrológica, que sustenta o sistema hidrelétrico brasileiro, passando pelas solar e eólica, até a biomassa, o gás natural associado à exploração do pré-sal e o carvão de origem nacional.

A própria energia nuclear, na conhecida usina de Angra, é uma opção natural num país que precisa de segurança energética para sustentar o seu crescimento econômico e suplementar a intermitência das suas fontes renováveis. A grande diversificação da matriz energética brasileira confere-lhe resiliência e reforça a independência energética do país.

5. Uma oportunidade na transição energética à escala global

A descarbonização do setor energético depende do crescimento massivo de fontes renováveis para substituir a utilização de combustíveis fósseis. Segundo um estudo da consultoria

McKinsey[60], publicado no segundo semestre de 2022, o hidrogênio será fundamental para atingir a neutralidade carbônica em 2050, para descarbonizar setores eletrointensivos ou aqueles em que a eletrificação não será competitiva, como é a produção de aço, de fertilizantes, a petroquímica, os transportes pesados de longo curso, o transporte marítimo ou a aviação.

Em 2050, segundo a McKinsey, o hidrogênio pode representar 20% da redução de emissões globais de GEEs, com um investimento direto que já se estima em mais de USD 240 bilhões. Sendo uma tecnologia emergente, os custos unitários ainda são elevados (~5-6 USD/Kg, quando se estima que na década de 2030 poderá chegar a ~1-2 USD/Kg, o custo identificado como competitivo para escalar essa tecnologia).

A produção de hidrogênio passa por um processo químico designado de eletrólise, que não é mais do que a separação das moléculas de oxigênio e hidrogênio da água. Dependendo do tipo de energia usado para esse processo, o hidrogênio é qualificado com diferentes cores. O chamado hidrogênio verde é produzido com fontes renováveis, sendo o mais requisitado para a descarbonização da economia. Já o azul é produzido a partir do gás natural com sequestro de carbono; o rosa com energia nuclear; e o cinza com combustíveis fósseis, entre outas combinações.

O Brasil, que já tem um dos custos mais competitivos do mundo na produção de energias renováveis, poderá ser uma potência de hidrogênio verde em escala global. Ressalte-se que o país possui uma logística privilegiada, com uma extensa costa, que permite fáceis ligações marítimas com países importadores de hidrogênio, notadamente na Europa. Adicionalmente, ter muitas indústrias eletrointensivas (como as de cimento e aço), bem como uma produção de fertilizantes em

---

[60] **Mckinsey.com**, 25 out. 2022. Disponível em: https://www.mckinsey.com/capabilities/sustainability/our-insights/five-charts-on-hydrogens-role-in-a-net-zero-future. Acesso em: 11 jul. 2023.

larga escala (utilizando amônia como matéria-prima) lhe garante um mercado interno relevante para viabilizar investimentos nessa tecnologia.

Faz parte do compromisso da EDP transformar-se numa empresa 100% verde – sendo que, no início da década de 2020, as renováveis pesam 70% a 75% da produção total de energia. Nesse objetivo, está implícita a chamada neutralidade de carbono até 2030, ou seja, uma redução próxima de 100% das emissões de CO2 designadas de escopo 1 (diretamente resultantes da atividade produtiva) e escopo 2 (indiretamente geradas pelas perdas de energia nas redes de distribuição e transmissão).

O hidrogênio verde é uma das soluções energéticas que faz parte do plano da EDP para descarbonizar totalmente sua matriz energética. A maioria dos primeiros projetos de hidrogênio verde da EDP está associada à desativação das usinas a carvão, cujo objetivo é cessar a produção de energia baseada nesse combustível fóssil a partir de 2025. A companhia possui planos para uma chamada transição justa, que contemplam a criação de *hubs* de produção de hidrogênio verde utilizando as infraestruturas existentes nos complexos de produção de energia com carvão (Sines em Portugal, quatro usinas na Espanha e a usina de Pecém no Brasil) e que permitirão criar empregos e dinamizar as regiões onde, historicamente, a EDP opera.

A EDP foi precursora nas discussões a respeito de hidrogênio verde no Brasil. O primeiro projeto da EDP nessa tecnologia, um dos primeiros de todo o Brasil, foi realizado na usina de Pecém, com um pequeno piloto para produção de hidrogênio destinado à queima na usina a carvão. Trata-se de um projeto de pesquisa e desenvolvimento com um eletrolisador de 1,3 MW e uma usina solar de 3 MW. Apesar de pequeno – há projetos anunciados com dezenas de MW de capacidade de eletrolisador – permitiu à EDP, no Brasil e em Portugal, começar a ganhar experiência concreta com uma tecnologia considerada fulcral para a transição energética, e sobre a qual ainda há pouca experiência no mercado.

Uma oportunidade para ser um hub climático mundial

Não é apenas o setor energético que estará no centro da grande transição verde que avança no mundo e no Brasil, em particular. No relatório da Boston Consulting Group, que mencionei anteriormente, consta que o Brasil pode ser o *hub* climático do mundo, por intermédio da produção de energia renovável em grande escala, como já vimos, mas também do seu lugar no mercado internacional de carbono, da agricultura sustentável e de uma industrialização de baixa pegada carbônica.

Esses quatro pilares representam uma oportunidade de investimento histórico até 2050. A consultoria BCG estima ocorrer um investimento por volta de 2 a 3 trilhões de dólares, nos próximos trinta anos, em descarbonização do setor da energia, dos transportes, da agricultura e do uso da terra, dos edifícios, da infraestrutura e da indústria. De acordo com o mesmo estudo, o investimento privado pode dobrar até o ano 2030, face aos níveis históricos médios de 2016 a 2020, atingindo cerca de 500 bilhões de dólares por ano.

É um novo papel para o Brasil e uma chance única de progresso verde no mundo em transformação, especialmente nestas três grandes frentes:

1. Mercado de carbono

A precificação do carbono é um instrumento fundamental para a descarbonização da economia, permitindo internalizar na formação de preços as externalidades das emissões que induzem o efeito estufa (GEE).

Em 1997, 192 países do mundo firmaram o Protocolo de Kyoto, que estabeleceu objetivos de redução de GEEs. Neste protocolo, estabeleceram-se mecanismos de flexibilização, que facilitaram o atingimento das metas de redução de emissões, ao autorizar que cada país signatário do protocolo possa participar de projetos de redução de GEE fora do seu território, estimulando os países emergentes – que não estão obrigados a metas de redução – a alcançar modelos de crescimento sustentável. É na sequência do Protocolo de Kyoto que se começa a desenvolver o mercado internacional de créditos de carbono. Cada crédito corresponde a uma tonelada de carbono que foi reduzida ou evitada na atmosfera.

Em 2015, com o Acordo de Paris, a comunidade internacional chegou ao compromisso de limitar as emissões de carbono à escala global, com o objetivo de atingir a neutralidade carbônica em 2050. O Artigo 6 do Acordo estabelece que os países podem atingir seus objetivos de descarbonização utilizando mecanismos de *compliance*, como é a taxação do carbono, estabelecendo mecanismos de comercialização de carbono (como o *Emissions Trading System*, na Europa) ou efetuando trocas de créditos de carbono voluntários.

Por meio da iniciativa *Climate Neutral Now*, várias organizações comprometeram-se a reduzir sua pegada carbônica e a compensar as emissões que não podem ser evitadas. Isso permitiu que o mercado de carbono ganhasse mais tração e que o chamado mercado voluntário crescesse. De acordo com a consultoria McKinsey, esse mercado permitiu, em 2020, uma redução de quase 100 milhões de toneladas de CO2 na atmosfera, representando mais que o dobro do registrado em 2017.

De acordo com a BCG, esse mercado pode ultrapassar 1 trilhão de dólares já a partir de 2028, com um crescimento próximo de 20% ao ano. Seu estudo estima que cerca de 35% (2030) da mitigação de emissões de GEEs (e geração de créditos de carbono) deverá provir das chamadas *nature based solutions* (NBS) – soluções baseadas na natureza, que consistem essencialmente em projetos de conservação, reflorestação e uso sustentável dos solos.

O Brasil tem uma possibilidade efetiva de participar do mercado internacional de créditos de carbono, sendo o primeiro país do mundo em soluções de reflorestação e preservação da floresta. Do potencial mundial estimado de *nature based solutions* de 11 Gton CO2/ano (cerca de 20% das emissões mundiais), o Brasil pode fornecer 0,6 – 1,0 Gton CO2/ano em soluções, que são racionais do ponto de vista econômico. Porém, o potencial máximo pode ascender até 2,9 Gton CO2, superando as 2,4 Gton CO2 das suas emissões em 2020.

Em suma, a preservação dos ricos biomas florestais brasileiros constitui uma rota indispensável para a agenda mundial do clima.

2. *Agricultura sustentável*

A outra dimensão que pode ajudar a posicionar o Brasil como um *hub* climático é, sem dúvida, a agricultura sustentável. O crescimento demográfico e a melhoria global das condições de vida colocam enorme pressão sobre a produção agrícola. Estima-se que a demanda de *commodities* alimentares cresça cerca de 30% até 2050, de 25 para 32 bilhões de toneladas por ano.

O Brasil tem condições privilegiadas para o agronegócio, como é amplamente sabido. Para além de possuir uma das maiores áreas agrícolas do mundo – a quarta maior, atrás da China, Estados Unidos e Austrália – tem uma elevada produtividade – três vezes superior à média mundial – e tem alta competitividade dos seus insumos, nomeadamente dos seus fertilizantes. É crescente a adoção de práticas de agricultura regenerativa, em particular, pela integração de floresta, com agricultura e pecuária. De acordo com a BCG, multiplicou quase por 10 vezes o território brasileiro usado com essa integração, entre 2005 e 2020, evitando a conversão de floresta.

O Brasil é o maior exportador de soja, suco de laranja, café, frango, carne bovina congelada, entre outros alimentos, posicionando-se como um dos grandes celeiros do mundo. O agronegócio é um dos motores da economia brasileira, representando cerca de 25% a 30% do PIB nacional. Segundo dados de 2019, o setor agrícola brasileiro é o terceiro do mundo em emissões de GEE (8%), atrás da Índia e da China, e responde por 21% do total das emissões brasileiras.

É interessante mencionar que cerca de dois terços das emissões desse setor derivam da pecuária – fermentação digestiva que lança grandes quantidades de metano para a atmosfera –, enquanto no resto do mundo representa apenas 42% (2019). O que é um sinal da importância relativa do setor pecuário no Brasil.

O grande desafio para esse setor será o de continuar a reforçar as suas práticas sustentáveis. De acordo com a BCG, o investimento para prosseguir a trajetória de descarbonização da agricultura e uso da terra pode ultrapassar o meio trilhão de dólares em trinta anos, até 2050.

3. Indústria verde

Para terminar os quatro pilares que sustentam um forte posicionamento do Brasil como *hub* climático do mundo, temos a indústria. Ela possui uma baixa pegada carbônica, fundamentalmente pela qualidade da matriz energética brasileira, muito assente na hidreletricidade e nas outras energias renováveis, como já vimos.

O setor industrial brasileiro representa cerca de 5% (2019) das emissões nacionais e 1% das emissões globais no setor industrial. Enquanto na China, por exemplo, pesa cerca de um terço das emissões do país, no Brasil representa um percentual de apenas um dígito.

A indústria cimenteira, por exemplo, tem a menor intensidade carbônica do mundo, com 11% abaixo da média, assim como, na produção de aços, de químicos ou na atividade de mineração, o Brasil também goza de baixas intensidades carbônicas, posicionando-se como um exportador natural de produtos verdes.

A BCG estima que, até 2050, sejam investidos na indústria e infraestrutura mais de 600 bilhões de dólares, para implementar uma agenda de descarbonização. Essa agenda abrange setores nos quais a eletrificação poderá não fazer sentido, razão pela qual o recurso a hidrogênio verde deverá ser necessário para abater emissões de GEEs.

Em suma, o Brasil tem condições únicas de ser, pelos seus recursos naturais, energéticos e pela exuberância do seu tecido social, uma superpotência da sustentabilidade, com um papel de charneira na agenda mundial de transição para uma economia de baixo carbono e para uma sociedade mais justa e equitativa.

Há uma agenda inevitável de reconciliação de várias dimensões da vida no território brasileiro, mas o potencial de impacto socioambiental é significativo. Como se a dimensão socioambiental não bastasse, o século XXI abre uma avenida larga de crescimento verde para o Brasil, com perspectiva de investimentos na casa dos trilhões de dólares.

Estão reunidas as condições ideais para um novo modelo de sociedade, com muito mais respeito pela ecologia e pelo meio ambiente. Uma nova forma de conciliar desenvolvimento econômico com responsabilidade social e ambiental. Um novo paradigma de sociedade que deixará de ser apenas antropocêntrico e passará a ter a sua centralidade numa visão holística da nossa existência – homem e natureza vistos como uma realidade única.

E o Brasil estará no epicentro dessa transformação sustentável, de um verdadeiro renascimento ecológico...

- com seus exuberantes ativos naturais – biomas florestais, entre os quais a maior floresta tropical do mundo, a maior biodiversidade do mundo, a maior reserva de água doce do planeta, entre outros;
- com sua megadiversa sociedade de mais de 210 milhões de habitantes, plena de desafios sociais, mas igualmente cheia de soluções inovadoras, potencialmente escaláveis;
- com sua matriz energética, que é a mais limpa do mundo, onde a penetração de energias renováveis já ultrapassa os 85%;

...podendo posicionar-se como:

- o maior fornecedor de *nature based* solutions do mundo, para contribuir para a agenda mundial de redução de emissões de GEEs;

Capítulo 10 – Brasil: o epicentro do novo humanismo ecológico • **237**

- um dos maiores mercados de créditos de carbono do mundo;
- um dos maiores e mais competitivos produtores de hidrogênio verde do planeta;
- um dos maiores investidores em energias renováveis competitivas – sol e vento;
- um dos maiores mercados de energia renovável oceânica;
- um líder na exploração e produção de petróleo de baixa pegada carbônica;
- um dos maiores produtores e utilizadores de biomassa para energia, transporte e indústria;
- um dos maiores produtores agrícolas sustentável, líder mundial em agricultura regenerativa;
- um dos maiores exportadores de produtos verdes no mundo, com baixa intensidade carbônica, favorecida por uma matriz energética renovável.

Estes e tantos outros motivos de liderança mundial, na progressão para um mundo socioambientalmente responsável, projetam o Brasil para a liderança da revolução verde. Uma posição estratégica da qual o Brasil não pode jamais abdicar.

11

UM NOVO PERFIL DE LIDERANÇA

Fica claro que o futuro da humanidade e, por isso mesmo, dos nossos próprios filhos e seus descendentes, nos convoca para a ação. Todos nós já tomamos consciência do mal que as nossas atividades de exploração dos recursos naturais estão provocando ao sensível equilíbrio do nosso planeta. Ouvi numa palestra do líder espiritual hindu Sadhguru que, se qualquer outra espécie estivesse fazendo o que a nossa está fazendo ao planeta, nós só pensaríamos em exterminá-la. Tendo a concordar com ele.

Atualmente também temos a consciência de que a atuação isolada de cada um de nós, não muda o curso da história, ou seja este problema exige uma solução coletiva. É nesse sentido que as lideranças empresariais têm grande responsabilidade na equação de sustentabilidade que vivemos hoje.

A responsabilidade é triplamente relevante. Na definição do que fazemos, do como fazemos e com quem fazemos. Os líderes têm muitos graus de liberdade nas suas decisões e podem influenciar o destino de grandes, médias e pequenas organizações.

Para além da liderança nos respectivos setores de atividade, os líderes também exercem muita influência fora das empresas, nas associações, nos projetos do terceiro setor, no próprio núcleo familiar. Nossa liderança propaga ondas de choque para além dos universos onde temos responsabilidades profissionais diretas. E essas ondas de choque podem reverberar no bom ou no mau sentido.

Cada sinal, gesto, palavra que proferimos pode influenciar muitas outras pessoas à nossa volta. Achei impressionante a ambição do líder religioso Sadhguru de mobilizar mais de 3 bilhões de pessoas no mundo para uma atuação ecologicamente consciente na sua iniciativa *Conscious Planet*, que no Brasil foi divulgada como "Salve o Solo". Pode-nos soar utópico, mas só com ambição desse calibre conseguiremos estimular uma transformação em escala planetária.

Acredito firmemente no poder transformador da liderança. Vimos tantos sinais disso ao longo da História da humanidade. São inúmeros os exemplos de indivíduos que mudaram o rumo da nossa evolução como espécie. Mas não acredito em receitas prontas e não gostaria de cair na vala comum dos livros que trazem prescrições redutoras sobre como ser um bom líder, como influenciar, como executar...

Partilharei a seguir algumas conclusões que os 13 anos no Brasil fizeram sobressair no contexto da busca por um mundo mais sustentável. Reconheço que cada pessoa trilhará seu caminho, cada líder buscará seu modelo de mobilização e motivação. Apenas faço uma contribuição com base na minha experiência e nada mais. Com esse intuito genuíno, destaco a seguir traços de liderança e capacidades que considero importantes aos líderes contemporâneos, aprofundando o que abordei no Capítulo 8. Eu os apreendi ao longo da minha gestão no Brasil, e de alguma forma esses traços foram crescendo em mim com minha evolução como ser humano.

Agrupei em quatro eixos os traços que considero influenciadores de uma liderança de impacto:

🌿 **Eixo 1 – Qualidade da vida interior**
Aprofundamento espiritual
Busca da essência e de significado
Cultivo da sabedoria

🌿 **Eixo 2 – Relação com o tempo**
Regência do tempo e da energia vital
Estudo e respeito pela história
Pensamento de catedral e construção de legado

🍃 **Eixo 3 – Relação com o outro**
Outramento e transculturalidade
Ética do amor
Não liderança

🍃 **Eixo 4 – Relação com o mundo**
Abertura total ao mundo, à diferença e ao novo
Conexão com a natureza e consciência holocêntrica
Busca incessante de impacto

Figura 7 – Traços para uma liderança de impacto

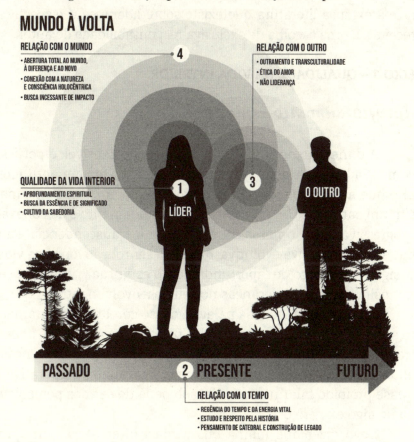

Fonte: elaborada pelo autor.

Capítulo 11 – Um novo perfil de liderança • **241**

Ressalto que não quero enunciar receituários. Esses eixos e traços que vou detalhar são resultado da minha experiência de vida e foram críticos nas circunstâncias particulares da minha jornada como líder. Não tenho pretensão que seja um mantra ou fórmula universal para qualquer líder. Se puder agregar como inspiração, terei cumprido o meu objetivo com este livro.

Confesso que senti certa dificuldade em escolher uma lista reduzida de traços e capacidades para caracterizar esta nova forma de liderar, mais holística, com um nível superior de consciência e mais impacto socioambiental. Fiz apelo a uma capacidade também importante para um bom comunicador, que é o poder de síntese. Optei por focar nas características que considero mais invulgares, face à extensa literatura que existe sobre liderança e respectivas receitas. É uma escolha de exclusiva responsabilidade do autor.

EIXO 1 – QUALIDADE DA VIDA INTERIOR

Aprofundamento espiritual

A dimensão da espiritualidade é muito sensível, e por isso começo a lista de traços de liderança com ela. Efetivamente acredito que a espiritualidade não é um destino em si mesmo, mas sim um caminho. Um processo de aprofundamento e de conexão progressivas com o nosso íntimo e com a transcendência. Para dar essa perspectiva evolutiva, que se desenrola ao longo da vida, designei este traço de "aprofundamento espiritual", que deve ser intensificado pelas lideranças no seu desenvolvimento.

Quando falamos essa palavra, nosso cérebro imediatamente nos traz preconceitos enraizados pelas nossas cultura e ancestralidade. Dificilmente nos desapegamos das balizas que a nossa educação nos colocou nesse domínio. No mundo corporativo é quase proibido falar nesse tema, sob pena de sermos percebidos como algo exotéricos.

Devo dizer que minha busca mais intensa por um aprofundamento espiritual levou mais de uma década, e ainda não terminou, como é óbvio. E é necessário esclarecer que entendemos a espiritualidade como um caminho paralelo ao da religiosidade. Ambos podem se cruzar, mas não são necessariamente coincidentes. As religiões, criando uma espécie de "exoesqueleto moral", como lhe chama o psicólogo social Jonathan Haidt no livro *The righteous mind: why good people are divided by politics and religion*[61], ajudam a vida em comunidade e podem favorecer o processo de espiritualização, mas não são a garantia para tal.

No meu caso, com formação católica, toda minha vida convivi com a religião respeitando a ritualização que aprendemos na catequese nos tenros anos da escola. Depois, segui a vida adulta sem questionar muito esse conhecimento ritualístico baseado nas crenças apreendidas ainda criança. Até próximo dos meus 40 anos nunca tinha me interessado em estudar outras religiões e escolas de pensamento espiritual, nem por aprofundar minha vida interior.

Até que um grande amigo português, Carlos Coelho, presidente e fundador de empresas de design e comunicação, com quem trabalhei no meu percurso profissional, ofereceu-me um livro.

– Miguel, vou te oferecer um livro que vais estranhar, mas tenho a certeza de que vais gostar – disse-me Carlos. – Espero... – acrescentou com um sorriso comprometido;

– Sim, então... *Tao Te King*[62]? Nunca tinha ouvido falar, mas gosto das tuas provocações – respondi, depois de abrir o embrulho, curioso com a estranheza do presente.

Tao Te King (também chamado de Tao Te Ching) é simplesmente a mais importante referência do Taoísmo, uma das escolas espirituais do Oriente com a qual aprendi muito, e que hoje me inspira constantemente no meu dia a dia. Levou-me, inclusive, a estudar profundamente um leque alargado de outras escolas de pensamento espiritual e místico, como o Confucionismo, o Budismo, o Zen-budismo, o Hinduísmo, o misticismo judaico da

---

[61] HAIDT, J. **The righteous mind**: why good people are divided by politics and religion. New York: Vintage Books, 2013.

[62] TSE, L. **Tao Te King** – Livro do caminho e do bom caminhar. Lisboa: Relógio D'Água, 2010.

Cabala, os ensinamentos das escolas herméticas do Antigo Egito. Ao longo de uma década, fui explorando esses e muitos outros, para ganhar uma visão plural da espiritualidade. E é nisto que hoje acredito: no pluralismo espiritual.

No poder do conhecimento multifacetado e multiprismático, há o desenvolvimento de uma cosmovisão, cheia de interrogações, mas também uma grande ajuda para alcançarmos respostas e perspectivas complementares para os nossos questionamentos existenciais.

Muitos dos sistemas de pensamento espiritual de matriz oriental ou hindu defendem as práticas meditativas para alcançar paz interior e aquietar a mente. Comecei, no Brasil, a experimentar a meditação como uma prática recorrente da minha rotina e considero, atualmente, um instrumento fundamental para o equilíbrio e bem-estar de um líder. Ajudou a melhorar a qualidade da minha presença e a acuidade da minha atenção. Tento praticar diariamente, ao acordar, antes de começar o meu intenso dia de trabalho.

Continuo, agora mais ainda, a respeitar minha matriz católica. Entretanto, expandi largamente meus horizontes espirituais. Não tenho dúvida de que o sincretismo religioso brasileiro, que encontrei pelo país afora, criou o ambiente propício para desenvolver essa minha visão mais espiritualizada. No Brasil, contatei com pessoas de várias crenças e filosofias – na EDP, identificamos mais de vinte religiões no censo de diversidade que realizamos, conforme contei em páginas anteriores – e um acesso muito facilitado a conteúdos e práticas espirituais.

Mal sabia Carlos Coelho que, ao oferecer-me aquele livro, estava me empurrando para um universo de conhecimento, no qual mergulhei com sofreguidão. Seguindo o exemplo desse amigo, tenho oferecido o *Tao Te King* a muitas pessoas no meu universo profissional. Já esgotei este livro em algumas livrarias, veja só, por acreditar que muitas vezes precisamos de pequenos impulsos para iniciarmos caminhos de aprofundamento e elevação de consciência.

Aprendi sempre algo relevante com as várias escolas de pensamento espiritual que fui estudando. A começar pelos valores católicos, que professo e nos quais acredito como a base sólida da vida na nossa sociedade. Gosto das leis da natureza que o Taoísmo aplica à governação e às relações interpessoais. Gosto das noções de conformidade do Confucionismo para uma vida em família ou na relação com o Estado.

Mais recentemente, tenho estudado com afinco as noções do hinduísmo, numa das escolas mais representativas, o Vedanta, especialmente a linha Advaita Vedanta. Gosto das noções de *oneness* (somos todos Um só) e de *divinity within us* (a Divindade está em nós, fazemos parte dela). Além de seu pensamento me agradar, ajuda de uma forma natural no estabelecimento de uma ética da sustentabilidade.

Se todos nós somos Deus, e se fazemos parte de uma Unidade, então fazer bem aos outros e ao meio ambiente é fazer bem a nós próprios. A sustentabilidade é vista nesse prisma como uma consequência natural de uma cosmovisão. Deixa de ser uma construção artificial, comandada pelos ditames dos fundos e índices do mercado financeiro, e passa a ser decorrência de uma crença forte de que proteger a Natureza e a Sociedade é fazer bem a nós próprios.

Muito se poderia escrever sobre espiritualidade. É um domínio vastíssimo que não temos a pretensão de cobrir em detalhe. Daria para outro livro. Em suma, um líder espiritualizado tem uma boa autoconsciência, está em paz consigo próprio e com o mundo. Ele também se encontra conectado com a transcendência – mesmo que ultrapasse o seu entendimento.

O importante é reconhecermos nossa limitação e finitude e respeitarmos nossa integração numa ordem cósmica muito mais abrangente do que a nossa existência individual. Considero este aprofundamento espiritual a base de uma nova liderança sustentável.

No modelo de Evolução Integral que defendo, como refinamento dos conceitos de Desenvolvimento Sustentável, recordo que a sétima dimensão desse modelo – Transcendência – assenta num tripé dominado pela espiritualização e progresso moral do nosso mundo. Sendo as lideranças empresariais uma das forças mais significativas de transformação da sociedade, é inequívoco que apenas conseguiremos uma subida do nível de consciência global, e consequentemente do seu nível de espiritualização, com base na própria espiritualização das lideranças.

Busca da essência e de significado

Defendi, no Capítulo 8, que um líder de impacto é aquele que consegue estabelecer uma conexão profunda de significado entre a sua essência – que defini como sua filosofia de vida e seus valores – e o propósito da organização para a qual trabalha. Ora, para isso, o líder tem de conhecer sua essência e aquilo que confere significado à sua vida. Tenho hoje consciência plena de que esta é uma busca sem limite. Passamos a vida procurando a nós próprios. Tentando conhecer quem somos quando nos despimos de todas as capas, de todos os filtros sociais.

Uso a expressão "filosofia de vida" para descrever o grande desígnio que rege nossa vida. A professora e filósofa Lucia Helena Galvão, da escola Nova Acrópole, refere-se a esse grande desígnio como o nosso "grande amor como direção". Hoje, se tivesse que definir minha filosofia de vida, o grande amor que direciona a minha vida, apesar de ser difícil pôr em palavras conceitos tão abstratos, diria que é: *usar meu tempo e minha energia para gerar um impacto positivo à minha volta, nas pessoas e no mundo em geral.*

Este sentido, como defende o professor e filósofo espanhol Josep Maria Esquirol, encontra-se na quotidianidade, "na proximidade, na relação com os outros e o dia a dia", conforme apresenta no seu livro *A resistência íntima*[63]. Ele acrescenta: "Do que é humano não se espera que se manifeste unicamente na esfera superior da

---

[63] ESQUIROL, J. M. **A resistência íntima**. Coimbra: Edições 70, 2020.

ação política ou do pensamento contemplativo, senão que o faça já – e com igual intensidade – no gesto humano". É na simplicidade da nossa ação diária que revelamos nossa essência. Não apenas nas grandes realizações que se podem esperar de um líder.

Encontrei na liderança uma forma de ter esse impacto positivo. Acredito que os líderes empresariais têm nas mãos a oportunidade de moldar a história da nossa sociedade. Alguns deles são muito notórios, como Elon Musk ou Steve Jobs, outros são mais desconhecidos, mas todos influenciam, direta ou indiretamente, a vida de muitas pessoas e podem fazer a diferença na sua passagem pela vida.

Creio que a esta noção se juntam nossos valores mais profundos. Refiro-me àqueles princípios dos quais não abdicamos e que nos permitem viver em sociedade de forma harmoniosa. No fundo, são os alicerces do nosso comportamento. Explicam a razão das nossas ações. Aqui, invoco as virtudes cardinais da Doutrina Católica, baseadas nos modelos platônicos e tomistas (de São Tomás de Aquino) – *prudência, justiça, fortaleza e temperança*. Tendo tido uma educação católica, cuja matriz de valores esteve na base da minha construção como pessoa. Acredito nos valores judaico-cristãos como os pilares de uma vida em sociedade.

Uma das referências que mais admiro é a do professor e psiquiatra Viktor Frankl, autor de *Em busca de sentido*[64], escrito após sua experiência na situação limite de um campo de concentração durante a Segunda Guerra Mundial. Gosto particularmente dessa referência pela importância que ela atribui à adversidade na formação do sentido da vida. Muitas vezes, observo os jovens que chegam agora ao mercado de trabalho – no fundo, é a geração dos meus filhos – e fico com a impressão de que eles estão menos preparados para as dificuldades da vida. Vejo que desistem com muita facilidade. Quando não se

---

[64] FRANKL, V. **Em busca de sentido**: um psicólogo no campo de concentração. São Paulo: Vozes, 2012.

identificam com uma dada situação profissional, rapidamente querem escapar para o próximo desafio.

A vida profissional é feita de altos e baixos. Nos meus piores momentos, aprendi muito e desenvolvi capacidades importantes para a vida adulta. Em especial, a resiliência, essa capacidade de lidar com a frustração e a adversidade, e mesmo assim conseguir prosperar. Tenho profundo respeito pela adversidade como elemento formador. Como estímulo para crescer. Rumi, o poeta Sufi do século XIII, resume numa frase linda: "A ferida é o lugar pela qual a luz entra em você".

Os momentos em que mais amadureci na vida pessoal e profissional foram aqueles em que passei por dificuldades. Por isso, acho que é preciso acolher a adversidade como uma oportunidade de crescimento. Quando a ela sobrevivemos saímos mais fortes. Nesse sentido, aprecio muito a visão do já citado Josep Maria Esquirol, que nos diz que "existir é resistir". Viver é resistir às forças de desintegração que nos impactam. O próprio tempo funciona como uma força de desintegração, que no limite nos leva à morte.

Nesse movimento de busca da nossa essência e de sentido para a nossa vida, daquilo que nos impulsiona e que constitui a fundação da nossa existência, entendo que a liderança passa a ter outro papel fundamental. Ao conectar-se com o propósito da sua organização, o líder de impacto também assume uma missão de guardião da essência da empresa, traduzida pelos seus valores. E ser guardião significa entender, influenciar e proteger os valores e a sua expressão na vivência diária da empresa, ou seja, na cultura instituída.

Obviamente que, quando o líder não se identifica com a cultura instituída na organização que lidera, poderá promover uma transformação cultural que promova esse alinhamento, sempre e quando isso for bom para aquela organização. De acordo com o Modelo de Estágios de Maturidade, visto anteriormente, é um processo que requer o desenvolvimento de uma inteligência cultural, que permita ao líder entender o contexto em que atua e operar uma transformação dos modelos mentais e dos referenciais internos. A experiência mostrou-me que leva o seu tempo.

Cultivo da sabedoria

A primeira vez que ouvi falar da sabedoria como um objetivo empresarial foi pelo olhar do meu amigo, mestre e conselheiro José Luiz Alquéres. Apresentar José Luiz Alquéres não é fácil, tal é o largo espectro de responsabilidades que acumulou no seu percurso corporativo, como executivo – entre as quais se destacam a presidência da CERJ, da Light e da Eletrobras no setor elétrico –, na sua vida associativa – entre as quais no Instituto Brasileiro de História e Geografia e no Centro Brasileiro de Relações Internacionais –, ou na sua trajetória como autor e editor. Para ele, a sabedoria no contexto empresarial é a soma de conhecimento e sensatez.

Considero que o líder integral do mundo contemporâneo precisa investir uma parte importante do seu tempo no cultivo da sabedoria. A sabedoria acumulada, tanto em conhecimento alargado como em sensatez amadurecida, é um instrumento fundamental para a prudente tomada de decisão e para lidar com o contexto de extrema incerteza em que vivemos atualmente.

Utilizo a palavra "cultivo" porque é necessário "plantar" para "colher" resultados. É necessário investir tempo. Investir tempo em leitura e estudo. Considero a leitura como um acelerador de sabedoria. Alguém, antes de nós, já percorreu aquele caminho e lançou luz sobre um domínio de conhecimento. Sou apaixonado por leitura. Leio múltiplos livros ao mesmo tempo e não leio mais porque o corpo não aguenta. Quantas vezes adormeço à noite, cansado, exausto, com o livro no colo e a cabeça tombada. E gosto de saltitar de livro em livro, degustando as viagens que a leitura nos proporciona, no tempo e em domínios de conhecimento que queremos aprofundar.

Outra forma de aumentar nosso repertório, e com isso nossa sabedoria, é estarmos abertos ao mundo – falaremos sobre isso mais à frente. Quando digo abertos refiro-me a conhecer novos lugares, novas culturas, novas pessoas. Tudo isso nos ajuda a construir um conhecimento maior do mundo e da humanidade. Considero que essa também é uma maneira fundamental para alargar a nossa visão do mundo e, com isso, termos mais pontos de referência para conduzir nossa atuação.

Para cultivar a sabedoria há outra dimensão importante realçada por Alquéres – a da sensatez ou do bom senso. Vemos, muitas vezes, no contexto corporativo que o "bom senso" é um recurso escasso. Não se trata de inteligência. Muitas vezes, pessoas muito inteligentes são claramente deficitárias em sensatez. E também não é garantido que pessoas mais velhas sejam mais sensatas do que as mais novas. Já cruzei com muitos casos de pessoas com muita experiência de vida que não têm bom senso nenhum.

É algo muito difícil de ensinar. Diria até que é impossível porque cada situação, com suas nuances e sutilezas, pode exigir atuações completamente diferentes. Para mim foi muito importante o exemplo dos grandes líderes com quem trabalhei ao longo da vida. Vê-los atuar em momentos complexos foi-me ajudando a aprimorar meu próprio juízo crítico e sentido de oportunidade. É um exercício diário.

Dar os passos certos, dizer as palavras adequadas, atuar de forma ponderada e sensata é um desafio constante. E para os líderes empresariais esse desafio é ainda maior, na medida em que a vida de muitas pessoas depende da qualidade do nosso juízo e das decisões que tomamos diariamente.

Contribui de modo substancial o tempo que dedicamos à reflexão e ao autoconhecimento. Passamos a conhecermo-nos melhor e a entender que as emoções podem influenciar o nosso raciocínio e toldar a perspectiva sobre a realidade. Depois da jornada de amadurecimento da última década de vida, tenho hoje, como mais de 50 anos, maior capacidade de discernimento, de analisar as minhas emoções e de apreender a realidade com maior lucidez e distanciamento.

Em suma, a autorreflexão, a experiência de vida e o estudo ajudam-nos a tornarmo-nos melhores seres humanos e profissionais. Considero que esse traço da liderança deve estar sempre presente em qualquer equipe de gestão: um bom balanço entre energia e iniciativa de jovens executivos e sabedoria e prudência de executivos mais experientes, "com cabelos brancos" e bom senso, que nem sempre vêm juntos, como já mencionei. Tal balanço é fundamental para o equilíbrio de um colégio de executivos.

José Luiz Alquéres personifica, do alto dos seus quase 80 anos, um verdadeiro ideal da sabedoria. É dono de uma cultura geral invejável e de uma larga e diversificada experiência de vida que o tornam singular. Tive o privilégio de conhecê-lo no Brasil e era a quem sempre recorria para opiniões ponderadas. Sou-lhe muito grato pelo apoio que me concedeu, em especial enquanto foi membro do Conselho de Administração da EDP Brasil e, posteriormente, como vice-presidente do Instituto EDP.

EIXO 2 – RELAÇÃO COM O TEMPO

Regência do tempo e da energia vital

Desde sempre me senti fascinado pelo tempo. Cientistas, filósofos, antropólogos, poetas, entre outros, há muito tentam defini-lo. Há muitas visões complementares sobre essa dimensão do nosso universo e da nossa existência. A Física apresenta-nos tipicamente duas: o "tempo-ilusão", de Einstein, e o "tempo-dissipação", da termodinâmica, como explica o Nobel de Química Ilya Prigogine, no seu livro O *nascimento do tempo*[65]. Ele propõe o dilema de o tempo ser aquilo que conduz ao homem ou criação do homem: "Os recentes desenvolvimentos da termodinâmica propõem-nos, por conseguinte, um universo em que o tempo não é nem ilusão nem dissipação, mas no qual o tempo é criação".

Segundo Prigogine, o tempo sempre existiu e foi a partir dele que o universo foi criado. E obviamente também os sistemas biológicos. Não quero tornar estar leitura esotérica nem teórica, mas começo por esta referência da Física para aportar numa referência espiritual, que é mais intuitiva. Proposta pelo líder espiritual hindu Sadhguru, de uma forma maravilhosamente

---

[65] PRIGOGINE, I. **O nascimento do tempo**. Coimbra: Edições 70, 2008.

simples, define a vida como uma "mistura de tempo e energia". Na prática é como se nascêssemos com um "orçamento limitado de tempo e energia", e a forma como o administramos determina a qualidade da nossa vida. Esse raciocínio é facilmente extensível ao papel do líder de impacto na organização que lidera.

Uso a palavra "Regência" porque a imagem de um maestro se aplica bem a essa metáfora. Cada um de nós é o maestro da própria vida. Somos nós que controlamos, na medida do possível, as partituras, as paragens, a entrada dos vários instrumentos, os andamentos e todas as dimensões musicais da partitura que tocamos na organização que lideramos e em tudo mais.

Recordo-me de muitos momentos da minha vida profissional, como líder empresarial, em que tive de trabalhar com grande intensidade e dedicação temporal. Num deles, entrei no escritório às 9 horas da manhã de sábado e só saí na segunda feira, às 11 horas da manhã, depois de concluir uma importante apresentação para os acionistas da empresa onde trabalhava naquela altura. Fiquei duas noites seguidas sem dormir. Eu e um grupo de colegas que correram ao escritório para ajudar nessa missão.

Entendo que um líder tem de reger com maestria os tempos da sua intervenção. Ora acelerando a ação, ora freando. Ora convocando sua equipe para um esforço coletivo, ora concentrando-se num esforço individual de reflexão. Esse domínio do tempo é fundamental para a correta tomada de decisão, evitando o risco da falta de discernimento. Para problemas complexos, o tempo de reflexão é essencial para o amadurecimento de decisões. Em situações de crise, ações resolutas são determinantes. São dois exemplos da regência ritmada do tempo da organização.

A par da gestão do tempo, o líder precisa administrar bem sua energia. O fundador da escola Amana-Key, Oscar Motomura, dizia no seu Programa de Gestão Avançada (APG) que devemos procurar todos os dias estar na nossa "melhor versão". Ele tinha uma expressão curiosa para um estado de serenidade e autocontrole, a que chamava de "V-zero".

Apesar de não ser um conceito de base científica, gosto da noção de "energia vital" para ilustrar o que implica estar na nossa "melhor versão". É uma expressão tradicionalmente associada aos conceitos taoístas de energia – a força que flui através de todos os seres vivos e que determina a nossa vitalidade e longevidade. Referenciada como energia Ki (ou com grafia ch'i), quando circula livremente pelo corpo, a saúde física e mental é mantida.

Estar na "melhor versão" implica cuidar do equilíbrio do corpo e da mente, traduzido pela nossa "energia vital". Há alguns elementos fundamentais para esse equilíbrio: nomeadamente uma alimentação saudável, um regime regular de exercício físico, um sono de qualidade, o contacto com a natureza, as práticas meditativas, entre outros. Cada líder terá a sua melhor combinação desses fatores.

No meu caso, fui progressivamente ajustando os fatores que afetam o estado geral de saúde. Como contei em páginas anteriores, mudei a minha alimentação para um regime baixo em carboidratos, passei a realizar exercício físico com regularidade, comecei a praticar meditação, procurei estar mais em contacto com a natureza. Considero que estou mais saudável do que há dez anos, quando não cuidava com tanto zelo do meu corpo e mente. Sem dúvida, sinto o efeito na qualidade da minha liderança.

Estudo e respeito pela história

Tenho hoje plena consciência da importância, para um líder de impacto, de ter um entendimento profundo e detalhado do passado. O seu próprio e, acima de tudo, do contexto em que atua: do país, da comunidade, da organização, da equipe que lidera.

Entender como chegamos até hoje, qual a nossa ancestralidade, quais valores estão no histórico de nossos antepassados, que carga genética transportamos, que cultura temos gravada em nossos genes é um exercício fundamental para ajudar a desvelar a nossa essência, como já vimos atrás.

Para mim, que cheguei ao Brasil cheio de preconceitos e ideias distorcidas, foram determinantes os mais de dez anos de estudo e de pesquisa sobre a história brasileira, nas suas várias perspectivas. Fiz uma viagem ao passado do país por meio do olhar de mestres historiadores, sociólogos, filósofos, escritores, como Sérgio Buarque de Holanda, Darcy Ribeiro, Gilberto Freyre, Agostinho da Silva, Lilia Schwarcz e muitos outros. Gosto particularmente de uma frase atribuída a Isaac Newton: "Se eu consegui ver mais longe foi porque me apoiei nos ombros de gigantes". Foi o que tentei fazer.

Considero que esse tempo que investi para estudar foi essencial para entender a cultura brasileira, a cabeça do povo e os comportamentos da sociedade em geral. Foi assim que compreendi bem a relação com Portugal, as diferentes regionalidades dentro do país e a visão de mundo a partir do olhar brasileiro. Antes de ter um conhecimento relativamente alargado da história, considero, à luz do que sei e vivi, que não estava totalmente preparado para ser executivo no Brasil. Deveria fazer parte, de qualquer processo de integração numa cultura diferente, um período de estudo prévio, de preferência guiado por entendidos na matéria.

Considero que esse estudo é útil mesmo quando não moramos num país diferente, mas temos relações profissionais frequentes com diferentes culturas. A parceria da EDP com a empresa China Three Gorges – acionista de referência a partir de 2011 – me despertou essa atenção. Foi-me útil ter estudado também a história chinesa e conhecido melhor as suas referências culturais e comportamentais, que são muito, mas muito distintas das ocidentais. Hoje, mesmo não dominando mandarim, consigo dialogar com executivos chineses com um estilo e uma forma que se aproximam dos seus códigos culturais.

Agora, esse entendimento histórico e cultural não se obtém apenas pelo estudo livresco. Vem, acima de tudo, de uma imersão completa na cultura local. O executivo de impacto deverá ser uma esponja de todos os estímulos que lhe vêm da sociedade.

No meu caso, absorvi com entusiasmo a cultura brasileira, por meio das suas manifestações artísticas (como a música, as artes visuais e plásticas, a literatura), do jornalismo de qualidade, das viagens pelo país, das visitas ao rico patrimônio histórico, da gastronomia variada, da cultura popular, da sabedoria indígena e também das conversas com as pessoas. Enfim, vivendo como um brasileiro no Brasil. E essa vivência local passou a me definir a mim como pessoa. Como dizia o filósofo espanhol José Ortega y Gasset: "Eu sou eu e a minha circunstância".

Sobre esse traço de liderança, gostaria de destacar ainda a noção do respeito pelo passado, como as culturas orientais tão bem o fazem. Um dos líderes com quem aprendi muito foi António Ramalho. Ele presidia a companhia de trens portuguesa na qual trabalhei com meus 30 e poucos anos. António me dizia com frequência "poder respeita poder", numa alusão clara ao cuidado de nunca criticarmos ou desfazermos o trabalho de nossos antecessores. E assim venho fazendo durante toda a minha atuação como líder empresarial. Contribuindo no contexto presente e construindo futuro sem nunca desmerecer o trabalho de quem me antecedeu.

Um dia, também faremos parte de uma história, e o mínimo que esperamos é sermos respeitados. Esse raciocínio é extensível à história de um país, de uma comunidade, de uma empresa, de uma família. Se hoje estamos aqui, devemos a quem nos antecedeu.

Pensamento de catedral e construção de legado

Na relação com o tempo, é importante administrar o presente, entender e respeitar o passado e influenciar a direção do futuro. Muitos são os imponderáveis da vida e do destino, mas um líder tem a missão de reduzir o nível de incerteza e conduzir a organização para alcançar uma visão futura, uma ambição.

Roman Krznaric[66] dá como exemplos tribos indígenas que se preocupam com o futuro de sete gerações à frente e construtores de grandes obras, como são as catedrais, cuja conclusão nem sempre termina no seu tempo de vida. Relativamente ao primeiro exemplo, Krznaric refere-se ao povo Haudenosaunee, que

---

[66] KRZNARIC, 2021.

representa seis nações nativas americanas, conhecidas como a Confederação de Iroquois, a quem é atribuído o chamado Princípio das Sete Gerações, de acordo com o qual todas as nossas decisões devem ter resultados sustentáveis sete gerações à frente da nossa. Esta noção, apesar de ser ancestral, tem uma atualidade extrema no contexto da grave emergência climática.

Quando ouvimos as previsões da ciência relativamente à temperatura do Planeta Terra no fim do século – daqui a menos de 80 anos – com orientações de atingir a neutralidade carbônica até 2050, para termos uma boa chance de controlar os efeitos do aquecimento global, somos forçados, inevitavelmente, a pensar e planejar o rumo das nossas ações sete gerações à frente. Ou seja, hoje estamos forçados a adotar um Pensamento de Catedral, como lhe chama Krznaric. Deixou de ser uma opção, passou a ser um requisito.

Lembro-me de que quando comecei minha vida de consultor na McKinsey & Co, utilizávamos nos exercícios de planejamento estratégico uma metodologia a que chamávamos *Aspirations Based Planning* (Planejamento Baseado em Aspirações). De uma forma muito simplificada, consistia em estabelecer uma visão no longo prazo – que na altura eram tipicamente dez anos à frente – para depois fazermos o chamado *roll back the future*: se em dez anos queremos chegar ali, como estaremos em cinco anos, em três anos, daqui a um ano?

Algumas empresas eram famosas pelos seus exercícios de planejamento baseado em cenários futuros, como no caso da Shell, cuja metodologia era, e continua sendo, uma referência. Com o passar dos anos, os ciclos econômicos foram se tornando mais curtos e um horizonte de planejamento de dez anos parecia muito distante. Fomos sentindo cada vez mais pressão de curto prazo.

No cenário atual, com os acontecimentos que marcam o mundo se sucedendo de forma acelerada e uma maior consciência de que o destino do Planeta depende de nós, passamos a ter de adotar uma visão estratégica "estrábica": um olho no curto prazo e outro no muito longo prazo – os líderes mundiais estão sendo empurrados para olhar para 2050, até mesmo para 2100.

A par do pensamento de longínquo prazo vem também a preocupação com o legado do líder. É muito fácil sucumbir à pressão do curto prazo, com foco nos resultados financeiros. Porém, não é isso que cria uma infraestrutura duradoura para uma empresa. São os investimentos estruturais, como é o caso da cultura interna. Senti isso na EDP Brasil.

Sob minha liderança, a empresa construiu usinas hidrelétricas, usinas eólicas, solares e linhas de transmissão. Tudo isso foi importante para desenvolver o negócio, mas considero que o meu principal legado foi a mudança cultural que promovi internamente. Envolveu um pensamento de catedral. Sabia que o horizonte do meu mandato como presidente poderia ser mais curto do que o tempo necessário para ver todos os resultados de uma mudança estrutural, que levaria muitos anos para produzir efeito. Isso não me inibiu.

> **Em suma, um líder de impacto no contexto atual deve assumir uma responsabilidade intergeracional, pensar que aquilo que decide hoje coloniza o futuro com suas implicações. Só dessa forma conseguirá construir um legado perene.**

EIXO 3 – RELAÇÃO COM O OUTRO

Outramento e transculturalidade

Foi o escritor Fernando Pessoa que inventou o verbo "outrar-se", significando fazer-se de outro, de adotar várias personalidades, dando-lhes vida e independência. Assim como pode ser também – definição que aplicaremos ao líder de impacto – deixar-se contagiar por algo de sentido novo e diferente (por exposição a novas culturas, climas, pessoas...) deixando-se transformar num ser novo, distinto, que veste uma nova forma de estar no mundo. O líder de impacto transforma, "outrando-se".

No léxico corrente dos livros de gestão aparece com frequência a referência à "empatia", ou às suas múltiplas variantes como é a "escuta empática" ou "relacionamento empático", entre outros. Empatia é a faculdade de nos colocarmos no lugar do outro e sentir o que sentiria a outra pessoa. Entendo o "outramento" como um nível acima desta capacidade. Não se trata apenas de conseguir sentir o que sente o outro, mas deixar-me influenciar pelo outro e deixar-me transformar em função dessa influência.

Aprendi muito com meus relacionamentos profissionais e pessoais no Brasil. Ao longo da minha longa estadia no país, compreendi os códigos culturais e traços identitários do povo brasileiro e incorporei muitos deles na minha forma de estar. De certa maneira, a muito propagada "tropicalização" das pessoas que imigram para o Brasil é o reflexo desse "outramento". Há pessoas que reagem negativamente aos distintos traços culturais e rejeitam essa influência, outras, como foi o meu caso, tentam incorporar no seu comportamento o que de melhor tiram de uma nova cultura.

Não tenho dúvida de que meu mergulho na cultura brasileira me ajudou muito a tornar minha liderança efetiva. Ao longo dos anos fui gradualmente apreendendo os códigos de relacionamento, as convenções de interação social, a maneira como os brasileiros se relacionam entre si. E com os estrangeiros também. Essa apreensão de mais de uma década deu-me um entendimento fluido daquilo que é esperado no contexto dos relacionamentos profissionais e pessoais.

Lembro-me do "episódio do cafezinho", que me marcou na chegada ao Brasil. Muitas vezes ouvia, na minha estreia como executivo:

– Passa por lá para tomarmos um cafezinho – diziam colegas ou relacionamentos externos. E eu estranhava este convite.

– Tomar um cafezinho!? – pensava eu, – Tenho tanto para fazer... vou perder tempo.

Não entendia que, naquele "cafezinho", seriam tratados temas importantes num clima de informalidade e cumplicidade. No Brasil, o "cafezinho" é uma verdadeira "instituição". Receber amigos ou colegas e não oferecer um cafezinho pode passar por falta de educação ou de consideração. Diferentemente de Portugal, onde o ato de tomar café está mais associado ao encerramento de uma refeição, no Brasil é uma demonstração de hospitalidade a qualquer hora do dia – e, no contexto corporativo, um gesto de receptividade que faz parte do protocolo.

É um exemplo de como situações tão simples podem ter leituras completamente distintas, dependendo do contexto cultural. O simples ato de ir tomar um cafezinho, que para a minha matriz europeia parecia pura perda de tempo, é um passo normal da liturgia corporativa no Brasil, muitas vezes quando se trata das coisas mais sérias e importantes da relação profissional. Nunca mais recusei cafezinhos. E atualmente, na Europa, faço questão de promover o cafezinho em diversos momentos corporativos.

Essa capacidade é particularmente relevante no contexto da globalização da economia, que colocou diferentes culturas em contacto próximo. Nas organizações multinacionais, como é o caso da EDP, os líderes têm de lidar com culturas de todo o Planeta. Como exemplo, na EDP, existem colaboradores de mais de 40 nacionalidades. Na própria EDP Brasil, há pessoas de várias nacionalidades, de várias regiões do Brasil e várias origens étnicas e religiosas. Esse caldo de culturas, de alargada diversidade, é uma característica cada vez mais evidente nas empresas e organizações com operações globais.

Como é explicado pelo professor David Livermore, autor de *Leading with cultural intelligence*[67], 16% a 40% das expatriações terminam antes do prazo previsto. E 99% desses fracassos devem-se a razões culturais. Ele define como inteligência cultural a capacidade de funcionar de forma efetiva em diferentes culturas nacionais, étnicas e organizacionais. E a distingue de uma simples competência cultural, por ser desenvolvida com uma abordagem estruturada, que parte de um entendimento das diferenças culturais, e implica um planejamento intencional para

---

[67] LIVERMORE, D. **Leading with cultural intelligence** – The real secret to success. New York: Amacom/American Management Association, 2015.

adaptação do comportamento (verbal e não verbal) nas interações interculturais.

No ambiente da liderança corporativa, designei essa capacidade de "transculturalidade" para conjugar o prefixo "trans", oriundo do latim e que significa "além de", "o outro lado", "o lado oposto", com o termo "cultura". Acredito que o novo líder contemporâneo tem que ir além da apreensão das diferenças culturais e de simplesmente ajustar o seu comportamento em função dessas diferenças.

O sentido que atribuo ao termo "transculturalidade" é diferente do habitual termo "multiculturalidade". Entendo que o segundo é a capacidade para lidar em distintos (e com distintos) contextos culturais. A professora Erin Meyer materializa esse conceito da "multiculturalidade" ao explicar, no seu livro *The culture map*[68] como lidar com as culturas de todo o mundo. Desde as de "alto contexto" como a japonesa, às de "baixo contexto", como a norte-americana. E aborda, conforme seus estudos, como tratar as distintas características de cada povo, dando exemplos envolvendo influência da hierarquia, gestão de conflitos ou feedback.

Já a "transculturalidade" entendo-a como um nível ainda mais complexo de gestão cultural, traduzido pela capacidade para criar, ou promover, uma cultura com diferentes influências. No caso da EDP, mais do que saber apenas que europeus e brasileiros têm códigos culturais contrastantes e adaptarmo-nos a eles, foi importante saber conjugar as duas culturas, não obliterando nenhuma delas e favorecendo o aparecimento de uma nova cultura ainda mais forte do que as culturas originais.

Como experimentei no Brasil, é possível conjugar várias influências e promover uma transformação cultural. A EDP Brasil resultou do casamento das culturas europeia – mais concretamente da lusitana – e brasileira. Seguramente que o Grupo EDP é hoje o resultado da fusão de várias influências. A beleza dessa conjugação cultural reside em saber respeitar e honrar as diferenças enquanto se promove uma nova, que é inclusiva.

---

[68] MEYER, E. **The culture map**. New York: PublicAffairs, U.S., 2016.

No caso da EDP Brasil foi muito bom conseguir conjugar os traços de rigor, organização, processo da cultura europeia, com o otimismo, a criatividade e a desenvoltura da cultura brasileira. Em cada momento da organização, em cada desafio, convocávamos diferentes traços de uma transcultura luso-brasileira, que se tornou uma das nossas mais fortes vantagens competitivas. Havia momentos de rigor europeu e outros de ginga brasileira. Navegar por essas nuances culturais com fluidez e naturalidade faz parte das novas capacidades de um líder em contexto de diversidade cultural.

Desenvolver esta "transculturalidade" leva tempo. No meu caso, exigiu muita observação e um processo de tentativa e erro. Mas também foi muito gratificante quando descobri – e isso foi aparecendo gradualmente – que os brasileiros já me consideravam um entre iguais, reconhecendo as minhas diferenças culturais com respeito e admiração. Lembro-me de um amigo, um grande empreendedor do setor da energia renovável, que me cumprimentava com muita generosidade dizendo que eu era o "melhor embaixador" que Portugal tinha enviado para o Brasil.

Diria que a pauta da diversidade e inclusão, que assumiu uma centralidade definitiva na vida da sociedade, convoca nossas competências de relacionamento entre diferentes. Lidar com gerações distintas, com a pauta racial ou com as questões da identidade de gênero exige uma inteligência diferente da mera inteligência socioemocional. Liderar diferentes é um desafio enorme. Abrange uma capacidade de compreensão do contexto e das motivações individuais e coletivas das pessoas à nossa volta.

Com essa compreensão é preciso atuar de forma inclusiva, sem ideias preconcebidas. E os resultados da integração das diferenças numa organização podem ser surpreendentes. Acredito firmemente que uma organização que promove a diversidade cultural, étnica e geracional é mais competitiva do que outra pobre de diferenças.

Por isso, quando menciono a "transculturalidade" como um traço de uma liderança integral, incluo nessa visão a capacidade de liderar num contexto de várias nacionalidades; distintas regionalidades; diferentes etnias, gerações e grupos sub-representados nas equipes de trabalho.

Hoje, as organizações vivem uma complexa teia de interseções culturais que desafiam os cânones da gestão. Trabalhar essa "matéria-prima" humana para produzir impacto social e ambiental é mais do que função da liderança, é um privilégio. Há que se aproveitar essa oportunidade e marcar positivamente a vida das pessoas que rodeiam o líder. A devolutiva é uma entrega excepcional. O resultado é um impacto diferenciado na sociedade e nos negócios.

Ética do amor

Tenho plena consciência de que falar de amor no contexto corporativo é um aparente sacrilégio. Esta é uma palavra, pelo menos na cultura portuguesa, que reservamos para o seio das nossas relações pessoais e familiares. Falar de amor no ambiente das empresas leva-nos sempre para alguma conotação de cunho sexual. Não é de todo o significado a que me reporto neste elencar de traços de liderança.

Primeiro, invoco o pouco conhecido poeta libano-americano Khalil Gibran que, com extrema sensibilidade, dá esta definição magistral no seu *O livro da vida*[69]: "O trabalho é amor que se torna visível". Gosto particularmente desta metáfora que eleva o trabalho ao produto do mais sagrado sentimento humano. "E, trabalhando, estás na verdade a amar a vida e, ao amá-la através do trabalho, estás a usufruir do mais íntimo segredo da vida", ele completa.

As três definições mais usuais de amor, às quais aludi no Capítulo 9 – *eros, philia e ágape* – não me servem para a noção que gostaria de invocar como fundamental para a nova liderança. Recordo que *eros* é o amor desejo, *philia* o amor fraterno e *ágape* o amor pela humanidade segundo Santo Agostinho. Nesse

---

[69] GIBRAN, K. **O livro da vida**. Porto: Albatroz, 2018.

contexto, prefiro a definição do líder hindu Sadhguru, que, de uma forma muito inspiradora, define amor como a "doçura nas emoções". E acrescenta não ser algo que sentimos, mas sim algo em que podemos nos transformar. Maravilhosa forma de retornar o amor à sua essência!

Por isso, para mim, com este sentido, é muito natural pensar que um líder inspirador, capaz de mobilizar as suas equipes, se relaciona com essa doçura característica do amor pelos mais próximos, o que não se traduz numa liderança condescendente e frouxa, de maneira alguma. A liderança requer uma dose adequada de assertividade e firmeza, mas sempre com uma condução gentil e cuidadosa para com os seres humanos que temos à nossa volta.

Recordo-me de que contratamos dois especialistas médicos da mais alta competência para orientarem nossa resposta à pandemia de covid-19. Salvar vidas era o nosso principal objetivo. Certo dia, em abril de 2020, percebemos que um dos nossos colegas da EDP Brasil, que atuava em Guarulhos, estava internado em um hospital do interior de São Paulo e seu estado clínico agrava-se de dia para dia. Juntamente com os médicos e com a família, providenciamos a transferência para um hospital de maior porte e estrutura na capital do estado, onde sabíamos que poderia beneficiar-se de um tratamento mais eficaz.

O resultado foi alcançado. O colega teve alta no início de julho daquele ano. Cuidamos desse colega como cuidaríamos de um familiar. Com a mesma preocupação e zelo. Com amor.

Assim defendo que o líder contemporâneo, holístico, integral, pode "transformar-se em amor" na forma como se relaciona com o outro e com o mundo à sua volta. Refiro-me a relações que são acolhedoras, empáticas e de respeito incondicional.

Entendo que é uma forma de estarmos na vida, irradiando uma energia contagiante à nossa volta, sendo fonte de harmonia e felicidade. A ética do amor coloca o foco na produção do bem, como fim último da nossa existência.

Capítulo 11 – Um novo perfil de liderança

Não liderança

Há momentos na jornada de um líder em que é melhor sair da frente. Deixar a organização fluir naturalmente e desenvolver-se, crescer, expandir-se com grande autonomia. Sabemos que os líderes mais inexperientes e mais inseguros não gostam de adotar esse registro. Preferem o modelo de comando e controle – muitas vezes praticando uma microgestão exagerada.

Considero que mais um dos traços desse novo líder é a capacidade para oscilar entre os vários estilos de liderança em função das circunstâncias do momento. Chamei de "não liderança" por estar associado ao seu oposto. Como Yin e Yang, "liderança" e "não liderança" caminham juntos, e cabe ao líder saber oscilar entre os dois modelos de forma inteligente.

Na prática, há momentos de "comando e controle" e há momentos de "sair da frente". Há momentos de providenciar a orientação e momentos de ser orientado. Essa capacidade é fundamental para uma liderança de impacto. "Ser" e "Não Ser" são um só.

Essa característica tem inspiração, obviamente, nas filosofias orientais. A primeira é o Taoísmo. O Wu wei, por vezes traduzido incorretamente como "não ação" ou "passividade", é um dos conceitos centrais da filosofia taoísta, que consiste em colocar na ação a quantidade de esforço estritamente necessária para produzir os resultados necessários. Gosto muito desse conceito, que para mim é o equivalente ao que designo por "não liderança". Intervir na medida do estritamente necessário para exercer uma liderança eficaz e mobilizadora.

Lembro-me de momentos na vida da EDP Brasil em que a organização estava tão empoderada, tão acelerada na produção de impacto e na construção de soluções de negócio, que eu, como CEO, podia atuar como mero observador. Deixava as equipes "jogarem" e somente intervinha quando percebia algo fora da regra (significando cultura, relacionada a comportamentos e atitudes).

Esse traço tem espaço para emergir a partir do terceiro estágio do Modelo de Maturidade, quando o líder exerce uma liderança baseada em valores e pode centrar-se em garantir que o DNA da empresa esteja preservado. Sua missão aí é de expurgar os "genes degenerados" capazes de corroer a cultura desejada. Tal como um corpo humano, que cresce a partir da informação contida nos cromossomos, também uma empresa pode desenvolver-se organicamente desde que o propósito e a cultura estejam apreendidos e claros para todos.

O Aikido, uma arte marcial japonesa desenvolvida no século XX, tem também um conceito que me inspirou neste traço de liderança: baseia-se na união do que parecem ser opostos conflitantes. Um dos princípios centrais é a "relação de harmonia", que significa adaptar-se à mudança, entrando em sintonia com a situação que se vivencia. "O segredo do Aikido é harmonizar-se com o movimento do universo e entrar em concordância com o próprio universo", como diz o fundador do Aikido, Morihei Ueshiba, O-Sensei[70].

A resistência, como sabemos, faz-nos perder energia. Por isso, há momentos na jornada da liderança em que o modo de atuar com menor intervenção explícita nos faz entrar em harmonia com a organização e favorecer o seu desenvolvimento fluido e sem resistência.

"A obra está pronta, e retiramo-nos", como fecha o Capítulo 9 do livro *Tao Te King*.

EIXO 4 – RELAÇÃO COM O MUNDO

Abertura total ao mundo, à diferença e ao novo

Neste primeiro traço de liderança do eixo relativo à relação com o mundo, destacamos três dimensões críticas: a predisposição para explorar o mundo que nos rodeia, o acolhimento da diversidade e a atitude perante o novo.

A primeira ideia a reforçar é que um líder contemporâneo ganha repertório, conexões, novos referenciais quando se entrega

---

[70] RICHARD, M. **Aikido em três lições simples**. São Paulo: Cultrix, 2006.

a explorar o mundo à sua volta. São as viagens profissionais, as interações no âmbito de associações setoriais, as conferências, a formação internacional, as viagens de lazer, tudo contribui para conhecermos mais mundo, mais pessoas, mais culturas.

Aliás, segundo o filósofo francês Gilles Lipovetsky, entramos numa era da chamada "cultura-mundo". Em livro homônimo[71], ele explica:

> [...] que significa o fim da heterogeneidade tradicional da esfera cultural e universalização da cultura mercantil, que se apodera das esferas da vida social, dos modos de existência e da quase totalidade das atividades humanas. Com ela, alastra por todo o globo a cultura da tecnociência, do mercado, dos *media*, do consumo e do indivíduo...". Ou seja, a abertura total ao mundo é alavanca essencial para um líder compreender e enfrentar os desafios dos chamados "tempos hipermodernos".

Quando me refiro ao mundo, não é apenas a dimensão internacional que conta. No caso do Brasil, aliás, o país é tão grande, que conhecer cada região, às vezes cada município, faz toda a diferença. E conhecer é entender as características culturais de cada comunidade e estabelecer relações de proximidade com decisores e líderes de opinião.

Lembro-me de que estabeleci a meta objetiva no Brasil de conhecer pelo menos uma pessoa diferente todos os dias. Fazia visitas frequentes às nossas operações e aproveitava para conhecer os *stakeholders* locais. Fazia-o com entusiasmo e com uma energia inesgotável. Neste livro, relatei um pouco das minhas explorações pelos vários rincões do país. Desde as profundezas da selva amazônica, passando pelos morros do Rio de Janeiro, pela fronteira do agronegócio no Centro-Oeste,

---

[71] LIPOVETSKY, G.; SERROY, J. **A cultura-mundo**: resposta a uma sociedade desorientada. Coimbra: Edições 70, 2010.

pelo frenesi do Congresso, em Brasília; e tantas outras realidades regionais.

Essa vivência de proximidade com muitas culturas distintas e milhares de pessoas diferentes deu-me um entendimento profundo das regionalidades e da alma – ou almas, já que há tantos matizes – do povo brasileiro.

Nesse quesito de abertura ao mundo, destaco a participação nas Conferências Internacionais do Clima, as designadas COP. Participei na COP26 em Glasgow, na Escócia, e na COP27 em Sharm el-Sheikh, no Egito. Foram duas oportunidades magníficas de conhecer os bastidores das negociações e relevantes decisores internacionais da agenda climática mundial. Estar presencialmente deu-me uma visão sustentada sobre o que está em causa, os obstáculos e os desafios que temos pela frente. Nada substitui o impacto de vivenciarmos estes momentos tão marcantes, na primeira pessoa.

Atrelada à abertura ao mundo, vem a abertura à diferença, traduzida pela atitude perante a pauta de diversidade e inclusão. Os objetivos de aumento de participação das minorias sub-representadas na sociedade é uma tendência inexorável. Um líder de impacto acolhe a diferença de forma genuína. Atua com proatividade para incentivar a criação de um ambiente de igualdade de oportunidades para todos, independentemente de gênero, raça, idade ou orientação sexual.

Na EDP, o programa para acelerar a criação de um ambiente diverso e inclusivo, que relatei no Capítulo 5, foi um sucesso de adesão interna, com boa repercussão externa, na mídia e na reputação da empresa. Este programa culminou inclusivamente com a criação de uma vice-presidência dedicada à temática ESG e à gestão de pessoas e a nomeação da primeira VP na diretoria, Fernanda Pires.

Finalmente, neste tripé de abertura, reforçamos a ideia de que o líder de impacto tem de lidar com entusiasmo e naturalidade com a mudança. A mudança faz parte do tecido da vida. Como dizia o grego Heráclito "nada é permanente, exceto a mudança". Saber lidar com ela e surfar as ondas da incerteza e ambiguidade é uma característica fundamental do líder contemporâneo.

"Abertura ao novo" é também estar disponível para o frescor de ideias novas, que nos causam desconforto e nos empurram para o precipício do desconhecido. Incorpora aquilo a que chamamos comumente de "inovação" – o desvelar do desconhecido, que faz evoluir os paradigmas que sustentam a nossa vida, transformando a criatividade humana em valor. Este é, seguramente, um dos elementos mais centrais para uma liderança efetiva no contexto atual.

Conexão com a natureza e consciência holocêntrica

Na cultura japonesa, há uma expressão, *shinrin-yoku*, que é o equivalente a um autêntico banho de floresta. Foi criada nos anos 1980 pelo Ministério da Agricultura local para descrever uma prática terapêutica de imersão na natureza. Os benefícios do *shinrin-yoku* encontram sustentação em inúmeros estudos científicos, que demonstram contribuir para o nosso bem-estar geral e saúde.

Na cultura ocidental, não tenho referência de que tenhamos cunhado uma expressão especial para o contato com a natureza, mas sabemos bem o efeito positivo sobre o equilíbrio da nossa saúde. É incontestável a importância de nos mantermos conectados com o meio natural à nossa volta, seja com a floresta, como os japoneses sugerem, seja com o mar e a praia, como é comum nas regiões litorâneas.

Os japoneses vão mais longe ao relacionar o conhecimento de nós próprios que é alcançado com a contemplação e vivência da natureza. Como sempre, a rica cultura nipônica tem uma expressão específica para descrever essa circunstância da nossa existência no mundo. *Kachou fuugetsu* é um aforismo que significa "aprender sobre si ao vivenciar a beleza da natureza", como explica *O pequeno livro de tradições japonesas*[72], da autora britânico-japonesa Erin Longhurst.

Estes dois conceitos – o banho de floresta e o autoconhecimento via experiência contemplativa do mundo natural – deram-me ainda mais ensejo para relacionar essa conexão com a natureza a uma elevação do nível de consciência para o patamar holocêntrico – isto é, baseado no Todo que é o mundo em que vivemos. Quantas vezes sentimos essa integração da nossa existência numa realidade mais ampla, ao comtemplarmos, em êxtase, a grandiosidade dos ambientes naturais onde vivemos ou um céu densamente estrelado, que nos lembra de quão pequenos somos no universo?

O amadurecimento espiritual que mencionamos no eixo 1 dos traços de liderança ajuda muito a ganhar uma perspectiva profunda sobre o que é o mundo em que vivemos e sobre nossa posição nele mesmo. O estudo do Vedanta, em particular, foi um meio eficaz para desenvolver uma cosmovisão integradora, que nos posiciona como uma expressão da Realidade Última, do Todo ou da Unidade, como lhe queiramos chamar.

No fundo, o líder de impacto entende que sua atuação tem impacto "em tudo à sua volta" (consciência holocêntrica), não só na sociedade, mas também na natureza – no nosso Planeta. Por isso, o último dos traços descritos neste quarto eixo é uma busca constante, incessante, pela produção de impacto à sua volta.

Busca incessante de impacto

No Capítulo 8, vimos que a intervenção de um líder de impacto estende-se da criação de valor compartilhado à sua contribuição para o "bem maior". Essa noção de impacto tem

---

[72] LONGHURST, E. N. **O pequeno livro de tradições japonesas** – a arte de alcançar uma vida plena. Rio de Janeiro: Casa dos Livros/HarperCollins Brasil, 2018.

de ser entendida no contexto do que James Marins designa, em seu livro *A era do impacto*[73], por "transformação massiva da consciência". Ou, de outra forma, como a "evolução da evolução da humanidade".

O autor acrescenta:

> percebo que o alvorecer do terceiro milênio se abre para um novo paradigma de pensamento, de consciência e de ação humana, uma Era Consciencial, de visão de mundo globocêntrica, pós-convencional, na qual nos tornamos capazes de inovar a nós mesmos e compreender as invisíveis conexões ecossistêmicas que nos relacionam a todos e ao planeta.

Vivemos numa era de evolução consciente, que sucede à inconsciente, meramente biológica, e que abriu caminho para as criações da humanidade: moralidade, religião, organização social, política, ciências, tecnologia, artes e cultura.

Atualmente, no exercício de uma função de liderança, gerar impacto pode ser um conceito extremamente abrangente. Desde contribuir para a perenidade de uma organização até contribuir para as grandes causas da humanidade, expressas, em particular, pelos 17 ODS da ONU, ou de uma maneira mais holística, pelos 21 vetores do Modelo de Evolução Integral, que apresentei no Capítulo 9.

Tenho plena consciência de ser impossível contribuir de forma relevante para todos os grandes desígnios da humanidade. Cada um de nós se sensibiliza com diferentes aspectos da existência humana. Cada um de nós tem talentos específicos que nos conectam mais com uns do que com outros temas. E por isso temos de fazer escolhas. Devemos pensar como podemos fazer a diferença no mundo e colocar empenho nesses domínios.

---

[73] MARINS, J. **A era do impacto**. Belo Horizonte: Voo, 2019.

A lista dos desígnios de impacto é extensa. Entre tantas causas que melhoram nossa existência, cito:

1. Erradicar a fome do mundo.
2. Atenuar a crescente desigualdade social.
3. Travar a emergência climática.
4. Recuperar os ecossistemas em risco.
5. Preservar a biodiversidade.
6. Proteger os oceanos.
7. Contribuir para a paz no mundo.
8. Acabar com a intolerância religiosa.
9. Preservar o patrimônio histórico e as tradições.
10. Estimular as artes e a cultura.
11. Assegurar uma digitalização responsável.
12. Promover uma transição energética justa.

No meu tempo no Brasil, para além de liderar uma trajetória de crescimento e de transformação da empresa, escolhi a valorização da cultura e do patrimônio histórico como uma área na qual sabia que poderia fazer a diferença. E, assim, num dado momento a EDP era a empresa que mais investia em recuperação de museus e patrimônio histórico no Brasil.

Nesse último traço de uma liderança integral, usei a palavra "incessante" porque entendo que nossa contribuição ao "bem maior" é uma obra sempre incompleta. São infinitas as possibilidades de gerar impacto positivo social e ambiental. Um líder de impacto acorda e deita-se com esta obsessão. Todos os dias podemos fazer a diferença na vida de quem está à nossa volta, com gestos pequenos ou com a tomada de grandes decisões.

Aqui invoco um dos livros que me marcou e que influenciou minha forma de liderar: A arte da vida[74], do sociólogo polonês Zygmunt Bauman. O conceito central é simples: "a arte da vida é fazer da vida uma obra de arte". Penso nesta ideia todos os dias.

---

[74] BAUMAN, Z. **A arte da vida**. Rio de Janeiro: Zahar, 2009.

Cada gesto, cada palavra proferida, cada atitude contribuiu para a nossa "obra de arte". Coisas simples mudam o dia de quem trabalha conosco.

Lembro-me de chamar minha secretária portuguesa à primeira hora da manhã, pedir-lhe um café e passar uma hora lendo-lhe aforismos e provérbios japoneses. Começar o dia com poesia mudou nossa disposição no início daquela jornada. Ou, de vez em quando, no regresso de uma viagem internacional, comprei dez livros para colaboradores – um diferente para cada um deles –, com uma razão individual para a respectiva oferta. Depois, promovi encontros para partilharmos o que aprendemos com as leituras. Inusitado e marcante para aquelas pessoas.

No Brasil, recordo-me da história de Cátia e Duda, mãe e filha, que Greta e eu ajudamos a sair da rua, buscando alojamento que permitisse àquela família restabelecer a sua dignidade e seguir em frente. Ou a história de Rogério, igualmente morador de rua, a quem nós ajudamos com comida e produtos de higiene pessoal.

Faço tais referências apenas para ilustrar que impacto não são só os grandes projetos ou os grandes investimentos. São também as pequenas gotas no imenso oceano de necessidades da nossa sociedade ou de oportunidades para marcar positivamente vidas à nossa volta. Esses dois casos também realçam que gerar impacto positivo é uma missão 24/7, quer seja no contexto profissional ou na vida pessoal.

Termino este capítulo desejando que os 12 traços de liderança de impacto aqui descritos, como resultado exclusivo do meu processo de transformação pessoal e empresarial, possam ser inspiradores de alguma maneira. Que cada líder possa evidenciar esses ou outros traços, de acordo com seus talentos e circunstâncias de vida, e transformem também o seu interior e o seu exterior em direção a um "bem maior".

Acima de tudo é importante ressaltar que a humanidade está num processo de transição, para um nível de consciência mais elevado. As capacidades exigidas aos líderes empresariais evoluem à medida que o mundo se transforma e que a atual emergência climática e social pressiona a todos para soluções. Lideranças mais conscientes, mais atentas, mais solidárias, mais holísticas são fundamentais para que as empresas sejam agentes efetivos de uma transformação global da sociedade.

"O caminho faz-se caminhando", como diria o poeta espanhol Antonio Machado[75]. A realidade é dinâmica e o ritmo de transformação acelerou nos últimos anos. Entender quais capacidades são necessárias para vencer e se desenvolver em novas direções é, inevitavelmente, um décimo terceiro traço da nova liderança de impacto.

---

[75] Disponível em: http://www.cao.nossacultura.org/surya/ja_35_1.pdf. Acesso em: 11 jul. 2023.

12

DO ESG PARA OS 7 Es – UM MANIFESTO

Não escondi, ao longo deste livro, meu desconforto com os modelos de sustentabilidade baseados em visões restritivas e segmentadas, que dificilmente capturam a complexidade da realidade. Modelos – como o agora tão consagrado ESG – são inevitavelmente pontos de passagem que carecem de aprimoramento, que representam de maneira bem incompleta os temas que importam à humanidade. Ilustrei-o no Capítulo 9 com o Modelo de Evolução Integral, propondo que as próprias noções de Sustentabilidade e Desenvolvimento Sustentável sejam repensadas.

Decerto nenhum modelo é capaz de alcançar uma representação perfeita da realidade. Ela é complexa e dificilmente capturada por um conjunto limitado de dimensões. No entanto, em jeito de conclusão da última parte deste livro, apresento o que seria uma proposta de aprimoramento da agenda de sustentabilidade para os nossos tempos. Uma visão além do ESG.

Manifesto para um novo humanismo, baseado em 7 Es

Para uma inversão de rumo baseada na consciência ecológica global, que assegure a habitabilidade perene do nosso Planeta, o novo modelo de evolução da nossa sociedade deverá ser mais do que "sustentável". Deverá ser "integral", não deixando em segundo plano nada do que nos torna humanos e do que significa habitar a Terra.

O *novo humanismo* – significando a nova forma de pensamos a nossa existência e de agir como civilização – carece (1) de se focar na *ecologia* (2) e na *equidade social*, (3) de refundar a *economia*

274 · Gigante pela própria natureza

para que seja circular, regenerativa e redistributiva, (4) de uma nova *ética* de vida na Terra, (5) de valorizar a busca pela *estética* como ideal que enobrece a humanidade (6) e de conexão com a *espiritualidade* que nos liga e integra com a transcendência, assegurando uma permanente (7) *evolução*.

Ecologia. Reconhecendo que as condições para a vida na Terra são únicas e que o equilíbrio do Planeta está em sério risco, queremos um mundo que preserve os ecossistemas – na terra, no ar e nos oceanos. Clima e ecologia fazem parte de uma única realidade. Não nos basta descarbonizar a economia se continuarmos a exaurir os recursos naturais. Sustentabilidade e Desenvolvimento Sustentável denunciam que o nosso progresso se "sustenta" na Natureza. Cuidar, com zelo e amor, do nosso habitat é um dever moral e uma obrigação perante as próximas gerações.

Equidade. Temos plena consciência de que há uma grande proporção da população mundial que vive no limiar da pobreza. Na caminhada para um novo humanismo o nosso objetivo como sociedade não pode ser senão dar dignidade a todos, e a cada um, dos seres humanos na Terra. Queremos uma sociedade mais justa e equitativa. Sem fome, com educação e saúde como bens universais para todos. Este objetivo de equidade coloca responsabilidade nos países, nas organizações e nos cidadãos mais ricos. À escala global e em cada comunidade temos o dever de equidade social.

Economia. A dimensão econômica continua sendo fundamental para um modelo de sociedade evoluída. É incompreensível que o "modelo ESG" tenha suprimido a dimensão econômica, tipicamente considerada no tripé da sustentabilidade (econômico, social e ambiental). Crescimento econômico é essencial para gerar riqueza e poder distribui-la de forma justa e equitativa. Queremos economia, mas uma economia regenerativa, com baixa pegada de carbono, que valoriza a ecologia e não agride o meio ambiente. Uma economia com princípios redistributivos, que gera riqueza para todos e que assegura dignidade aos mais desfavorecidos.

Ética. Queremos uma nova ética da vida na Terra, que respeite os limites ecológicos e que seja baseada em sólidas fundações sociais. A ética, considerada como um conhecimento compartilhado, ao serviço do aperfeiçoamento da nossa convivência em sociedade, como define o professor Clóvis de Barros Filho, passará a ter um âmbito mais holístico, incorporando as relações do Homem com a Natureza. Transitando do seu foco "antropocêntrico" para uma lógica "ecocêntrica", ou seja, com a ecologia no centro.

Estética. Reconhecemos que a arte e a cultura, nas suas inúmeras expressões, são o produto do gênio humano e constituem um importante legado civilizacional do passado e para o futuro. Arte e cultura são essenciais para a nossa evolução como espécie inteligente. A busca pela beleza, como uma "harmonia vital, espiritual, a que temos direito" – como define a poetisa espanhola Raquel Lanseros em suas entrevistas –, é central à nossa humanidade. Queremos uma sociedade que valoriza as suas manifestações artísticas e culturais. Que privilegia uma estética circular, que recicla e reaproveita. Uma estética natural, que está integrada e conectada com a Natureza. E uma estética universal, que democratiza o acesso às artes e cultura.

Espiritualidade. Independentemente de credos e religiões, reconhecemos que existe uma transcendência que nos ultrapassa e que nos une a todos. Uma sociedade espiritualizada é uma sociedade que aceita e respeita as diferenças, que compreende que cada religião constitui uma forma particular de perceber a Unidade a que pertencemos. História, cultura e religião são realidades que se interligam e nos definem. Queremos uma sociedade que respeita sua ancestralidade, valoriza sua história e desenvolve, progressivamente, uma consciência holocêntrica, reconhecendo que há uma Unidade que nos conecta a todos.

Evolução. Já na Grécia pré-socrática sabíamos que "a única constante da vida é a mudança". Qualquer modelo de sociedade é inevitavelmente evolutivo. Nós próprios, como pessoas, evoluímos todos os dias. Por isso, queremos uma evolução integral. Uma evolução da sobrevivência à transcendência, com uma visão holística do que significa ser humano no Planeta Terra. Cuidando daquilo que precisamos para sobreviver, cuidando do clima, da ecologia, da energia, do nosso sistema produtivo, da forma como vivemos em cidades, das nossas comunicações e transportes, mas também daquilo que nos torna verdadeiramente humanos: a nossa moralidade, a nossa arte e cultura, o nosso conhecimento e a nossa espiritualidade.

Figura 8 – Os 7 Es

Fonte: elaborada pelo autor.

Na representação anterior, a forma simboliza a interligação de todos os 7 Es. A primeira camada (a base da pirâmide de favos) representa o tradicional *triple bottom line* da sustentabilidade. No topo da montanha situamos os ideais da humanidade – o bom, o belo e a verdade –, traduzidos na ética, estética e espiritualidade. Sobre o sétimo E, da Evolução, para simbolizar o conceito de mudança contínua e permanente, optamos por uma representação que alude ao movimento. Evolução é o sistema se adaptando à medida que as mudanças da Sociedade e da Natureza vão ocorrendo.

Tenho plena consciência de que estes 7 Es são conceitos abrangentes e que podem ser muito mais debatidos por todos que, como eu, já implementam agendas de sustentabilidade baseadas nas três dimensões ESG. Que esse manifesto seja um convite a evoluirmos para uma visão além do ESG, que alargue o âmbito de análise e atuação. Com o intuito genuíno de ajudarmos a ressignificar o sentido da sustentabilidade, no caminho para a criação de uma consciência ecológica global.

CONCLUSÃO E REINÍCIO

Passaram-se exatamente 15 anos entre a minha primeira viagem ao Brasil para preparar minha expatriação e o momento em que escrevi a conclusão deste livro. Ao escrevê-la, tomei consciência de que o capítulo mais importante da minha vida adulta até esse momento também estava prestes a concluir-se. Ainda não sabia que um novo capítulo de vida no Brasil estaria prestes a iniciar-se.

Escrever este livro foi o resultado de uma vivência profundamente transformadora como pessoa e líder, que me abriu inúmeros portais de compreensão da realidade. Sou um ser humano diferente – para melhor, não tenho dúvida – depois de 13 anos mergulhado na realidade brasileira e de mais dois anos a exaurir nestas páginas o que aprendi nesse país único.

Escrever este livro também fez parte do processo de transformação. Muitas das ideias nele expressas foram decantadas e aprimoradas durante os dois anos de redação e passaram o teste do tempo.

Invade-me um sentimento de gratidão ao Brasil e às pessoas que me possibilitaram esta experiência tão marcante. E também uma sensação de privilégio, por saber que poucos têm a oportunidade de vivenciar aquilo que eu vivi. Principalmente, me chega uma vontade de usar a minha experiência, os aprendizados e o que pude desenvolver neste livro para contribuir na caminhada rumo a um novo humanismo – a uma nova forma de pensar o mundo e o nosso papel nele.

"O mundo atual está dando à luz um novo mundo", como ilustrou magistralmente Eduardo Galeano. Este parto é doloroso. As múltiplas crises da atualidade são o sinal dessa dor. Entendo que podemos promover um mundo melhor, por meio da nossa liderança.

Ajudar neste "parto" é uma responsabilidade individual e coletiva da nossa sociedade perante as gerações vindouras.

Dez ideias essenciais

Ao longo dos 12 capítulos deste livro, fiz uma jornada que começou no impacto que a minha vinda para o Brasil produziu em mim como pessoa e como profissional. Prossegui para a transformação que minha própria transformação permitiu fazer na empresa que liderei durante sete anos. A partir deste caso de sucesso, inferi minhas conclusões sobre o amadurecimento de um líder, sobre modelos e instrumentos de gestão e, acima de tudo, sobre novos modelos de sustentabilidade e traços de liderança necessários para um futuro mais exigente do que o referencial estabelecido pelo ESG.

Resumo, a seguir, numa tentativa de simplificação, o essencial das ideias mais relevantes que desenvolvi nestas páginas, para além do meu relato de vida e da jornada de crescimento da EDP Brasil. Faço-o com o risco de deixar de fora algumas que possam ser mais significativas para cada leitor.

Aqui estão dez ideias para uma liderança de impacto, além do ESG, impulsionada pelo poder transformador do Brasil, a caminho de um novo humanismo ecológico:

1. Para um líder empresarial, o Brasil é um país desafiador e estimulante, que transforma, amadurece, ensina e inspira;

2. A transformação de um líder pode ser profunda – notadamente o Brasil estimula nesse sentido – e provocar seu amadurecimento em quatro dimensões de inteligência: cognitiva, socioemocional, cultural e espiritual;

3. O líder que percorre os quatro níveis de amadurecimento – que o levam de uma liderança

essencialmente operacional e financeira a serviço da sociedade – tem condições para operar uma transformação empresarial igualmente profunda com criação de valor, ganho de reputação, transformação cultural e impacto socioambiental ("bem maior"). Uma liderança integral não exclui nenhuma dessas dimensões. Pelo contrário, gere com maestria o equilíbrio de todas elas;

4. Ao longo de uma jornada de transformação – que pode estender-se por um longo período de tempo – líder e organização amadurecem em uníssono. Quando se estabelece uma conexão profunda de significado, com alinhamento entre a essência do líder e o propósito da empresa, o impacto pode ser profundo e duradouro;

5. Cultura e estratégia são duas faces da mesma moeda. Uma transformação empresarial integral requer intervenção nas duas dimensões de forma totalmente coerente. É poderoso alinhar cultura e estratégia na mesma agenda de transformação;

6. O estado de emergência climática e social em que vivemos atualmente requer uma refundação ética para uma nova forma de habitar o Planeta – um novo "sistema operativo" para a civilização. Precisamos de um humanismo ecológico, que deixe de colocar o Homem no centro da nossa existência e passe a nos considerar como parte integrante da Natureza, com a missão de preservá-la para garantir a perenidade da vida;

7. O Brasil pode ser o epicentro do novo humanismo e situar-se na centralidade das agendas climática, ambiental e social mundiais. Tem uma pauta evidente de reconciliação do Homem com a Natureza, da civilização com os povos e saberes da floresta, do centro com as periferias e da

história com o presente. O Brasil, superpotência da sustentabilidade, poderá transformar-se num *hub* climático com uma oportunidade de investimento verde sem precedentes. O setor energético é sem dúvida peça central desta revolução verde;

8. O desenvolvimento sustentável é um modelo que comporta uma contradição em si mesmo – o "desvelar" incessante da Natureza para sustentar a humanidade é insustentável. Mais do que desenvolvimento, o avanço da humanidade deve ser encarado como uma "evolução integral", que atenta à evolução em sete patamares – sobrevivência, planeta, sistema produtivo, urbanização, vida em sociedade, legado civilizacional e transcendência. Tais patamares comportam 21 vetores de evolução compatíveis com os Objetivos de Desenvolvimento Sustentável (ODS) da ONU, mas com uma visão que aspira a ser mais completa;

9. O ESG é um referencial com limitações, que constitui um ponto de passagem para um modelo de sustentabilidade mais holístico, que se resume bem em 7 E´s – *ética, ecologia, equidade, economia, estética, espiritualidade e evolução.* A sustentabilidade pós-ESG exige um olhar completo sobre a condição humana e sua inserção na Natureza;

10. O mundo pós-ESG requer novos traços de liderança que se resumem em quatro dimensões fundamentais: qualidade da vida interior, relação com o tempo, relação com o outro e relação com o mundo. Não defendo receituários de gestão, mas identifiquei 12 traços (três em cada uma das quatro dimensões) para uma liderança mais espiritualizada, com mais coração, com um pensamento de longo prazo e uma consciência holocêntrica, entre outras características.

Oportunidade única para as lideranças no Brasil

As lideranças brasileiras têm nas mãos uma oportunidade de ouro para se posicionarem e transportarem o país para a condição inquestionável de "superpotência da sustentabilidade".

Reitero nesta conclusão que o país com a maior floresta tropical do mundo, a maior biodiversidade, as maiores reservas de água doce, que tem cerca de 300 etnias distintas (a China sendo o país mais populoso do mundo tem "apenas", quando comparado com o Brasil, 56 etnias diferentes) e 175 línguas indígenas; detentor do quinto maior território do mundo, da sétima maior população, não pode não ser o número 1 da sustentabilidade mundial.

Como já mencionado atrás e defendido pela consultoria BCG, o Brasil pode ser o *hub* climático do mundo, por intermédio (1) do seu lugar no mercado internacional de carbono, (2) da agricultura sustentável, (3) da produção de energia renovável em grande escala e (4) da indústria verde. Estes quatro pilares representam uma oportunidade de investimento de 2 a 3 trilhões de dólares até 2050. É um novo papel e chance única de progresso verde para o Brasil, no mundo em transformação.

Uma missão de vida

Os tempos atuais são simultaneamente entusiasmantes e preocupantes. Há um futuro novo para construir, mas que será extremamente difícil de o executar como planeado pela ciência. A ciência ajudou-nos a traçar uma trajetória. Sabemos que temos de chegar a 2050 com neutralidade carbônica, para ter uma chance razoável (50%) de atingir um aumento de temperatura inferior ou igual a 1,5°C até 2100, face aos níveis pré-industriais. Porém, o cenário mais provável é de um aumento superior a 2,0°C até ao fim do século, com consequências muito gravosas para a nossa sociedade.

Faz-se necessária uma atuação mais determinada e assertiva. Com mais rapidez e escala na descarbonização da economia – em especial dos maiores emissores de gases que induzem o efeito estufa, como é o caso dos Estados Unidos e da China, mas também do Brasil, que é o quinto maior emissor muito por conta da sua deflorestação massiva. Com maior investimento dos países desenvolvidos para compensar os danos causados pela emergência climática nos países em desenvolvimento do hemisfério sul. Com maior investimento em políticas públicas e inovação para erradicar a fome e a pobreza energética, entre outros desafios.

Sou um otimista por natureza. O Brasil ensinou-me que, enquanto não chegamos a uma solução para um desafio, é porque esse desafio ainda não terminou. O desafio de salvar o Planeta e a humanidade é o maior e mais relevante de todos os que temos em mãos, e ainda não terminou.

Depois de liderar a EDP Brasil como CEO, tive o privilégio de atuar na matriz, por dois anos, com a responsabilidade global pela estratégia de sustentabilidade da multinacional portuguesa e pude contribuir um pouco para essa equação universal. Quer seja orientando a Companhia nessa área, quer seja influenciando as organizações internacionais que controlam os destinos do mundo na agenda climática, ecológica e social. Sinto que essa missão de ajudar a melhorar o nosso futuro à escala global, mesmo que seja com uma gota no oceano, me acompanhará para o resto da minha vida.

> Graças à meditação, tenho descoberto que não existe eu e o mundo, mas sim que o mundo e eu somos a mesma e única coisa. A consequência natural de semelhante achado – e que não me parece necessário ser um gênio para o adivinhar – é a compaixão para com todos os seres vivos: não queremos fazer mal a nada nem a ninguém, porque nos apercebemos de que, em última instância, nos magoaremos a nós mesmo se o fizermos.[76]

---

[76] D'ORS, Pablo. **Biografia do silêncio** – breve ensaio sobre meditação. Lisboa: Quetzal Editores, 2022.

Um reinício no Brasil

Coincidindo com o momento do encerramento deste livro, aceitei o convite para liderar uma grande empresa brasileira no setor de infraestrutura de mobilidade – o Grupo CCR, o maior do segmento na América Latina.

O chamado para voltar ao meu querido Brasil e a possibilidade de ter impacto positivo na vida de milhões de brasileiros, desenvolvendo e operando infraestrutura fundamental para o crescimento do País, levaram-me a optar por encerrar meus 18 anos de trabalho na EDP, 15 dos quais vividos na EDP Brasil.

Regresso ao país que me acolheu tão bem com uma visão muito mais madura e experiente do que há 15 anos, quando aterrissei no Aeroporto Internacional de São Paulo/Guarulhos, como expatriado da multinacional portuguesa.

Cheguei pela primeira vez ao Brasil um jovem executivo com mentalidade de consultor e volto um líder maduro, treinado por um país complexo e desafiador.

Cheguei com a segurança de uma formação sólida e volto com a vertigem da imensidão espiritual que se abriu na minha alma.

Cheguei cheio de certezas, volto invadido de perguntas.

Cheguei com preconceitos e volto com abertura total às diferenças.

Cheguei um português, volto um cidadão do mundo.

Regresso com o conhecimento acumulado de um ciclo completo de amadurecimento, que me preparou para operar no complexo mercado brasileiro e para colocar o "bem maior" no cerne da minha atuação. Contribuir para o "bem maior" significa focar nas grandes causas que ainda fraturam a sociedade brasileira e poder ajudar na sua resolução progressiva.

Os aprendizados da minha primeira estadia no Brasil me permitem hoje entender, com clareza, que serei um líder muito mais impactante se partir da minha essência e do propósito da organização que lidero para a construção cultural, para o ganho reputacional e para a consequente criação de valor; em vez de começar centrando no valor e deixando o "bem maior" para o fim de um processo de transformação.

Na prática, o Modelo de Estágios de Maturidade apresentado neste livro altera-se para os líderes que já percorreram aquela escalada e que entendem o Modelo de Liderança de Impacto. O foco nas distintas dimensões da gestão (valor, reputação, cultura, "bem maior") deixa de ser sequencial e passa a ser integral.

Figura 9 – Dimensões para uma gestão integral

Fonte: elaborada pelo autor.

Contribuir para ajudar o Brasil a se tornar o epicentro do novo humanismo ecológico, *hub* climático e superpotência da sustentabilidade, está alinhado com a minha essência e move-me com entusiasmo. Regressar ao Brasil para reiniciar uma jornada de transformação empresarial e social é parte indiscutível da minha busca incessante de impacto.

O fim da jornada de 15 anos no setor elétrico brasileiro é o início de uma nova viagem no setor da infraestrutura de mobilidade. A poucas horas de pegar o avião de volta ao aeroporto de Guarulhos, termino este livro com a composição de Guilherme Arantes "Brincar de viver", na potente voz de Maria Bethânia ecoando na minha alma:

"E não esquecer,
ninguém é o centro do universo.
Assim é maior o prazer.
Você verá que é mesmo assim,
que a história não tem fim.
Continua sempre que você responde sim..."

Este livro foi impresso em papel pólen bold 70g
pela gráfica Bartira em outubro de 2023.